珍藏本
纪念版

汉译世界学术名著丛书

# 征服新西班牙信史

上册

〔西〕贝尔纳尔·迪亚斯·德尔·卡斯蒂略 著

江禾 林光 译

SINCE1897 商務印書館 The Commercial Press

2017年·北京

**HISTORIA VERDADERA DE LA CONQUISTA DE LA NUEVA ESPAÑA**
(1)
por
Bernal Díaz del Castillo
Editora del Consejo Nacional de Cultura
LA HABANA, 1963
根据古巴国家文化委员会出版社 1963 年版译出

本书承西班牙文化部图书总局资助翻译出版

# 汉译世界学术名著丛书
# （120 年纪念版·珍藏本）
# 出 版 说 明

2017 年 2 月 11 日，商务印书馆迎来 120 岁的生日。120 年前，商务印书馆前贤怀揣文化救国的理想，抱持“昌明教育，开启民智”的使命，立足本土，放眼寰宇，以出版为津梁，沟通中西，为中国、为世界提供最富智慧的思想文化成果。无论世事白云苍狗，潮流左右激荡，甚至战火硝烟弥漫，始终践行学术报国之志，无改初心。



迻译世界各国学术名著，即其一端。早在 20 世纪初年便出版《原富》《天演论》等影响至今的代表性著作，1950 年代后更致力于外国哲学和社会科学经典的译介，及至 1980 年代，辑为“汉译世界学术名著丛书”，汇涓为流，蔚为大观。丛书自 1981 年开始出版，历时三十余年，迄今已推出七百种，是我国现代出版史上规模最大、最为重要的学术翻译工程。

丛书所选之书，立场观点不囿于一派，学科领域不限于一门，皆为文明开启以来，各时代、各国家、各民族的思想与文化精粹，代表着人类已经到达过的精神境界。丛书系统译介世界学术经典，引领时代思想，为本土原创学术的发展提供丰富的文化滋养，为推动中国现代学术和现代化进程做出了突出的贡献。

为纪念商务印书馆成立120周年，我们整体推出“汉译世界学术名著丛书”120年纪念版的珍藏本，寄望既利于文化积累，又便于研读查考，同时向长期支持丛书出版的译者、编者和读者致以敬意。

两甲子后的今天，商务印书馆又站在了一个新的历史时间节点上。我们不仅要铭记先辈的身影和足迹，更须让我们的步伐充满新的时代精神。这是商务人代代相传的事业，更是与国家和民族的命运始终紧密相连的事业。我们责无旁贷，必须做好我们这代人的传承与创造，让我们的努力和成果不仅凝聚成民族文化的记忆，还能成为后来人可以接续的事业。唯此，才能不负前贤，无愧来者。

商务印书馆编辑部

2017年10月

# 中译本序言

对一个墨西哥驻华大使来说，能为贝尔纳尔·迪亚斯·德尔·卡斯蒂略的《征服新西班牙信史》中文版作序，是一件十分愉快的事情。

首先要向呕心沥血将贝尔纳尔的《信史》译成中文的盛力（江禾）教授及林光先生所做的艰辛、出色的工作致意。虽然我不懂中文，无从证实，但直觉告诉我，由那位士兵兼史学家描绘的使人惊奇、令人赞叹的世界见诸中文后，一定会激起更大的惊奇、更多的赞叹。

《信史》中文本充实了有关墨西哥历史的中文书目。在此之前，由吕龙根、陈致远译的《概述》已于1986年在上海出版；由墨西哥学院出版、集体编纂的《墨西哥简史》一书的中译本也于1980年面世。

《信史》自然又当别论。十六世纪初，阿斯特卡人和西班牙人共同谱写了壮丽史诗，士兵兼史学家迪亚斯·德尔·卡斯蒂略描述了自己的亲身经历，以不加雕琢、直截了当的士兵语言写出，却又写得饶有兴味、翔实，且具史学家的精确。

迪亚斯·德尔·卡斯蒂略把读者带进一个英勇、残酷的世界。无论是他的惊异或是反感，都和盘托出。从他个人的观点出发，对他不能认可的事情或是觉得美妙的事物，或谴责，或赞美。总之，展现了五百年前两种文化剧烈相撞的情景——今日墨西哥便是从那种冲撞中产生。

《信史》是从征服者的视觉角度写的，其他一些作者则从被征服者的角度写了不同的书，也许有朝一日，那些由印第安史学家撰写的有关墨西哥征服史的另一面，也能介绍过来，以飨中国读者。

我希望会有许多读者喜欢这部历史，把它看作人类巨大冒险的明证，这种冒险也像生活本身、人本身那样，映照出忽明忽暗的人的行为。

我们墨西哥人高度评价为使贝尔纳尔的《信史》中文版问世而出过力的所有的人。我们深信此书将有助于加深了解一个从很遥远的时候起便与中国有联系的遥远国家的历史进程。

墨西哥大使

豪尔赫·爱德华多·纳瓦雷特

1989年5月于北京

# 译者前言

1492年8月3日，意大利热那亚人哥伦布奉西班牙国王之命，仅率百余人，分乘三条不大的帆船，驶向波涛汹涌的大西洋，经过七十天艰苦航行，于10月12日到达加勒比海域的一个小岛，从而"发现"了新大陆。随着这一地理大发现，美洲与欧洲的隔离状况便告结束，继之开始了欧洲对新大陆进行殖民扩张的漫长过程，也就是历史上的"征服时期"。美洲的发现和欧洲对美洲的殖民征服，完全改变了美洲的历史进程，也极大地影响了整个人类历史的发展。

征服对西班牙来说，既意味着在军事和政治上使新大陆臣属于西班牙王朝，同时也是毁灭美洲印第安文明的过程。换言之，西班牙在以武力降服美洲各个印第安人部落的同时，用火和剑"打断了他们的任何进一步的独立发展"[①]，将西班牙的全套政治结构，道德、哲学、宗教、美学等所有方面的观念，甚至生活习惯、社会弊端和疾病，统统强加给了南北美洲。

在西班牙和拉丁美洲的历史上，1519年开始的对新西班牙——即今墨西哥——的征服，占有重要的一章。在这一章里，用

① 恩格斯：《家庭、私有制和国家的起源》，载《马克思恩格斯选集》中文版第4卷，第20页。

墨西哥历史学家、墨西哥国家奖获得者路易斯·冈萨雷斯的话说，“埃尔南多·科尔特斯即便不是独一无二的，也是最主要的人物”。至于埃尔南多·科尔特斯在征服时期的功过是非，无论是他的同代人，还是后来的历史学家，一向众说纷纭，争议甚多。但不容置疑之点是，他统率十一条船，六百多西班牙人，二百多印第安人，十几匹马和若干门炮，从古巴岛出发，深入到美洲的古老文明地区之一——墨西哥，竟“传奇般”地将人口达二三百万以上的各个印第安部族征服。正如墨西哥文化界泰斗、著名学者奥克塔维奥·帕斯在1985年10月纪念埃尔南多·科尔特斯诞辰五百周年时撰文指出的，“科尔特斯是征服的象征”，而对于埃尔南多·科尔特斯其人，“很难喜欢他，但不能不佩服他”。正因如此，埃尔南多·科尔特斯所代表的征服新西班牙的这一段历史，以及他在这一时期的所作所为，历来是个“热门”课题，有关的记述和专著颇多，但其中公认史料最翔实、记述最精彩的，当推我们现在介绍给读者的这部由贝尔纳尔·迪亚斯·德尔·卡斯蒂略撰写的《征服新西班牙信史》。



首先，这部书具有很高的史学价值。威廉·福斯特在《美洲政治史纲》这部研究美洲历史的权威著作中，称贝尔纳尔·迪亚斯是“有关征服的著名史学家”，在书中不仅引用《征服新西班牙信史》记述的史料，而且还以贝尔纳尔·迪亚斯对一些问题的见解作为立论的依据。《西班牙史学词典》认为：“……《征服新西班牙信史》是美洲和西班牙的史学经典。该书内容极其丰富，是有关征服墨西哥时期的无以替代的史料来源。”古巴国家文化委员会在1963年印行此书时指出：“……人们对征服史全部过程的了解皆以此书为本;其后的著述,不管对该书作者是褒是贬,均大量引用该书的材料……。"实际情况也确是如此。以我国翻译出版的苏联、美国史学家所著的拉丁美洲或墨西哥历史著作为例,在论及征服时期时,无一不提到贝尔纳尔·迪亚斯的这部作品并引用其中的记述。如美国历史学教授艾·巴·托马斯在《拉丁美洲史》一书中,在直接引述贝尔纳尔·迪亚斯记载的史实时,就称他是"西班牙最有魅力的记事者"。[①] 我国史学家的著述也不例外,如《世界通史资料选辑》就有一节专门介绍贝尔纳尔·迪亚斯的这部作品。[②]

其次,这部书在文学史上占有突出的地位。仅以我国翻译出版的《拉丁美洲文学简史》[③]为例,智利著名文学教授托雷斯—里奥塞科在这部《简史》中用不少笔墨对贝尔纳尔·迪亚斯的《征服新西班牙信史》详加介绍,认为"纯粹作为文艺作品来看,没有一本编年史能与贝尔纳尔·迪亚斯·德尔·卡斯蒂略(1492—1584年)的《征服新西班牙的真实历史》(1552年)相媲美……","他的《征服新西班牙的真实历史》可以恰当地看成是所有新世界的编年史中最具有西班牙特色的,而同时又是最具有美洲特色的作品"。

贝尔纳尔·迪亚斯在这部《征服新西班牙信史》中,以直接参加者身份,详细叙述了西班牙征服墨西哥的全部过程,不但介绍了筹备经过、征服人员的组成、武器配备情况,生动地描绘了大大小小无数次战斗场面,还谈到各种人物在征服中所起到的作用。他

① 艾·巴·托马斯:《拉丁美洲史》,商务印书馆1973年版,第24页。

② 《世界通史资料选辑》,商务印书馆1964年版,第314页。

③ 托雷斯—里奥塞科:《拉丁美洲文学简史》,人民文学出版社1978年版,第4—9页。

作为征服墨西哥的统帅埃尔南多·科尔特斯的"亲信",在书中披露了征服过程中西班牙王朝与征服者、征服者彼此间的种种矛盾和纷争,以及埃尔南多·科尔特斯在复杂的局势中运用的策略和施展的伎俩。最难能可贵的是,贝尔纳尔·迪亚斯还用大量篇幅记述了他耳闻目睹的墨西哥各印第安部族的情况:部族间的关系、社会结构、宗教仪式、道德观念、生产方式、工具器皿、建筑特点、食物、服饰,乃至传说等等,使人们得以对墨西哥当时印第安人的社会、经济、政治、军事、文化、习俗的概貌,有一较为全面的了解。由于墨西哥的古印第安文明文字记载很少,在征服时期又遭到西班牙人无情破坏,贝尔纳尔·迪亚斯的这些记述,无疑对研究墨西哥印第安文明,进而确切了解阿斯特卡人的社会结构并恢复其基本面貌,提供了大量珍贵的史料。



贝尔纳尔·迪亚斯这部书的记述具有鲜明的特点,一是突出"我在场",二是突出"我们大家",即全体征服者,而非突出埃尔南多·科尔特斯一个人。对于征服墨西哥这一重大历史进程,西班牙王朝的御用史官及征服者中的头面人物也作了许多记述,但都过于突出埃尔南多·科尔特斯个人,而且往往出于政治斗争的需要或个人恩怨,难以客观、如实地反映那段历史;有关埃尔南多·科尔特斯的所作所为,轻者失之有意的吹捧或贬抑,重者故意回避或篡改某些史实。由于贝尔纳尔·迪亚斯强调"我在场"和"我们大家",必然在记述时采取迥然不同的态度,从而在一定程度上避免了偏颇这一弊病,而这恰是这部书所记述的事实较之同一时期的著述更为可信的原因。

此外,这部书的文笔具有通俗、具体、直截了当的特色。这一清新独特的风格，使这部卷帙浩繁的征服史显得生动，引人入胜。作者是个“大兵”、“粗人”，而非舞文弄墨的文人，因此记述中既无当时作家们习尚的矫揉造作之词，也无史学家们的冗长议论，他只是把亲身经历和耳闻目睹的事实娓娓道来，别具一格，无怪乎西班牙文豪、“九八年代”著名作家皮奥·巴罗哈在评及此书时赞道：“……比读专门家的作品更有兴味。”

当然，贝尔纳尔·迪亚斯的《征服新西班牙信史》也有不足之处。首先，他同样犯有美国杰出的社会科学家摩尔根在《古代社会》一书中所指出的那一通病：“攻占墨西哥村的西班牙冒险家们有一个错误的见解，他们认为阿兹特克人的政体是君主政体……”，“……产生的是一套与阿兹特克人的制度不相符的术语……”。[1]不过，贝尔纳尔·迪亚斯并不是历史学家，也不是人类学家，只是参加征服的一介武夫，既然他的统帅埃尔南多·科尔特斯在呈给西班牙国王的《奏折》中都已遗憾地表示，对新世界的了不起的事物，“由于不掌握相应的恰当用语而无法描述”，那么，贝尔纳尔·迪亚斯在记述中使用了在类似情况下西班牙所习用的称谓或术语，从而造成误解，也就不足为怪了。其次，贝尔纳尔·迪亚斯作为征服者的一员，囿于其历史局限性，对征服及征服给印第安文明造成的破坏，当然不可能从历史发展这个高度去作出恰当的分析和估计。因此可以说，这部著作的价值主要在于提供了大量史料，而不在于像专著那样对历史事件作出论断。此外，他把亲自参加的这一重大历史进程描述得详尽细致，还不时插入一些逸

① 路易斯·亨利·摩尔根：《古代社会》上册，商务印书馆 1977 年版，第 187 页。

闻趣事，固然收到生动有趣的效果，但有时难免失之不够“洗练”，给人以“絮叨”之感。不过，瑕不掩瑜，正如委内瑞拉当代著名作家阿图罗·乌斯拉尔·彼特里在1985年8月撰写的一篇评论中指出的那样，“贝尔纳尔·迪亚斯以其亲身经历，写出了世界文学中一部最精彩的作品”。

1992年即将来临，目前西班牙及美洲各国均已开展各种活动，以纪念“发现新大陆”五百周年。鉴于我国已出版的有关拉丁美洲重大历史事件的著述，多从英、俄语转译而来，我们几经努力，把《征服新西班牙信史》这部举世公认的重要著作，从西班牙语原著直接译出，期望能有助于我国学术界对发现和征服这一历史进程的研究，有助于我国读者对拉丁美洲的了解。

江　禾

1986年10月于北京

# 目　　次

# 前　　言

我早已了然，大凡有名望的史学家，在他著述正文前，都用种种大道理和极工巧的辞藻作一篇序文或引言，阐明著述的主旨，以便细心的读者阅读时能领会到其中的意味。可我不是文人，也就不敢写这样的序文或引言。因为要颂扬我们在骁勇的统帅埃尔南多·科尔特斯率领下征服新西班牙①各地区时所经历的英勇战斗和立下的战功，而且要充分表现它的伟大，必须有很高的文才，而我却没有这种才能。不过，作为目击者，我可以仰仗天主的帮助，把我目睹的一切以及经历的各次战斗照直写来，而且对任何一方都毫不偏袒。我现在已经是个年过八十四的老人，且已耳聋眼瞎，也没有财富可留给子孙后代，但幸运的是，我留下了这部真实的、重要的历史。现在我不再赘言，就来讲讲我是何方人氏，原籍何处，何年离开卡斯蒂利亚②，追随哪些长官征战，眼下又在何处定居。



---

① 西班牙统治时期墨西哥被称为“新西班牙”。

② 西班牙中部地区名，本书指西班牙。——译者

# 第一章
## 开场白

在下贝尔纳尔·迪亚斯·德尔·卡斯蒂略,现住忠于西班牙国王陛下的危地马拉圣地亚哥城,是该城市政会议成员;我是最早发现并征服新西班牙各地区和洪都拉斯——伊格拉斯[①]角的人之一;原籍高贵的名城梅迪纳德尔坎波[②];双亲早已升入天堂,父亲名叫弗朗西斯科·迪亚斯·德尔·卡斯蒂略,是该城市政会议成员,人称"美男子";母亲名叫玛丽亚·迭斯·雷洪,是我父亲的发妻。现在我要详述我和我的同伴们的经历。我们这些真正的征服者为国王陛下效力,发现、征服、平定和开拓了新西班牙各地区,那是新大陆中被发现的主要部分之一。我们发现新西班牙全靠自己筹措的资金,国王陛下对那些地方事先一无所知。

由于我的祖先、父亲和一位兄长都为王国和彪炳千古的堂费尔南多和堂娜伊莎贝尔君王效力,我决计步他们的后尘。时当1514年,正巧有位叫佩德拉里亚斯·达维拉的骑士来大陆[③]任总督,我便决定随他赴任并参加征服。为了少费唇舌,旅途中的经历就略而不谈;简而言之,天气时好时坏,最终我们到达农布雷德迪

① 科尔特斯的远征军把洪都拉斯称为"伊格拉斯"或"伊布埃拉斯"。

② 是西班牙巴利阿多里德省的一个城市名。

③ 指西班牙人最初定居的中美洲地区。

奥斯[1]。

我们在那儿居住三四个月之后，忽然瘟疫流行，死了许多兵士；此外，我们余下的人全都染病在身，而且腿生毒疮。同时，总督同一位名叫巴斯克·努涅斯·德·巴尔沃亚的绅士发生龃龉，那位绅士是该地区的征服者，当时任指挥官职务，颇为富有；佩德拉里亚斯·达维拉把一个女儿嫁给那位绅士，女儿出嫁后，他好像又怀疑女婿企图率兵造反，然后去南海[2]，便将女婿斩首，同时还惩处了一批兵士。我们这些跟随佩德拉里亚斯·达维拉来新大陆的绅士和有身份的人，见到上述情况以及指挥官中间的其他骚乱，又获悉新近征服并开拓了古巴岛，由一个名叫迭戈·贝拉斯克斯的奎利亚尔城[3]的绅士当了该岛总督，便请求佩德拉里亚斯·达维拉准许我们去古巴，他欣然批准我们的请求，因为他从卡斯蒂利亚带来的兵士过多，一时不需要这么多人去打仗：一则因为没有什么地方可征服（他的女婿巴斯克·努涅斯·德·巴尔沃亚早已征服了那个地区，到处都平安无事）；二则因为他管辖的地区本来就小。

我们一经获准，立即登上一条建造精良的船，一路顺风来到古巴岛，便去谒见总督。他对我们的到来非常高兴，许诺要把多余的印第安人赏给我们。

我们在大陆和古巴岛一住就是三年，没有任何作为值得一提。我们一百一十人——从大陆来的和在古巴岛上没有分得印第安人

① 地名，位于巴拿马。

② 即太平洋，为巴斯克·努涅斯·德·巴尔沃亚所发现。

③ 西班牙塞哥维亚省名城。——译者

的人——聚集起来，与岛上拥有大批印第安人的一个名叫弗朗西斯科·埃尔南德斯·德·科尔多瓦的殷实绅士商定，让他当我们的指挥官（因为他力能胜任），请他率领我们去碰碰运气，去发现新地方以施展我们的本事。

于是我们买了三条船，其中两条是大船，另一条是迭戈·贝拉斯克斯总督赊的。他提出如下条件：我们必须乘三条船先到古巴和洪都拉斯之间的一些岛（现在叫瓜纳赫斯群岛）去打上一仗，将岛上的印第安人装满三条船运回来，供他当奴隶使用，以抵偿给我们的那条船。

我们这些兵士见迭戈·贝拉斯克斯的要求不合情理，就答复他说，让我们把自由人变成奴隶，这不符合天主和国王的旨意。他知道我们的想法以后就说，我们要去发现新陆地，这个想法比他的更好；于是，他给了我们一些东西装备船队。

我们有了三条船，备下了木薯面饼（用一种块根的粉做的饼），还买了几头猪，每头三比索[①]，因为古巴岛刚刚开拓，岛上还没有牛和羊；又买了食油、玻璃珠以及用来换取金银的不值钱的小玩意儿。我们找了三个司舵，其中为首的，也就是引导整个船队的司舵，名叫安东·德·阿拉米诺斯；我们又找来所需的水手，并购买了所能买到的最好的船具，如锚链、缆具、粗缆绳、锚具、盛水的桶，以及我们航行中有用的各种物品。置备所有这些东西都是我们自己掏的钱。

① 西班牙古币名。——译者

# 第 二 章
## 我们发现尤卡坦地区

1517 年 2 月 8 日，我们离开北边的阿哈鲁科港，十二天后绕过圣安东岬。绕过海岬后，我们便驶进远洋，朝日落方向航行，可是那片海域的浅滩和水流我们一无所知，也不知道那里常刮什么风；我们冒着莫大的生命危险，因为当时海上突然暴风雨大作，整整刮了两天两夜，我们差一点葬身鱼腹。

暴风雨过后，我们继续航行，终于在离开阿哈鲁科港二十一天之后见到了陆地，我们高兴非常，连声感谢天主庇佑。直到那时，还没有人发现或听说过这片土地。我们从船上看到一个大村落，离岸约二西班牙里①，我们见那村落很大，无论是在古巴岛还是拉埃斯帕尼奥拉岛②都没见过这么大的村落，便给它取名大开罗。

我们决定让两条小一点的船尽可能驶近海岸，探明水有多深，看能不能靠近泊船。3 月 4 日早晨，我们看到十条很大的木船向我们驶来，那种船叫独木船，船上坐满当地的印第安人，他们用桨划船，船上还张着帆。那种船形如木槽，很大，用粗大的原木挖成，每条船都是一根整木，许多船大得能载四十个印第安人。

① 一西班牙里约等于五公里半。——译者

② 哥伦布为海地岛(也称圣多明各岛)所起的名字。

印第安人划着那十条独木船驶近我们的船，我们转动船帆把船停下，让他们上前和我们说话；因为当时没有懂尤卡坦话和墨西哥话的通译，所以我们打手势向他们表示友好，还朝他们挥手，让他们靠近。印第安人靠了过来，全无害怕的样子，三十来个印第安人上了我们的指挥船，我们送给他们每人一小串绿玻璃珠子，他们在船上看了很久。他们为首的一个是酋长，打着手势对我们说，他们要划小船回村，第二天再来，还要带更多的小船来载我们上岸。

这些印第安人身穿像短上衣那样的小布衫，下身用窄布片遮羞，他们管那布片叫马斯特尔[①]。我们认为他们比古巴的印第安人开化，因为古巴土著下身一丝不挂，只有女人们围一块长及大腿的棉布，当地人称之为纳古亚。

第二天早上，那个酋长又到我们船上，带来十二条大独木船，每条独木船上都有桨手。那酋长笑容满面，很是友好，用手比划着请我们到他们村里去，说要给我们食物和其他所需物品，说他带来的独木船可以载我们上岸。他当时用土话连声说："科内斯，科托切，科内斯，科托切。"意思是：请到我家去。所以我们给那片土地起名科托切角[②]，海图上记下的便是这个地名。

指挥官和我们全体兵士见那酋长殷勤备至，便决定将船上的划子放下，然后分坐一条划子和十二条独木船一齐上岸，因为我们看到岸边挤满了从那个村落来的印第安人。我们就这样乘同一批船登陆。那酋长见我们上岸后并不朝他的村落走，便又向统帅打

① 应为"马西特拉特尔"。作者常凭自己听的音随意记录土著语言的词语。

② 今名卡托切角，位于尤卡坦半岛东北端。

手势，要我们同他一起去他们家；指挥官见他做了许多亲善的表示，便与我们全体兵士商量决定带足精良武器跟他们走，于是我们带上十五把弩弓、十支火枪，跟在那个酋长和一大群簇拥着他的印第安人后面上路。

我们这样走着，来到一片荆棘丛生的山地，那酋长突然高声大喊，招呼埋伏好的一队队印第安武士出来杀我们。他一发喊，那一队队印第安武士便杀气腾腾地飞奔而来，一阵猛射便伤了我们十五个兵士。这些印第安人身穿长及膝盖的棉甲，头戴羽饰，手握长矛和圆盾，除了弓和箭，还带着投石器和许多石弹。那阵箭射过，他们直冲到我们跟前，两手持长矛朝我们猛刺，伤了我们许多人。我们靠了天主庇佑，挥舞利剑，努弓、火枪齐发，打死他们十五个人，才把他们打退。

离印第安人伏击我们的地点不远处有一块平地，平地上有座石砌房子，那是庙宇和神堂，里边供奉着许多泥塑偶像，有的面目狰狞，有的面如女人，还有其他一些偶像也很丑陋。从这些塑像看来，印第安人好像通行鸡奸。庙里有几口小木箱，木箱里也放着偶像，另外还放着含金不多、主要成分为铜的小圆牌，一些身上挂的饰物，三个发箍和其他一些铸成鱼形和当地那种鸭子形的小物件，全是低成色的黄金。

我们一见到金子和石砌房子，便为发现了富饶土地而狂喜，因为当时还不知道有个秘鲁，一直到二十年之后，那里才被发现。

我们和印第安人交手时，和我们同去的冈萨雷斯教士把那几口木箱、偶像和金器，统统搬上船去了。

在那场厮杀中，我们抓获两个印第安人，两人受洗礼后，一个取名胡利安，另一个取名梅尔乔；两人都是斜眼。打过那次恶仗后，我们重新上船，继续朝日落的方向沿海岸往前探察。我们给伤号治伤后便扬帆起航。

# 第 三 章

## 我们沿海岸继续向西航行

司舵安东·德·阿拉米诺斯断定那片陆地是岛屿，我们相信他的话，一路小心行驶，白天航行，夜晚停船。走了十五天，从船上遥见一个村落，那村子看去颇大，附近还有大小海湾。我们估计那里有河流或小溪，可以汲些水来，原来我们所带的水桶、水罐全都盖不严实，所以船上极需补充淡水。这是因为船队的成员都无钱财，拿不出足够的金子置备像样的水罐和锚链。为了补充淡水，我们只好在靠近村子的地方上岸。当天是拉撒路日[①]，我们便给那村子起名拉撒路，海图上记下的就是这个地名，而当地的印第安人叫那个村落为坎佩切。



我们决定乘最小的一条船和三条划子一齐登陆，为避免上次在科托切岬登陆时的遭遇，还带上武器。由于大大小小的海湾里水很浅，我们在离陆地一西班牙里之外抛锚停船，坐划子在村子附近上岸。那里有一口大井，村里居民都吃这口井的水，因为就我们

① 即3月22日。

所见，那地方没有河流。我们取出水桶，准备装满后即回船。

我们装满水桶正要上船，从村子里走出五十来个印第安人，穿着很好的棉布衣服，样子十分和善，看上去像是村里的酋长。他们打手势问我们为何而来。我们说为了汲水，并说马上就要回船；他们指指点点，问我们是不是从日出处来，并连声说："卡斯蒂兰，卡斯蒂兰"，我们不解其意。说完这些，他们又比划着让我们随他们到村子里去，我们商量去还是不去，最后一致决定走一趟，但要小心防范。

他们把我们领到几座很大的房屋前面，那是他们供奉偶像的神堂，修建的石工十分精良，墙上画有许多蛇和蟒，还画着一些丑陋的偶像；在偶像的另一边，有几个像十字架那样的东西，放在一个洒满鲜血的祭坛周围，那些东西全都涂了颜色，我们从未见过，也未听人说起，所以非常惊奇。看来他们刚刚用几个印第安人做牺牲，祭祀他们的偶像，求偶像庇佑他们战胜我们。许多印第安人在那里嬉笑、欢闹，看上去都很和善；可是我们见到如此众多的印第安人聚在一起，不免担心遭到科托切那样的伏击。

这时，又来了许多印第安人。他们身穿粗陋的衣服，扛着干芦苇，把芦苇堆在一块平地上；紧接着，又来了两队持长矛、圆盾、投石器和石弹的印第安弓箭手，只见他们身穿棉甲，队列整齐，每队有一人指挥，走到离我们不远的地方停下。这时，又从另一座房屋（他们供奉偶像的神堂）里走出十个身穿棉布长服的印第安人，衣服是白色的，长及脚面；这些人头发很长，头发上涂满血，要是不用剪刀剪，就扯不开，也梳不通。这些印第安人是侍奉偶像的祭司，在新西班牙，一般叫作帕帕[1]（以后我都称他们作祭司）。他们拿来树脂样的熏香（他们称之为科帕尔）和黏土制的火盆，盆里放着火炭，他们焚香熏我们，还打着手势，要我们在那堆柴火燃尽之前离开他们的土地，否则就攻打我们并将我们杀死。祭司们随即下令点燃芦苇，然后一言不发地走了。列队准备攻打我们的印第安人打起呼哨，还鸣号击鼓。

我们在科托切岬一仗受伤的人尚未康复，还死了两名兵士（已被我们海葬），现在见这些印第安人如此凶悍，又见大队印第安武士正向我们进逼，心中害怕，一致决定撤往海边，便沿海滩向前走，一直走到立于海水中的一块礁石附近。我们的那条小船和三条划子载着水桶、水罐沿海岸行驶，但我们不敢在村子附近我们登陆的地方上船，因为大群印第安人正等在那里，我们怕他们乘我们上船之际上来袭击。



我们把水运上船，登船起航，一路顺风，走了六天六夜。突然间，北风又起，那风对着海岸吹，四天四夜没有停息，险些将船刮得撞到岸上。当时因风势过猛，我们只好抛锚停船，结果断了两根锚链，一条船拖着锚直往后滑。那情形真是危急万分，若是锚链一断，我们准要被刮向海岸，弄得船沉人亡！多亏天主庇佑，让我们用别的缆绳、锚具把船稳住。

狂风过后，我们继续沿海岸航行。我们尽可能靠近陆地行船，想再上岸打水——我前面已经说过，我们的水桶盖不严实，全都大敞着口，而且无法计量。由于我们是沿海岸航行，便以为无论在哪

① 应为“帕帕瓦”，意为长发人。

儿上岸都能找一口水塘汲水或掘井打水。我们这样沿既定航线行进，忽然从船上看到一个村落，村子前面大约一西班牙里的地方有个海湾，像是河流或溪流的入海口，便决定在那里停泊。因岸边海水很浅，我们担心船只搁浅，便在离陆地一西班牙里之外停船。在那海湾里，我们跳上那条小船和三个划子，搬出所有的水罐准备取水。中午刚过，我们便带足武器、弩弓和火枪上岸。我们上岸的地方离村子大约一西班牙里，那里有几口水井，还有玉米地和石砌房屋。这村子名叫波通昌[①]。我们将水桶装满水，却无法将水运回，因为许多印第安武士正向我们冲来。

# 第四章

## 我们在村舍和玉米地里遭到的袭击

我们正打水间，便见一队队波通昌村的印第安武士沿海边向我们逼近，这些人身穿长及膝盖的棉甲，手持弓箭、长矛、圆盾、投石器、石弹和用两只手抡的砍刀，头戴他们常戴的羽饰，脸上涂成白色、褐色、赭石色；他们一言不发，直奔我们所在的地方，看到我们不像为攻打他们而来，便打手势问我们是否是从日出处来，我们用手势回答说正是从那里来。我们这时注意到他们的问话，开始琢磨他们这会儿的问话与拉撒路村的人向我们的话都是什么意

① 也叫昌波通，在墨西哥坎佩切州境内。

思，但我们始终没有弄清。

傍晚时分，印第安人聚集起来，走进不远处的村落；我们见那么多印第安人汇在一处，感到事情不妙，便布置岗哨，派人打探，小心防备。

我们彻夜未睡，忽听得大队印第安武士从村里出来，个个手持武器；我们听到动静，明白他们确实对我们不怀好意，便一起商量如何对付，众兵士议论纷纷（遇到这种情况难免七嘴八舌）。一部分兵士主张马上登船，大部分人以为若在此时登船，印第安人必定上前袭击，他们人数众多，我们必定性命难保，于是又有一部分人提出，不如乘夜晚袭击他们，俗话说：先下手为强。可我们心下明白，我们每个人要对付他们二百来个。我们这样商议着，不觉天色放明，众兵士彼此打气，说要靠天主保佑，鼓起勇气奋战一场，以求死里逃生。

天大亮时，更多的印第安人沿着海边朝我们这边奔来。他们打着旗，戴着羽饰，擂着鼓，与晚上先来的印第安人会合，然后摆开阵势，把我们团团围住，向我们投射来雨点般的飞箭、投枪、石弹，伤了我们八十来个兵士。他们冲到我们面前，有的用矛，有的用箭，有的挥舞用两只手抡的砍刀，杀得我们几乎招架不住；我们也用刀剑乱砍乱杀，火枪、弩弓齐上，一刻不停地射了又装，装了又射。他们被我们刀劈剑砍，后退了一点，不过没有走远，而是从稍远处朝我们射箭，既能射中我们，又不致受伤。

我们与印第安人厮杀时，印第安人大声呐喊，高叫："阿尔卡拉丘尼，卡拉丘尼。"这是他们的土话，意思是："射指挥官，射死他。"指挥官身中十箭，我也中了三箭，其中一箭射中我的左胁，幸而没伤着脏腑，很是危险。我们所有的兵士都被他们用矛扎伤，还有两名兵士被他们活捉。

挥指官见我们寡不敌众，一队队印第安武士将我们层层围住，还有更多的印第安人从村里赶来增援，给他们送水，送食物，送箭；而我们每个人都受了两三处箭伤，三名兵士被刺中喉咙，指挥官自己身上多处淌血，五十来名兵士被杀死，明白我们力已不支，实在打不下去，便决定死命杀出重围，逃上划子。那几条划子停在岸边，离得不远，可以救我们脱险。于是我们合成一队，从印第安人中间冲出去；他们杀声震天，还打呼哨，箭和矛一阵猛射猛刺，一次次将我们打伤。

我们又遭到新的灾难：我们这么多人一下子跳上划子，划子经受不住，便开始下沉，我们只得勉强抓住船帮，身子浸在水中，泅水似的靠近那条急忙赶来接应的小船。登船时，他们又伤了我们许多兵士，抓住划子尾部的兵士被他们当作活靶子射，受伤最多。印第安人还手持长矛冲进水中，朝我们猛刺，我们靠天主保佑，九死一生，才得以脱逃。



登船后，我们发现少了五十来名兵士，还有两名被活捉；此后的短短几天中，又有五名兵士因箭伤过重，又因没有水喝而死去，我们将他们投入大海。这次恶战打了大约一个钟头。这个村子叫波通昌，司舵和水手们都在海图上标上“恶战海岸”的名字。

我们从那场混战中死里逃生，连声感谢天主庇佑。我们互相医治伤口时，一批兵士疼得呻吟不止，伤口因受了风，又被海水浸泡，肿得厉害；一些兵士还咒骂安东·德·阿拉米诺斯司舵，诅咒那次航行和那个被发现的“岛”——司舵始终认定那不是大陆。

# 第五章

## 我们决定返航古巴岛

话说我们上得船来，连声感谢天主；当时我们得以上船的兵士，除一人之外，没有一个不受两三处、三四处伤，指挥官十处挂彩，我们治伤之后决定返航古巴。由于水手大部分受伤，没有人驾船，我们只好将那条小一点的船扔下，我们将那条船上的帆、锚、缆绳取下，把未受伤的水手分到两条大船上去，然后一把火烧了那条船。

我们还有更大的苦头要吃，那就是没有水喝。我们在波通昌本已将大大小小的水桶打满，因为遭到袭击，匆忙逃上划子，无法带上水桶，水桶全留在岸上，一滴水也没有打来。我们干渴难忍，舌头和嘴裂开一道道血口，没有任何东西可以稍解干渴。像我们这样冒生命危险去发现新大陆是何等的艰辛！只有历尽这般辛苦的人，才能体会其中的滋味。

我们忍着干渴紧靠陆地航行，以便遇到能打来淡水的河流或港湾。这样走了三天，见到了一个可以泊船的海湾，我们猜想那里一定有河流或是有淡水的河滩。于是，两条船上没有负伤的十五名水手和三名受箭伤稍轻的兵士就在那里上岸，他们拿着锄头和桶准备汲水。滩地上的水是咸的，他们又在岸边挖井，可打上来的水也和滩地上的水一样又咸又苦。他们只好把桶装满这种又苦又涩的水带上船来，那水实在喝不得，一些兵士喝后，肚子和嘴烧得难受。那片滩地上有许多大鳄鱼，我们就给那地方起名鳄鱼滩，并在海图上标上这个地名。

几条划子驶出去找水之后，突然又刮起猛烈的东北风，那一带海岸常刮北风和东北风，而且总是对着海岸刮，上岸打水的水手一见起风，急忙驾划子赶来，又抛下几个铁锚并加了缆绳，总算将船停稳。我们在那个海湾泊了两天两夜，然后起锚扬帆，向古巴岛航行。

阿拉米诺斯司舵与另外两位司航商量后，建议船队从我们所在的地方朝佛罗里达方向行驶，因为从他的海图上的方位、度数看，去佛罗里达不过七十西班牙里航程，他说从佛罗里达到哈瓦那这段航线比我们来时所走的航线更好、更近。他说得不错，因为据我所知，十四五年前①他就随一个名叫胡安·庞塞·德·莱昂的人来这里发现了佛罗里达，胡安·庞塞·德·莱昂就在那片疆土被击溃并被打死。我们航行四天之后，望见了佛罗里达的陆地。

# 第六章

## 我们在佛罗里达上岸找水

到佛罗里达后，我们决定派二十名伤势最轻的兵士上岸，我也

① 佛罗里达半岛发现于1512年，作者此处所记有讹。

在这二十人之中，同去的还有安东·德·阿拉米诺斯司舵。我们取出所有的水罐，带上锄、弩弓、火枪。指挥官伤势很重，又无水喝，十分虚弱，求我们无论如何也要给他带淡水来，说他口干难忍，定会渴死，因为船上只有咸水，实在喝不得。

我们来到岸上，见附近有一浅滩，没于海水之中，阿拉米诺斯司舵认出那段海岸，说他到过此地，他那次是随一个名叫胡安·庞塞·德·莱昂的人来此探察，遭到当地印第安人的袭击，许多兵士被打死，所以他要我们多加小心。

我们即派两名兵士放哨，然后在一片开阔的海滩上掘了几口很深的井，我们估计那里可能有淡水，因为那时正是落潮时间。天主保佑我们找到了淡水，我们欢天喜地，把水喝足，又洗了给伤员包扎用的绷带，耽搁了一个钟头光景。

我们高高兴兴地正提着水罐回船，忽见派出去放哨的两名兵士之一高叫着跑来：“快拿武器！快！陆上来了许多印第安武士，还有不少坐独木船沿浅滩驶来！”那兵士话音刚落，印第安人已经冲了过来，几乎与他同时来到我们面前。

印第安人身材魁梧，手持巨弓利箭，还有长矛和砍刀，身披鹿皮。他们直奔我们而来，用箭猛射，一下子伤了我们六个兵士，我也受了一处轻伤。我们忙挥舞刀剑，一阵乱劈，火枪、弩弓齐发，印第安人不敢恋战，往海边浅滩跑去，给他们那些坐独木船的同伴助阵，独木船上的印第安人正和水手们厮杀，双方打得不可开交，印第安人已把划子抢走，正用独木船拖着朝浅滩上方划去，他们伤了我们四名水手，阿拉米诺斯司舵也被刺伤喉咙。我们连忙冲进没腰的水中，向印第安人猛攻，用剑乱刺，他们只得撇下划子，二十二名印第安人躺倒在岸边和水中，我们还抓了三个伤势不重的印第安人，那三人后来都死在我们船上。

这一场恶战过后，我们问那哨兵，还有一个哨兵怎么样了。他说看见那个哨兵拿了一柄斧子走开，想去砍一棵小棕榈树；他见他朝浅滩走去（印第安武士就是从那里冲过来的），过了一会儿，便听得从那里传来西班牙语的叫喊声，就赶紧跑回来报信，印第安人准是在那个哨兵喊叫时把他杀死了。在波通昌那一仗中，只有这个兵士没受伤，他命该死在这里。

我们顺着前来袭击我们的印第安人的踪迹寻找那名兵士，找到一棵砍过几刀的棕榈树，树旁足迹远比别处多，因周围没有血迹，我们断定他已被活捉。我们四处找他，找了一个多钟头，还大声呼喊，却不见他的踪影，只好登上划子。我们运回淡水，众兵士见了欣喜若狂，简直把我们当成再生父母。一个兵士从船上跳进划子，因干渴已极，捧起一个水罐就饮，直喝得腹胀如鼓，两天后便一命呜呼。

我们连人带水上了船，收起划子，驶往哈瓦那。那一昼夜天气晴朗，我们经过名叫洛斯马蒂雷斯的一个小岛，那是一片浅滩，那时就叫洛斯马蒂雷斯浅滩。由于我们所经之处，水最深不超过四西班牙呺[①]，指挥船撞上了小岛，漏得厉害，我们在船上的全体兵士赶忙用水泵抽水，但无济于事。我们担心沉船，便把几个莱万特[②]水手找来，对他们说："弟兄们，快帮着抽水吧，你们看我们全

① 长度单位，一西班牙呺约合 1.67 米。——译者

② 指西班牙东部沿海地区。——译者

都伤得不轻，而且白天黑夜不得休息。”那些水手说：“你好还是自己干吧，我们钱挣不到，倒跟你们一样吃不上饭，喝不上水，受罪流血。”我们最终说服了他们帮忙抽水。我们就这样拖着虚弱的身体，忍着伤痛，一边驾船，一边抽水，靠天主保佑总算抵达卡雷纳斯港——现在的哈瓦那城就建在那个地方。我们上岸后，连声感谢天主。

我还要谈谈抵达哈瓦那后的情况。我们一到哈瓦那港，那里的一名葡萄牙潜水员便把指挥船上的水排出。我们立即给迭戈·贝拉斯克斯总督写信，告诉他我们发现了新的疆土，说那里有很大的村落和石砌房屋；说当地人身穿棉布缝制的衣服，还用布条遮羞；说他们有金子和大片玉米地；还说了其他一些情况，现在我已记不清了。我们的指挥官弗朗西斯科·埃尔南德斯由陆路从哈瓦那前往一个叫作桑蒂斯皮里图斯的镇子，他本是该镇居民，那里有归他管辖的印第安人；他因伤势过重，十天后就死了。我们大部分兵士各奔东西，分散到岛上各处，三名身负重伤的兵士死在哈瓦那。

我们的两条船驶往总督所在的圣地亚哥港，船驶抵该港后，我们在科托切岬抓到的那两名印第安人（一个叫梅尔乔雷霍，另一个叫胡利亚尼略[①]），被领上岸，那个装着金发箍、黄金制的小鸭子、小鱼和其他金物件以及许多偶像的箱子也被抬出来，众人啧啧称羡，那片土地的名气立即在包括圣多明各和牙买加在内的各岛乃至卡斯蒂利亚本土传了开来，都说世上再没有发现过更富庶的土地。



---

① 为前面提到的梅尔乔和胡利安的鄙称。——译者

# 第七章
## 我们历尽艰辛抵达一个名叫特立尼达的城镇

前面已经说过，我们几个箭伤未愈的兵士留在哈瓦那，伤口稍愈后，我们三个兵士决定前往特立尼达镇。为此，我们找到一个名叫佩德罗·德·阿维拉的哈瓦那居民商量，此人正好要乘独木船从南边出海去特立尼达镇，将一船布汗衫运去卖。我们与阿维拉商妥，答应给他十个金比索，让他准我们搭他的船走。

我们沿海岸航行，时而划桨，时而张帆，走了十一天，来到一个叫作卡纳雷奥的印第安人村落，那里已是特立尼达镇境内。这时，忽然刮起猛烈的晚风，我们大家，包括佩德罗·德·阿维拉，还有几个雇来的哈瓦那印第安人（全都是出色的桨手）拼命划桨，还是驾不住独木船，终于撞到岸上，阿维拉的一船货物沉入水中，我们挣扎着爬上岸来，一个个赤身裸体——我们为奋力划船，不使船撞毁，还为泅水方便，都脱光了衣服。

我们逃脱了这场灾难，可是岸边没有道路通向特立尼达镇，我们只好在水没脚面、布满礁岩和乱石的岸边行走；海浪不断打在我们身上，而且我们没有食物充饥。

我们历尽艰辛，总算仰仗天主保佑，来到一片沙滩，在沙滩上走了两天，才抵达一个叫作亚瓜拉马的印第安人村落，村里人给了我们一些食物。第二天，我们来到另一个叫作奇皮奥纳的村子，又从那里直接来到特立尼达镇。我的一个名叫安东尼奥·德·梅迪纳的朋友和同乡送给我几件古巴岛上当时穿的那种衣服。然后，我吃尽千辛万苦从特立尼达镇身无分文地来到总督所在的古巴圣地亚哥城，我在那里蒙总督盛情接待。他那时已在筹划再派一支船队远征。

# 第八章

## 古巴总督迭戈·贝拉斯克斯下令派一支船队到我们发现的土地上去

时当1518年，古巴总督听说我们发现的名叫尤卡坦的土地富庶非常，决定派一支船队前往，为此，他备了四条船，其中两条是我们随弗朗西斯科·埃尔南德斯探险时乘坐的船，另外两条是迭戈·贝拉斯克斯自己掏腰包新买的。

船队筹建之际，正巧胡安·德·格里哈尔瓦、阿隆索·达维拉、弗朗西斯科·德·蒙特霍、佩德罗·德·阿尔瓦拉多四人都在贝拉斯克斯所在的古巴圣地亚哥城，这四人全是古巴岛上拥有委托监护地[①]的有名望的人物，他们到圣地亚哥城来本因有事要与

---

① 西班牙在征服美洲初期，施行一种称为委托监护制的奴役印第安人制度。根据这种制度，西班牙国王把被征服的大片土地奖给在征服、开拓中立功的军官、冒险家以及行政官吏、教士等人，也就是所谓的委托监护主，这些人对委托监护地范围内的土地和印第安人有“监护”、利用、管辖的权利，他们要使印第安人接受基督教的福音，而印第安人则要用服劳役或交付代役租来“报答”对他们的这种“监护”。——译者

总督商议。迭戈·贝拉斯克斯决定让自己的亲戚胡安·德·格里哈尔瓦任船队统帅，让阿隆索·达维拉、弗朗西斯科·德·蒙特霍、佩德罗·德·阿尔瓦拉多分别担任其他三条船的指挥官。船上的给养、木薯面饼、腌猪肉由这几位指挥官置办，四条船以及换金银用的廉价小物件和菜蔬则由迭戈·贝拉斯克斯提供。然后，迭戈·贝拉斯克斯吩咐我随那几位指挥官同去，在他们手下当一名副官。

那些在岛上没有分得印第安人的居民和兵士听说发现了富庶的土地，知道那里不仅有石砌房屋，而且据我们从科托切岬抓来的印第安人胡利亚尼略所说，还有金子，个个争先恐后，都想到那片土地上去。于是，我们很快聚集了二百四十人，我们每个人都拿出自己的钱财购买食物、武器和所需物品。据我所知，总督为这次航行下达的命令好像是让我们去换取金银，能换多少就换多少，如果我们觉得那片土地值得开拓，又敢于去冒险，那就开拓，要是不成，就返回古巴。

我们驾驶四条船沿古巴岛北岸抵达一个名叫马坦萨斯的港口，那港口离旧哈瓦那镇不远（当时还没有建成现在的哈瓦那城），哈瓦那人的庄园全都在那个地方。我们的船在那里装足了木薯面饼和猪肉，因为古巴岛当时刚刚征服，还没有牛和羊。我们全体官兵集合起来，准备下海航行。

兵士们聚齐之后，指挥官向司舵们发出命令，并关照了桅灯夜间的信号。于是我们便在 1518 年 4 月 8 日听完弥撒后张帆起航，十天之后绕过瓜尼瓜尼科岬（也叫圣安东岬），又航行了十天，见到科苏梅尔岛（我们就是在这次航行中发现该岛的）。由于水的流向比我们上次随弗朗西斯科·埃尔南德斯·德·科尔多瓦航行时低得多,所以船队偏离了航向。我们沿着岛的南岸行驶,见到一个房屋稀少的村落,村子附近的海面没有礁石,是个很好的停泊处。我们许多兵士跟着统帅跳上海岸。

那个村子的印第安人见一条大帆船驶来,早已四下逃散,因为他们从未见过这样的东西。

我们这些上了岸的兵士在一片玉米地里遇到两个行走不便的老人,便把他们带到统帅面前。统帅通过我们上次随弗朗西斯科·埃尔南德斯探险时抓到的那两个名叫胡利亚尼略和梅尔乔雷霍的印第安人对那两个老人说话,因为胡利亚尼略和梅尔乔雷霍懂那个岛上的话,他们的村子与科苏梅尔岛只隔四西班牙里,讲的是同一种语言。统帅对那两个老人很客气,给了他们一些珠子,让他们把村里的酋长们找来。那两人走了以后再也没有回来。

我们正等着他们的时候,来了一个漂亮的印第安姑娘,她用牙买加岛上使用的语言同我们说话,告诉我们村里的印第安人,不论男女,都已吓得逃到山里去了。我们许多兵士(包括我在内)都能听懂她的话,因为那种语言和古巴岛的土话没有什么区别。我们不明白她怎么会在这个岛上,便问她是怎么来的,她说大约两年前,她和其他九名牙买加印第安人坐一条大独木船从牙买加岛到一些小岛上去捕鱼,不料独木船被风刮得撞在岸上,当地人把她的丈夫和其他几个同来的印第安人统统杀死,用来祭祀偶像。

统帅见那印第安姑娘可以为我们传递消息,便让她去把村里的印第安人和酋长们叫来，并限她两天赶回；我们不敢派胡利亚尼略和梅尔乔雷霍去找，因为我们担心那两人若是离开我们，便会逃回离这里不远的老家去。我再回过来说说那个来自牙买加岛的印第安姑娘，她带回消息说，印第安人一个也不愿前来，任她怎么说都没用。

统帅见再等下去也是白费时间，便下令登船，那个牙买加印第安姑娘也上了我们的船，我们随即继续航行。

# 第九章

## 我们沿上次随弗朗西斯科·埃尔南德斯·德·科尔多瓦航行过的路线前进

我们登船之后，沿弗朗西斯科·埃尔南德斯航行过的路线前进，八天后驶抵波通昌村所在的地方，前面已经说过，我们曾在那里被该地的印第安人打得大败。由于那个海湾的水很浅，我们在离陆地一西班牙里处抛锚停船，然后放下所有的划子，载着半数兵士往村子那边驶去。

波通昌村和邻近几个村的印第安人像上次那样聚集在一起。那次他们打死了我们大约五十六人，还打伤了我们所有的兵士，所以这次他们趾高气扬，带齐了惯用的武器：弓箭、长矛（有的和我们使用的长矛一般长）、圆盾和用两只手抡的砍刀——木柄燧石刀，外加石弹和投石器，身穿棉甲，还带着鼓和一种小号角。他们大部分人的脸上都涂成了黑色，也有的涂成白色或红色。他们商量好了等在岸边，等我们一靠岸，立即攻上来。我们有了上次的教训，所以划子上载着几门小口径长炮，还准备了弩弓和火枪。

我们刚靠近陆地，他们就射起箭来，还用长矛朝我们猛刺；尽管我们开炮打死打伤他们不少人，他们还是向我们射出雨点般的乱箭，没等我们上岸，就伤了我们半数以上的兵士。我们一上岸，立即挥舞刀剑乱劈乱砍，又用弩弓猛射，挫了他们的锐气，因为他们的箭虽然不断落到我们身上，但我们全都穿着棉甲。他们又厮杀了好一阵子，终于被我们打得撤向村旁的沼泽地里去了。

在这场混战中，他们打死了我们七个兵士；胡安·德·格里哈尔瓦统帅身受三处箭伤，还被打落两颗门牙，我们总共有六十来人受伤。



我们见印第安人都已逃散，便进入村内，给伤号治伤；并埋葬了阵亡的兵士。村子里不见一个人影，撤退到沼泽地的印第安人也已逃散。我们在厮杀中抓到三个印第安人，其中一人可能是个首领。统帅命令他们把村里的酋长找来，并通过胡利亚尼略和梅尔乔雷霍两名通译，明明白白地对他们说，他不计较过去的事情，还给了他们一些绿珠子，让他们拿去交给酋长，表示与他们讲和。那三人走后再也没有回来，我们猜想胡利亚尼略和梅尔乔雷霍准是没有把要他们翻译的话讲给那三个人听，而是说了相反的意思。

我们在那个村里停留了三天。

我记得在我们厮杀的那个地方有一片草地，草地上有许多小蚂蚱，我们在那里搏斗的时候，那些虫子蹦来蹦去，到处乱飞，有的直扑到我们脸上。当时，印第安弓箭手不计其数，射出的箭像雹子一样纷纷落下，我们有时把箭当作是飞来的蚂蚱，没有避开，结果被射伤，有时又把飞来的蚂蚱当成了箭。这种情况大大妨碍了我们的搏斗。

# 第 十 章

## 我们继续航行，驶进一条“很宽的河流”，我们称之为界河口

我们一路航行，驶抵一个像是河口的水域，那片水域很宽阔，水量丰富，我们以为是条大河，其实是个极好的良港。那港湾两边是陆地，看上去像一条海峡，进出口很宽，安东·德·阿拉米诺斯司舵硬说是岛，还说那片水域是将陆地划开的分界，所以我们称它为界河口，海图上记下的就是这个地名。

胡安·德·格里哈尔瓦统帅和其他几位指挥官带领全体兵士就在那里上岸，我们用三天时间探测入口的深度，又顺着海湾上下仔细观察，以为定有江河流入这片水域，结果发现那里不是岛，而是个海湾，并且是个极好的良港。陆地上有一些石砌的神堂，里面有许多泥塑木雕的偶像，都是印第安人供奉的神，其中有些像女人，还有一些像蛇，神堂里还摆着许多鹿角。我们以为附近一定有村落，又看到这个良港，觉得那地方可以开拓；实际上并非如此，那

地方荒无人烟，那些神堂是经常驾独木船路过这个港湾的商贩和猎人建筑的，他们就在这些神堂里祭祀他们的神。那个地方有许多鹿和兔，我们带着一条猎犬打死了十头鹿和许多兔子。

我们观察、探测完毕，重又登船；那条猎犬被我们落在岸上了。

登船后，我们沿海岸紧靠陆地航行，驶抵一条河流，印第安人称之为塔巴斯科河，我们给它起了个名字叫格里哈尔瓦河。

# 第十一章

## 我们抵达塔巴斯科河，给那条河取名格里哈尔瓦河

我们沿海岸向西航行，白昼行驶，夜晚停船，因为怕触礁或撞上沙洲。三天后，我们见到一个宽阔的河口，便驾船向陆地靠近，那个地方像是一个很好的港口。我们驶近河口时，看到那里有不少沙洲，我们便放下划子。我们用水砣测量水深，发现两条大船无法进港，便决定将那两条船停在海上，全体兵士分乘两条吃水较浅的船和几条划子沿河而上。我们看到沿河两侧有许多印第安人坐在独木船中，也像波通昌的印第安人那样手持弓箭和其他各种武器。我们见此情形，明白附近一定有大村落；又由于我们一路紧靠海岸航行，所以看见了印第安人安放在海中用来捕鱼的鱼篓，我们还驾一条一直在指挥船后面拖着的划子，取走了两个鱼篓中的鱼。那个村子的酋长叫塔巴斯科，所以那条河也叫这个名字，但那条河

是我们在这次航行中发现的，发现者是胡安·德·格里哈尔瓦，所以我们给它取名格里哈尔瓦河。

我们来到离村子大约半西班牙里的地方，便清楚地听得伐木的巨响，原来印第安人正在用木头修筑壁垒、工事和路障，准备和我们大打一仗。我们听到声响，便在那片陆地的一个岬角上下了船，那里长着许多棕榈树，离村子大约半西班牙里路程。我们刚上岸，五十来条载着武士的独木船便朝我们划来，武士们手拿弓箭、圆盾和长矛，身穿棉甲，头戴羽饰，还带着战鼓。河滩上也有许多满载武士的独木船，不过那些船离我们稍远，没有像那五十条船那样向我们这边划来。

我们见此情形，正打算用大炮、火枪、弩弓打他们，忽受天主启示，决定招呼他们靠近。我们通过熟悉当地土语的胡利亚尼略和梅尔乔雷霍两名通译，叫那些人不要害怕，说我们有话要对他们说，说等他们听完我们的话就会觉得我们的到来是件好事，并会欢迎我们到他们的村子里去，还说我们要把带来的东西送给他们。印第安人明白了我们的意思，便有四条独木船载着大约三十个印第安人靠了过来，我们拿出一串串绿珠子、小镜片、蓝水钻给他们看，他们见了这些东西，以为是他们很看重的那种绿宝石，脸色才稍显温和。

于是，统帅通过两名通译对他们说，我们来自遥远的地方，是一个名叫堂卡洛斯[①]的伟大君王的臣民，说许多伟大的王公和首领都是这位君王的臣子，所以他们也应该成为那位君王的臣民，这

① 即卡洛斯一世，也是神圣罗马帝国皇帝查理五世。——译者

对他们大有好处。统帅又让他们拿食物和鸡来换那些珠子。

有两个印第安人(其中一个是首领,另一个是“帕帕”——伺奉偶像的祭司)回答说,他们可以把我们要的食物拿来,还可以和我们交换东西;至于另外那件事,他们说他们有君王,现在我们一来,刚和他们见面,怎么就要另外给他们一个君王;他们要我们小心,不要像在波通昌那样同他们打仗,因为他们已经聚集起那一带两万四千名武士来对付我们。他们说他们知道几天前我们有两百多人被波通昌的人打死打伤,还说他们比波通昌的人强大得多,所以才来和我们交谈,以便了解我们的意图。他们又说,他们会把我们的话转告来自许多村子的酋长们,那些酋长正聚在一起商议是战还是和。

统帅当即拥抱他们,以示友好,又给了他们几串珠子,让他们见过那些酋长后立即返回,并说如果他们不回来,我们就强行进村,当然进村去不是为惊扰他们。



那两人把我们的意思与酋长、祭司们说了(那些祭司可以和酋长共商大事),酋长、祭司们说还是与我们讲和并送食物给我们为好;他们打算和周围其他村子一起凑些金子,作为礼物送给我们,表示同我们友好,他们不希望发生在波通昌发生过的事情。据我后来的观察和了解,在那一带和新西班牙其他地区,人们表示和好时,一般都要送礼物,以后我还要谈到这种情形。

第二天,大约三十名印第安人到我们所在的棕榈岬来,酋长也在其中。他们送来了烤鱼、鸡、人心果和玉米饼,还带着几个放火炭的火盆和熏香,他们用香将我们逐个熏过,又在地上铺了几张棕榈席(他们管那席子叫“佩塔特”),席子上铺一块布,上面放一些金饰物，有几件像是金发箍，还有一些鸭子形（不像当地鸭子而像卡斯蒂利亚鸭子）和蜥蜴形的饰物，三条用金子铸的珠子串成的项链和其他一些低成色的金物件，总共值不了二百比索；此外，他们还带来一些他们穿的那种披风和布衫。他们要我们不要嫌弃这些礼物，说他们拿不出更多的金子送给我们，说从那里再往前走，在日落的那个方向有许多金子。他们连声说："库卢阿，库卢阿"，"墨西哥，墨西哥"，我们不懂"库卢阿"和"墨西哥"是什么意思。他们送来的礼物值不了多少钱，不过，我们认为这是件好事，因为我们确确实实地知道了他们有金子。

印第安人送来礼物之后，便请我们继续航行。胡安·德·格里哈尔瓦统帅谢过他们，又给了他们一些绿珠子。我们决定即刻登船，一方面是怕那两条船出事，因为当时正刮北风，那风正好对着海岸吹；另一方面是为了要到印第安人所说的那个有金子的地方去。

# 第十二章

## 我们继续沿海岸向西航行，抵达摇旗河

我们登船继续沿海岸航行，两天后，在一个叫阿亚瓜卢尔科的地方见到一个村落。那个村子的许多印第安人手持龟甲制的圆盾在岸边行走，龟甲在阳光照射下闪闪发光，我们一些兵士硬说那是

低成色的黄金。那些手持盾牌的印第安人因为是在安全的地方，所以好像嘲弄我们一般，在流沙地上连蹦带跳地沿海岸往前走，我们在海图上给那个村子标上了拉兰布拉这个名字。

我们继续沿海岸前进，见到一处海湾，托纳拉河就在那里入海，后来我们返航时进了那条河，给它起名圣安东河。

又航行了一程，我们见到瓜萨卡尔科大河[①]的入海口，我们决定驶进海湾，不是要去探察海湾的水深，只为进港避风。再往前走，我们望见许多终年积雪的大雪山，后来又见到离岸较远的圣马丁山脉。最先从船上望见那山脉的是一个和我们同行的名叫圣马丁的兵士，所以我们用他的名字给那山脉命名。

我们沿海岸一路航行，阿尔瓦拉多指挥官率领的船驶到了船队前面，进了一条河(印第安人把那条河叫做帕帕洛亚瓦河[②])，我们当即把它叫作阿尔瓦拉多河，因为是阿尔瓦拉多指挥官率船驶进那条河的。几个印第安渔民送鱼给他，这些印第安人是一个叫作塔科塔尔帕[③]的村落的居民。我们其余三条船一直在河口等那条船驶出河来。阿尔瓦拉多指挥官未经统帅许可便驶进那条河，因此统帅对他大发脾气，命他下次不要一船先行，以免在我们无法援救的地方遇到意外。

随后，我们四条船结队航行，来到另一个河口，我们决定给那条河取名摇旗河[④]，因为河上许多印第安人用长棍子挑着一面面

① 应为“科阿特萨科阿尔科斯”。

② 应为“帕帕卢瓦潘”。

③ 应为“特拉科塔尔潘”。

④ 即哈马帕河。

大布旗来回挥舞着招呼我们。

# 第十三章

## 我们驶抵摇旗河河口

西班牙一些好奇的读者以及到过新西班牙的人想必都听说过，墨西哥城是像威尼斯城那样建在水上的一座很大的城池，城里住着一位伟大的君王，他统治着这片陆地上的许多地区，拥有新西班牙的全部疆土，其幅员两倍于我们的卡斯蒂利亚。这位君王名叫蒙特苏马，他强大无比，即使是他的势力达不到的地方，他也要派人打听情况，力图控制。我们第一次随弗朗西斯科·埃尔南德斯·德·科尔多瓦来这里时，在科托切和波通昌两仗中所受的损失以及这次航行中再次与波通昌人交战的情形，他都有所闻；他知道我们兵力不多，却把波通昌村和协同该村作战的几个村的众多武士打得大败；他还获悉我们进了塔巴斯科河之后与该地酋长们讲和的情形。总之，他得知我们希望用带来的物品换他们的黄金。有人把所有这些情况画在一种很像亚麻布的用龙舌兰纤维织成的布上呈报给他。他听说我们正沿着海岸向他的疆土驶来，便吩咐各地首领只要见到我们的船只进港，便设法用黄金与我们换珠子，特别要换颇像当地绿宝石的绿色珠子，因为他们很看重那种有如翡翠的宝石；他还命令他们详细打听有关我们的情况和我们的目的。

据我们所知，他们的祖先曾对他们说过，一些长着胡须的人将从日出处来到他们这里，并且要统治他们，这一点看来确凿无疑。不管是否因为这个原因，当时有许多印第安人在那条河上放哨巡查，他们都是伟大的蒙特苏马的臣民。他们用很长的棍子挑着一面面白布旗（好像那是和平的标记）招呼我们前去。

我们从船上见到这种新鲜事，大为惊奇。统帅和其他指挥官商量后决定放下两条划子，让所有弩弓手、火枪手和二十名最敏捷、最灵活的兵士驾划子去看个究竟，还派弗朗西斯科·德·蒙特霍与我们同去，如果我们看到那些打旗的人是要攻打我们或是发现别的情况，便立即回来报信。

多亏天主保佑，当时海上风平浪静，真是难得的好天气。我们来到岸上，看见三位酋长（其中一人像是蒙特苏马的辅臣）和一大群印第安侍从。这几位酋长的面前摆着火鸡、印第安人常吃的玉米饼，还有菠萝、人心果（有些地方叫曼蜜果）等水果。他们坐在树荫下，地上铺着棕榈席。他们打手势叫我们也在那里坐下。由于那个地方说墨西哥语，所以来自科托切岬的胡利亚尼略听不懂他们的话。接着，他们拿来放着火炭的黏土盆，用一种树脂样的东西点着了来熏我们。

蒙特霍指挥官把一切经过向统帅报告，统帅听后，决定让几条船都在那里停泊，然后他和其他几位指挥官一道率众兵士上岸。那些酋长和蒙特苏马的辅臣见他上岸，知道他是我们全体的统帅，便用他们的礼仪盛情相迎，统帅对他们也极为有礼，还让人拿出蓝色水钻和绿珠子给他们，打着手势叫他们拿金子来换我们的东西。那位印第安首领随即吩咐手下人到周围各村收集印第安人手中的金饰物,拿来和我们交换。我们在那里的六天中,他们找来了制成各种形状的低成色的金饰物,价值在一万六千比索以上。

我们以国王陛下的名义占领了那片土地,然后,统帅告诉那些印第安人,说我们就要登船起程,还拿出一些卡斯蒂利亚的衬衣送给他们。我们从那里带走了一个印第安人,把他带到我们船上。那个印第安人学会我们的话以后,受洗礼成了基督徒,起名弗朗西斯科。后来我看见他与一个印第安姑娘结了婚。

我们在那个地方待了六天。统帅见他们拿不出更多的金子来换,又怕我们的船出事(因为刮起了对着海岸吹的北风和东北风),便下令登船。我们沿海岸前进,见到一个海水环绕的小岛,离陆地大约三西班牙里,岛上白沙铺地,我们给那个小岛起名白岛,并把这个名字标上海图。离这个白色的小岛不远,我们又看见另一个岛,距陆地大约四西班牙里,岛上树木葱郁,我们把那个岛叫作绿岛。

我们继续前进,看见一个更大的岛,那岛离陆地约一西班牙里半,岛的前面有一个很好的港湾。统帅下令抛锚。我们见岛上有炊烟,便放下划子,胡安·德·格里哈尔瓦带领我们许多兵士到岛上探察。我们见到两幢石砌房屋,房屋建造精良,各有数级台阶通向一个犹如祭坛的平台,台上放着一些形状丑陋的偶像,是印第安人敬奉的神。我们看到当天晚上为祭祀偶像被宰杀的五个印第安人的尸体,那五个人被剖开胸膛,割去四肢,房屋的墙上沾满血迹。我们见此情景,惊骇不已,便给那个岛起名牺牲岛。

我们在该岛的前面上岸,岸边有大片流沙地,我们在沙地上用树枝和船帆搭起棚屋。许多印第安人来到我们驻扎的海边,像摇旗河的印第安人那样，拿来各种黄金小物件和我们交换。据我们后来所知，是伟大的蒙特苏马命令他们送金子给我们；那些印第安人十分畏怯，带来的金子又少，于是统帅下令起锚张帆，去另一个岛停泊。那个小岛离陆地大约半西班牙里，就是现在维拉克鲁斯港所在的地方。

# 第十四章

## 我们抵达现在叫作圣胡安德乌卢阿的那个小岛

我们在一片流沙地下船，那里有许多大沙丘；因为那里蚊子极多，我们便在最高的沙丘上搭起棚屋。我们坐划子仔细测量港口深浅，发现有那个岛做屏障挡住北风，船只没有危险，而且港里水很深。

探测了港口之后，统帅率领我们三十名全副武装的兵士分乘两条划子在小岛上岸。我们在岛上见到一座庙宇，里面有一个很大很丑的偶像（印第安人称之为特斯卡特普卡①），还有四个身穿深褐色长斗篷、头戴兜帽的印第安人（那帽子颇似多明我会修道士或受俸教士的兜帽）。他们是侍奉那个偶像的祭司。那天他们刚杀了两个年轻人，将他们开了膛，取出心和血供奉那个可憎的偶

① 应为“特斯卡特利波卡”，是最重要的阿斯特卡的神之一。

像。

我们到那里的时候，那几个祭司正用一种闻上去很像熏香的东西熏他们的特斯卡特普卡神。这时，他们朝我们走来，也要用那东西熏我们，我们执意不允，因为我们刚看见那两个死去的年轻人，实在不忍目睹如此残酷的情景。统帅问那个被我们从摇旗河带来的印第安人弗朗西斯科（他看上去相当机灵）他们为什么要这样做。由于胡利亚尼略和梅尔乔雷霍不懂墨西哥土话，我们当时没有任何通译，统帅只好比划着同他们说话。弗朗西斯科回答说，是库卢阿人要他们杀那两个人来祭神的；由于他口齿不清，我们只听他说"乌卢阿"、"乌卢阿"，又因当时统帅在场，统帅名叫胡安，那天正值圣胡安节[①]，我们就把那个小岛叫作圣胡安德乌卢阿岛。如今那个港名气很大，港湾里修筑了一道道拦挡北风的大屏障以确保船只的安全，从卡斯蒂利亚运往墨西哥和新西班牙的货物都在那里上岸。

我们在那片流沙地停留时，邻近村子的印第安人都拿着他们的金饰物来和我们交换，因为他们带来的金子数量少，成色低，我们便没有计数。我们就这样在那里待了七天。那地方蚊子极多，我们无法忍受，眼看着时间白白过去，而我们这时已经弄清那片疆土并非岛屿而是大片陆地，上面有许多大村落，住着众多印第安人。由于我们带去的木薯面饼全部发了霉，还被蟑螂糟蹋，吃起来有一股苦味，我们在岛上的兵士人数又少，无法开拓，加上十三名兵士因伤重不治而死，另有四人受伤未愈，我

① 圣胡安即施洗者约翰；每年6月24日为圣胡安节。——译者

们便决定派人向迭戈·贝拉斯克斯报告,让他派兵增援,因为胡安·德·格里哈尔瓦很想靠我们这几个跟随他的兵士开拓那个地方,他是一个骁勇的统帅,始终表现出极大的勇气。我们决定让佩德罗·德·阿尔瓦拉多指挥官乘一条名叫圣塞瓦斯蒂安的建造精良的船回去报告,还决定让他带上所有换得的金子、棉织物和伤员;几位指挥官按照各自的想法分别给迭戈·贝拉斯克斯写信。随后,佩德罗·德·阿尔瓦拉多率领的船只便张帆起航,返航古巴岛。

# 第十五章
## 古巴总督迭戈·贝拉斯克斯派一条船去找我们

我们在胡安·德·格里哈尔瓦统帅率领下离开古巴岛,开始我们的航行后,迭戈·贝拉斯克斯一直担心我们会发生意外。他想知道我们的消息,便派一队兵士,在克里斯托瓦尔·德·奥利德率领下乘一条小船去找我们。这位指挥官有胆有识,后来在科尔特斯手下当总领。迭戈·贝拉斯克斯命他沿弗朗西斯科·埃尔南德斯·德·科尔多瓦的航线前进,直至遇到我们。在寻找我们的航行中,克里斯托瓦尔·德·奥利德在离尤卡坦陆地不远的海面上抛锚停泊,不料遭到暴风袭击,因怕下了锚的船只被风刮沉,船上的司舵吩咐砍断锚链;船丢了锚,只得回到迭戈·贝拉斯克斯所在的古巴圣地亚哥城。见拉斯克斯派遣克里斯托瓦尔·德·奥利德寻找我们之前就已焦虑不安,现在见打听不到我们的消息,克里斯托瓦尔·德·奥利德空手而归,更加心情沉重。

这时,佩德罗·德·阿尔瓦拉多指挥官带着金子、棉织物和伤号回到古巴,一五一十地报告了我们的新发现。总督看到了阿尔瓦拉多带去的金子,金子打成饰物,看上去比实际上的多出许多;当时和总督在一起的还有许多当地的居民和从别处到那里做买卖的人。自从国王的官吏征收五一税[①]上缴国王陛下以来,所有的人都为我们发现了如此富饶的土地而惊讶,因为秘鲁要到二十年后才被发现。佩德罗·德·阿尔瓦拉多能说会道,据说迭戈·贝拉斯克斯听了他的报告,立即上前拥抱他,一连八天贝拉斯克斯乐不可支,还玩了骑马掷棍的游戏。那片富庶土地的情况本来早有传闻,现在有了这些金子,在新大陆诸岛及卡斯蒂利亚本土的名气便越来越大了。

# 第十六章

## 我们沿海岸探察直至帕努科地区

佩德罗·德·阿尔瓦拉多指挥官离开我们回古巴岛后,船队

① 西班牙税制名,据此,美洲征服者需将其掠获物的五分之一上缴西班牙王室。

统帅与其他官兵及司舵们商量后决定沿海岸航行，一路探察沿海的各种情况。航行中，我们见到了图兹特拉山脉[①]，又走了两天，见到了更巍峨的山脉，这条山脉现在叫作图兹帕山脉[②]。

我们一路航行，又见到许多村落，这些村落离岸约二三西班牙里，就在帕努科省境内。

我们驶进一条湍急的大河，给它起名独木船河[③]，就在河口跟前停了船。我们将三条船全部停稳之后，稍有松懈，忽有二十条很大的独木船顺流而下，船上满载手持弓箭、长矛的印第安武士，朝他们认为最小的那条船直冲过来。那条船由弗朗西斯科·德·蒙特霍指挥，离岸最近，印第安人用弓箭朝那条船一阵猛射，伤了五个士兵，又用绳索套船，想把船拖走，还用铜斧砍断一根锚链。指挥官和兵士们奋勇作战，打翻了印第安人三条独木船，我们赶忙放出小船，火枪、弩弓齐发，打伤了他们一小半人，他们这才划着独木船，顺原路大败而去。

我们随即起锚张帆，沿海岸继续航行，来到一个很难绕的大岬角。那里水流湍急，我们无法前进。司舵安东·德·阿拉米诺斯报告统帅说不宜沿那条航线继续航行，还陈述了许多理由。统帅与众人商量后决定返航古巴，因为冬天已经来临，船上给养不足，又有一条船漏水。指挥官们意见不一，胡安·德·格里哈尔瓦说要上岸去开拓；阿隆索·达维拉和弗朗西斯科·德·蒙特霍说不行，一则陆上印第安武士很多，我们无法抗御；二则我们这些兵士

---

① 应为“图斯特拉山脉”。

② 应为“图斯潘山脉”。

③ 即坦维霍河。

一路航行，都已疲惫不堪。

我们于是张帆返航，正巧顺风顺水，不几日便来到瓜萨卡尔科大河的河口，但因天气不好，船只无法进河，后来我们紧贴海岸，驶进托纳拉河（我们就在这时给它起名圣安东河）。我们在那里修理一条漏水的船，因为那船在进河口时撞上了极浅的沙洲。

我们正在修船的时候，来了许多托纳拉村的印第安人，那村子离河岸一西班牙里，是个很和平的村子。他们带来了玉米饼、鱼和水果，很友善地赠给我们。统帅对他们客气非常，让人拿绿色和透明的珠子回赠他们，还打手势让他们拿黄金饰物来换我们的东西。印第安人带来了金饰物，我们拿出玻璃珠子与他们交换。瓜萨卡尔科村和周围其他村落的印第安人也带着他们的劣等饰物来和我们交换，可全是不值钱的东西。

除此之外，那些地区的印第安人大都带着闪闪发光的铜斧来换，为了表示恭敬，斧柄上都涂上颜色作为装饰。我们以为斧子是用低成色的黄金制的，便与他们交换，三天里共换了六百多把，我们错把铜斧当成低成色的黄金，所以满心欢喜；印第安人得了珠子，比我们更加高兴。可是一切都是徒劳，斧子是纯铜制的，珠子更是一钱不值。

我还要说说我怎样在一座印第安人供奉偶像的庙宇旁种下几粒柑籽。事情是这样的：由于河面上蚊子成阵，我便到一座高大的庙里去睡觉，又在那座庙旁种下七八粒从古巴带去的柑籽，那种子萌出芽来，长得极好，因为供奉偶像的祭司们见那植物与他们所见的不同，便尽力照管，浇水、修整，不让蚂蚁糟蹋，于是，整个地区从此有了柑树。

那里的印第安人很高兴，我们随即登船起程，返回古巴，一路上天气时好时坏，四十五天之后抵达迭戈·贝拉斯克斯所在的古巴圣地亚哥城，他见我们带回金子，自是热情接待。我们带回的金子估计可值四千比索，加上佩德罗·德·阿尔瓦拉多先运回的金子，大约共值两万比索，还有人说不止此数。众人又把那六百把被我们当成低成色黄金的斧子拿来，取出看时，只见斧子都已生锈，既是黄铜，自然会这样。于是众人都拿换物上当之事逗趣耍笑。

# 第十七章

## 我们随骁勇的堂埃尔南多·科尔特斯率领的新船队前往新发现的土地

胡安·德·格里哈尔瓦指挥官回到古巴之后，迭戈·贝拉斯克斯总督见发现了富饶的土地，便下令派一支比前几次更大的船队前往。为此，他备下了十条船，停泊在古巴圣地亚哥城港口。这十条船中，有四条是我们上次随胡安·德·格里哈尔瓦探险时使用过的，我们回来后，总督已命人修好；另外六条是从全岛各处弄来的。总督下令给各船备好食物，无非是木薯面饼和腌猪肉，因为那时古巴岛刚刚开拓，尚无牛羊。船上准备的食物只够维持到哈瓦那，我们必须到那里购齐一应食品。

我还要说一说挑选这次探险的船队统帅时发生的争执。当时争论和摩擦很多，一些绅士主张由巴斯科·波尔卡略充任，可是迭戈·贝拉斯克斯知道他胆大妄为，怕他带领船队反叛；另外一些人主张在总督的亲戚阿古斯丁·贝穆德斯、安东尼奥·贝拉斯克斯·博雷戈和贝尔纳迪诺·贝拉斯克斯三人中选一人任统帅，我们这些在那里的士兵，都主张仍由胡安·德·格里哈尔瓦率领，因为他是个好统帅，人品既好，又会指挥。

事情进行到这一步时，迭戈·贝拉斯克斯的两个主要亲信，就是总督的秘书安德烈斯·德·杜埃罗以及国王陛下的税务官阿马多尔·德·拉雷斯，去和一个名叫埃尔南多·科尔特斯的绅士结伙。这个绅士是西班牙麦德林人氏，在古巴岛上拥有印第安委托监护地。他新婚未久，夫人名叫堂娜卡塔利娜·苏亚雷斯，也称拉玛凯达。据我所知，也据其他人所说，埃尔南多·科尔特斯娶她是出于情爱，知道就里的人说起那桩婚事来话就长了，所以我不再赘言，还是回过头来谈谈这几个人结伙的事。

事情的经过如下。迭戈·贝拉斯克斯的两个亲信商量好要为埃尔南多·科尔特斯谋得船队统帅之职，科尔特斯日后获得的金银财宝则要由三人均分。因为迭戈·贝拉斯克斯虽然一再扬言要派人开拓那块土地，暗地里却是要去换回金银，而不是真要去开拓，这可以从他后来发布的指令中看出来。

三人商妥之后，杜埃罗和税务官就在迭戈·贝拉斯克斯面前极力讨好，花言巧语替科尔特斯美言，说统帅职务由科尔特斯担任最为合适，因为他不单英勇顽强，而且指挥有方，受部下敬畏，无论委托他办什么事情都十分可靠，尽可以把船队和其他事情交付他。

两人到底说动了迭戈·贝拉斯克斯，统帅人选就此确定。安德烈斯·德·杜埃罗像老话说的那样“手眼通天”，很快置备了给养，而且数量充足，很合科尔特斯心意。

统帅人选一宣布，有人高兴，也有人丧气。一个星期天，迭戈·贝拉斯克斯去听弥撒，因为他是总督，当地最显贵的居民一路上簇拥着他，他让埃尔南多·科尔特斯走在他的右边，以示另眼相看。有个名叫塞万提斯诨号疯子的泼皮，走在迭戈·贝拉斯克斯前面，朝他挤眉弄眼、油嘴滑舌地说：“祝迭戈我友身体康健！迭戈啊迭戈，瞧你选的这个统帅！他本是埃斯特雷马杜拉[1]地区麦德林人氏，是个运气亨通的指挥官；怕只怕他带着船队另作打算，因为谁都知道他做起事来胆大包天。”他还说了些别的疯话，无一不是毁谤。安德烈斯·德·杜埃罗也在迭戈·贝拉斯克斯身边，他见那人这样胡言乱语，便掴着他的脖颈说：“闭嘴！你这酒鬼，疯子，少来捣乱，谁都明白，你这样嬉皮笑脸，恶语中伤，全是受了别人的指使！”那疯子虽然挨了掴，仍不肯住嘴，又说：“祝迭戈我友和他那位走运的统帅长命百岁！迭戈我友，你今日失算，将来必有哭的一天，我敢起誓，为了日后不要看到你哭，我宁愿跟这个人也到那块富饶的地方去。”

总督那几个同姓的亲戚确实给了这个小丑一些金币，让他装作插科打诨来毁谤科尔特斯。而他竟然说中，人说疯子嘴里有时会出真言。埃尔南多·科尔特斯后来果然为发扬圣教并为国王陛下效力，底下我要慢慢说来。

① 西班牙地名。——译者

# 第十八章

## 科尔特斯筹备航行并张罗一应物品匆忙率船队起航

埃尔南多·科尔特斯既被选为统帅，便着手采买各种武器：火枪、火药、弩弓和所有能弄到手的武器装备，还置备了换金银用的物品以及与这次航行有关的其他东西。除此之外，他开始比以前更加讲究服饰和仪表。他的帽子插上羽饰，胸前挂上勋章和金链，穿一件缀满金花结的天鹅绒外衣，总而言之，打扮得像个威武的统帅。

科尔特斯当时债台高筑，囊空如洗，无力支付这种种费用，他虽然监护着不少印第安人，开着金矿，但他挥霍无度，既要打扮自己和新婚的妻子，又要款待一班从外乡来投靠的客人，因为他善于辞令，性情温和，曾两次当选他所在的圣胡安德巴拉科阿镇的镇长，而担任镇长在新大陆是件非常体面的事情。

他的三个做买卖的朋友海梅·特里亚、赫罗尼莫·特里亚和佩德罗·德·赫雷斯见他当了统帅，便借给他四千金比索，又赊给他价值四千比索的货物，让他拿庄园、印第安人和其他财物作抵押。

然后，科尔特斯命人制了两面战旗、两面旌旗，旗帜的正反两面都用金线绣上王室纹徽、一个十字架和这样一句话："弟兄们，伙伴们，虔诚跟随神圣的十字架，我们必胜。”

随后，他又以统帅的身份，并以国王陛下和国王代表迭戈·贝拉斯克斯的名义，命人鸣鼓吹号，宣布凡愿意随他到新发现的土地去征服、开拓的人，都能得一份金银财宝，并在平定印第安村落之后分得一份委托监护地，还说国王陛下已将此权力授予迭戈·贝拉斯克斯。

消息传遍古巴全岛，科尔特斯还写信让各镇的朋友做好准备，随他出航。于是，有人卖了庄园，置备武器马匹；有人准备木薯面饼、腌猪肉，缝制棉甲，设法备齐一切必需物品。就这样，总共三百五十多名兵士在古巴圣地亚哥港集合，准备从那里乘船航行。从迭戈·贝拉斯克斯家来了一个管家，名叫迭戈·德·奥尔达斯，贝拉斯克斯派他来监视船队，以防科尔特斯图谋不轨。因为贝拉斯克斯嘴上不说，心里却很怕科尔特斯反叛。迭戈·贝拉斯克斯的朋友和亲信来了不少，其中一个就是我，我也来自他家，因为他是我的亲戚。

科尔特斯为装备船队四处奔走，行动十分迅速，贝拉斯克斯的亲戚们见此情形又嫉又恨，迭戈·贝拉斯克斯不倚重他们，反倒把统帅一职授予科尔特斯，这使他们大为恼火，而且他们知道就在不久以前，为了科尔特斯的婚事，贝拉斯克斯还把科尔特斯看成仇敌。因此，他们对迭戈·贝拉斯克斯和科尔特斯颇多微词，千方百计挑拨两人的关系，让迭戈·贝拉斯克斯无论如何也要撤销对科尔特斯的任命。科尔特斯对此早有所闻，因此始终不离总督左右，对他曲意逢迎，说自己仰仗天主保佑，很快就能使他威震天下，拥有大量财富。另一方面，安德烈斯·德·杜埃罗一直告诫科尔特斯要迅速率部登船，因为迭戈·贝拉斯克斯已在他那些亲戚的挑唆下改变了想法。

科尔特斯见此情形，当即吩咐妻子，把为他准备的食品和礼物派人搬上船去——大凡丈夫远征，做妻子的总要让带上各种各样的东西；他已让手下口头传告，令大副、司舵和所有兵士于当天或当夜全部登船，任何人不得留在岸上。

众人登船之后，科尔特斯就去向迭戈·贝拉斯克斯辞行，同去的还有他那两位好友、其他许多绅士和当地最有名望的居民。科尔特斯和总督互相说了许多好话，紧紧拥抱，然后两人告别。

第二天一早听完弥撒，我们便去登船，迭戈·贝拉斯克斯也来送行；他和科尔特斯又拥抱一番，彼此客气非常。

我们扬帆起航，一路顺风，到达特立尼达港，进港后我们上了岸。当地居民都来迎接我们，对我们殷勤款待。

# 第十九章

## 迭戈·贝拉斯克斯总督急忙派两名仆人赶去撤回对科尔特斯的任命并阻挠船队航行

我要回过头来谈谈我们的船队离开古巴圣地亚哥港后，一些人如何在迭戈·贝拉斯克斯面前毁谤科尔特斯，使他改变了主意。他们对他说科尔特斯心怀叵测，所以才悄悄离港；他们说曾听得科尔特斯扬言,统帅一职非他莫属,不管迭戈·贝拉斯克斯及其亲戚们如何气恼也奈何他不得,科尔特斯让兵士们连夜上船,就为防备他们强行阻止他起程。他们还说,贝拉斯克斯的秘书安德烈斯·德·杜埃罗和阿马多尔·德·拉雷斯税务官与科尔特斯暗中勾结,欺骗了迭戈·贝拉斯克斯。在那些煽动迭戈·贝拉斯克斯立即撤销对科尔特斯任命的人中间,最起劲的要数那几个和贝拉斯克斯同姓的亲戚和一个名叫胡安·米连(诨号占星师)的老头,有人说他有疯病,因为他时常疯疯癫癫。那老头一再对迭戈·贝拉斯克斯说:“看着吧,大人,您囚禁过科尔特斯,现在他要向您报仇,他诡计多端,胆大妄为,如果您不马上下手,只怕他会坏了您的大事。”

迭戈·贝拉斯克斯听信了这些话和其他许多流言,他本来就心怀疑虑,所以很快派出两名心腹马弁,给特立尼达镇的镇长送去他的手谕和以国王名义下达的命令,那镇长名叫弗朗西斯科·贝尔杜戈,是总督的姻亲。迭戈·贝拉斯克斯还写信给其他亲友,让他们无论如何不要让船队起航,说他已下达命令拦截科尔特斯,因为科尔特斯已不是统帅,他已撤回对他的任命并将统帅一职授予巴斯科·波尔卡略。他还给迭戈·德·奥尔达斯、弗朗西斯科·德·莫拉和其他仆人写信,请求他们务必拦阻船队航行。

科尔特斯知道消息后,便去找德·奥尔达斯、弗朗西斯科·贝尔杜戈和他认为有可能遵从总督之命反对他的所有兵士和特立尼达镇的居民。经他一番劝说、许愿,那些人全都站到了他这一边。迭戈·德·奥尔达斯立即亲自出面找弗朗西斯科·贝尔杜戈镇长,让他佯作不知,不要再提此事;迭戈·德·奥尔达斯对镇长说,直到那时为止,他还没有发现科尔特斯有任何不良企图,倒是对总督一片忠心;他还说许多骑士都是科尔特斯的朋友,那些人因迭戈·贝拉斯克斯没有分给他们许多印第安人而心中不满,此外,科尔特斯手下还有许多勇猛的兵士,如果真要扣留科尔特斯的船队,镇上必定会发生动乱,兵士们说不定会在镇上劫掠财物,还会干出其他更糟的事来。

事情就这样太平了结了。送手谕来的两个马弁中有一个叫佩德罗·拉索·德·拉·韦加的,决定跟我们远征,科尔特斯让另一名信使给迭戈·贝拉斯科斯带回一封很亲热的信,说他对总督大人作出那样的决定很是惊奇,说他的愿望是为天主、国王陛下以及代表国王的总督大人效力,他请求总督不要再听那些亲戚老爷们的话,更不要因为胡安·米连那样的疯老头说了点什么而改变主意。科尔特斯还给他所有的朋友和他的两个同伙——杜埃罗和税务官——写了信。

然后,他下令兵士们准备武器,让镇上的两名铁匠打造箭镞,让弩弓手准备弹药、制作箭矢,他还劝那两名铁匠跟我们走,那两人果然随我们航行。我们在那个镇上一共逗留了十天。

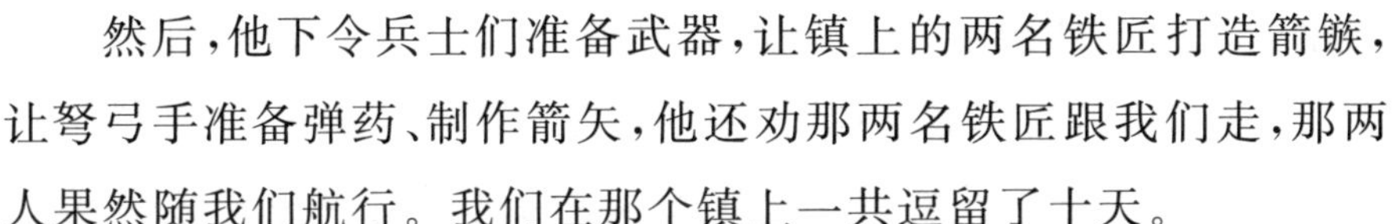

# 第二十章

## 埃尔南多·科尔特斯统帅率众兵士登船向哈瓦那进发

科尔特斯见特立尼达镇上已无事可干,便吩咐所有跟随他航行的在镇上的骑士和兵士，同他一起到南岸港口登船，愿走陆路的兵士随佩德罗·德·阿尔瓦拉多去哈瓦那，一路上将散在几处庄园的兵士汇集起来；我选择了陆路。科尔特斯又命他的一个好友——一个叫胡安·德·埃斯卡兰特的绅士——率一条船沿北岸航行；他还下令所有的马都走陆路。

科尔特斯调遣完毕，登上指挥船，率各船朝哈瓦那方向航行。因为是夜里，在指挥船后面结队航行的船只看不见科尔特斯乘坐的指挥船，先到了哈瓦那港。我们跟佩德罗·德·阿尔瓦拉多走陆路的兵士也已抵达该镇，胡安·德·埃斯卡兰特率领的沿北线航行的那条船以及从陆路走的所有马匹都已到达，唯独不见科尔特斯，而且谁也不清楚他在何处。

过了五天，他的船仍没有任何消息，我们猜想他可能在松树岛附近的洛斯哈尔迪内斯出了事，那个地方有许多浅滩，离哈瓦那大约十一二西班牙里。我们一致决定派三条较小的船去找科尔特斯。一连两天，我们准备船只，吵吵嚷嚷，争论谁去谁不去；科尔特斯的船仍然没到。我们分成了几派，并为这段时间里谁接任统帅一事发生争吵，迭戈·德·奥尔达斯对这事最起劲，他本是贝拉斯克斯的大管家，贝拉斯克斯派他来监视船队，以防科尔特斯率部下反叛。

此事按下不表，回过头来谈谈科尔特斯的情形。我前面已经谈到，科尔特斯乘的是最大的一条船，那船在松树岛或是洛斯哈尔迪内斯附近撞上了沙洲，因为那里有许多浅滩，船搁了浅，无法行驶。离船不远就是陆地，科尔特斯下令用划子将船上能搬动的东西全部搬上岸，等船漂起可以移动后，将船驶向较深的水面，再把搬上岸的东西重新装船,然后扬帆起航,驶抵哈瓦那港。

我们这些盼他的兵士和骑士见他到来非常高兴(只有那几个想当统帅的人心中不快),争执也随之平息。我们安排科尔特斯住在佩德罗·巴尔瓦家中,他是迭戈·贝拉斯克斯委派的该镇的城防长官。科尔特斯命人取出旗子挂在他的住所前,并照例派报子高声喊叫。

哈瓦那有个名叫弗朗西斯科·德·蒙特霍的绅士,还有其他不少有身份的人,都来参加我们的船队(我还要多次提到蒙特霍这个名字,墨西哥被征服后,他出任海外远征先遣长官和尤卡坦总督)。科尔特斯见这么多绅士云集麾下非常高兴,立刻派一条船到瓜尼瓜尼科岬去,那地方有个印第安村落,可以为我们做木薯面饼,那里还有不少猪,可以运一船腌猪肉来,因为那是迭戈·贝拉斯克斯的庄园。

弗朗西斯科·德·蒙特霍和所有参加我们船队的哈瓦那居民把许多木薯面饼和腌猪肉搬到船上,因为当时只有这两样食物。科尔特斯随即下令把所有的炮搬上船来,我们共有十门铜炮,还有几门小口径长炮。他让一个叫梅萨的炮手、一个叫阿文加的莱万特人和一个叫胡安·卡塔兰的擦炮试炮,准备好炮弹火药。他交给他们酒和醋,让他们用这两样东西把炮擦干净,又派一个叫巴托洛梅·德·乌萨格雷的前去帮忙。他还下令准备好弩弓射靶,看每张弓能射几步远。因哈瓦那地区盛产棉花,我们全都絮了厚厚的棉甲。和印第安人打起仗来,厚棉甲很顶用,因为印第安人用投枪、长矛乱戳,用箭猛射,投出的石块像冰雹那样落在我们身上。

在哈瓦那,科尔特斯开始陈设住房,讲起老爷排场,一个叫古斯曼的当了他的第一个摆膳侍从,这人不久死去,可能被印第安人打死;科尔特斯还让罗德里戈·兰赫尔当侍从,让胡安·德·卡塞雷斯当管家。一切停当之后,科尔特斯命令我们准备登船,并将马匹分散到各条船上。兵士们准备了牲口槽,装运了不少玉米和干草。

现将所有装船的马匹记载如下:

科尔特斯统帅的一匹纯栗色公马,后死于圣胡安德乌卢阿;

佩德罗·德·阿尔瓦拉多和埃尔南·洛佩斯·德·阿维拉的一匹枣红色骒马,是匹极好的千里驹(我们到新西班牙之后,佩德罗·德·阿尔瓦拉多收买或强占了这匹骒马的另一半);

阿隆索·埃尔南德斯·普埃托卡雷罗的一匹浅褐色骒马,是科尔特斯用金花结为他买下的一匹骏马;

胡安·贝拉斯克斯·德·莱昂的一匹浅褐色的健壮骒马,诨号“秃尾巴”,是一匹调皮善跑的好马;



克里斯托瓦尔·德·奥利德的一匹极好的深栗色公马;

弗朗西斯科·德·蒙特霍和阿隆索·德·阿维拉的一匹上不了阵的深褐色公马;

弗朗西斯科·德·莫拉的一匹善跑调皮的深栗色公马;

胡安·德·埃斯卡兰特的一匹浅栗色劣马(那马三只蹄子为白色);

迭戈·德·奥尔达斯的一匹不孕的浅褐色骒马,那马看上去还健壮,但跑不了远路;

骑术高超的贡萨洛·多明格斯的一匹跑得极快的深栗色好马;

佩德罗·冈萨雷斯·特鲁希略的一匹喜跑的纯栗色骏马；

巴亚莫镇的居民莫龙的一匹金黄色公马，那马前蹄纹花，性子很暴；

特立尼达镇居民巴埃纳的一匹金黄色（近暗红色）的劣马；

好骑手拉雷斯的一匹善跑的浅栗色骏马；

奥尔蒂斯乐师和拥有金矿的巴托洛梅·加西亚的一匹深色骏马，诨号“脚夫”，是装船的几匹好马之一；

哈瓦那镇居民胡安·塞德尼奥的一匹栗色骒马，那马在船上下了一匹小驹。这个胡安·塞德尼奥是全队最阔气的兵士，除木薯饼和腌猪肉之外，他还带了一条船来，外加一匹骒马和一个黑人。当时，只有用金比索才能购得马匹和黑人。整个船队之所以没装运更多马匹，就是因为我们没有那么多马匹，也没钱购置。

# 第二十一章

## 科尔特斯率全体骑士和兵士起航，向科苏梅尔岛进发

我们到科苏梅尔岛之后才查点人数。科尔特斯命令佩德罗·德·阿尔瓦拉多乘一条名叫圣塞瓦斯蒂安的建造精良的船沿北岸航行，又命令船上的司舵在圣安东岬等他，会齐所有的船只后再结队前往科苏梅尔岛。他又派人送信给已经率船去办给养的迭戈·德·奥尔达斯，让他也到圣安东岬汇集，因他此时正在北岸。

1519年2月10日听过弥撒之后，载着众多骑士、兵士的九条船扬帆起航，沿南海岸行进，加上沿北岸航行的两条船，一共十一条船。佩德罗·德·阿尔瓦拉多率六十名兵士乘船沿北岸行进，我就在这条船上。

我们船上的司舵名叫卡马乔，他没把科尔特斯的命令放在心上，不停地驾船航行，比科尔特斯早两天抵达科苏梅尔岛。我们在前面提到过的那个港口(我们随格里哈尔瓦航行时曾经过那里)抛锚停泊。

科尔特斯率领的船队还没有到达，因天气恶劣，弗朗西斯科·德·莫拉指挥官乘坐的那条船船舵脱落，后来从随科尔特斯航行的另一条船上找来一个舵才救了急，几条船这才结队航行。

我再回过头来谈佩德罗·德·阿尔瓦拉多。我们进港之后，所有的兵士都在科苏梅尔村上岸，印第安人都已逃散，我们一个也没有遇见。阿尔瓦拉多命令我们立即前往一西班牙里外的另一个村落，当地村民也都已逃上山去。他们无法带走财物，留下不少母鸡和其他东西。佩德罗·德·阿尔瓦拉多命人捉来四十只鸡。在一个供奉偶像的庙宇里挂着一些旧棉布帷幔，还有几只不大的箱子，里边放着发箍、偶像、念珠和低成色的金饰物。我们还抓到了两个印第安男人和一个印第安女人，然后回到我们上岸的那个村落。



这时，科尔特斯率船队赶到，安顿既毕，立即命人将司舵卡马乔监禁并套上脚镣，因为卡马乔没有听从他的命令在海上等候。他见村里空无一人，得知佩德罗·德·阿尔瓦拉多还到另一个村上拿了印第安人的鸡、帷幔和其他不值钱的东西以及一半是铜的金物件，不由得大发脾气，对司舵不听命令一事更是火冒三丈。

他严厉训斥佩德罗·德·阿尔瓦拉多，说不能靠抢掠印第安人财物的办法平定疆土。然后，他命人把我们抓来的三个印第安男女带来，让那个从科托切岬来的懂当地土话的印第安人梅尔乔雷霍（其时，他的同伴胡利亚尼略已死）把他的话译给那三个人听，让他们把村里的酋长和印第安人找来，叫他们不要害怕。他下令把金子、帷幔和其他东西还给他们，又拿出一些念珠、铃铛给他们，算是赔偿已经吃掉的母鸡，还送给他们每人一件卡斯蒂利亚衬衣。

于是他们跑去叫那个村的首领前来。第二天，酋长率领全村的印第安人带着各自的妻儿来见我们，他们来到我们中间全无陌生之感。科尔特斯吩咐不许惹恼他们。岛上的事科尔特斯管得有条有理，天主赐他智谋，所以他每件事情都做得十分顺手，尤其是在平定那片疆土上的印第安村落和印第安人方面更加得心应手。底下我还要讲到。

# 第二十二章

## 科尔特斯下令查点全军人数

我们到科苏梅尔岛三天之后，科尔特斯下令查点手下兵员人数，点算后发现，我们共有五百零八人，不包括船上的大副、司舵、水手，这些人加起来约有一百来人；此外还有十六匹马（几乎所有的骒马都是善跑的骏马）；大小船只十一条；弩弓手三十二名，火枪手十三名，铜炮十门，小口径长炮四门，还有许多火药、子弹。

科尔特斯查点完毕，命梅萨、巴托洛梅·德·乌萨格雷、阿文加、卡塔兰四名炮手把炮擦干净，调试停当，并准备好炮弹火药，又委派在意大利作过战的弗朗西斯科·德·奥罗斯科任炮兵指挥官。

他还下令两名整修弩弓的巧匠胡安·贝尼特斯和佩德罗·德·古斯把弩弓准备好，又让骑手备好马匹。我真不知道到底写什么好，是写准备武器的情况还是写别的事情，因为科尔特斯对一切事情都认真督察。

# 第二十三章

## 科尔特斯获悉落入科托切岬印第安人手中的两个西班牙人的消息

科尔特斯事事留心，命人把我和一个叫马丁·拉莫斯的比斯开[①]人找去，问我们那次随弗朗西斯科·埃尔南德斯·德·科尔多瓦到这里来时，坎佩切的印第安人对我们说的“卡斯蒂兰”，“卡斯蒂兰”是什么意思，我们把我们当时的所见所闻又对他讲了一遍。他说他反复琢磨这几个字的意思，猜想也许有西班牙人在那个地方，还说：“我看不妨问问这几个科苏梅尔的酋长，看他们是否

① 西班牙巴斯克地区省名。——译者

知道点儿消息。"他让从科托切岬来的梅尔乔雷霍(他已经懂得一点卡斯蒂利亚语,又十分熟谙科苏梅尔土语)向那几个首领打听此事,他们都说见过几个西班牙人,还描述了他们的长相,说从科托切岬往内地走两天就能找到他们,他们现在是几个酋长的奴隶,科苏梅尔岛上做买卖的印第安人前几天还跟他们说过话。我们听了非常高兴。

科尔特斯要他们带着他的信立刻去把他们叫来(当地土语把"信"叫做"阿马尔"),又拿出几件衬衣赠给去送信的酋长和印第安人;他对他们很客气,说等他们送信回来再赠他们一些珠子。酋长让科尔特斯叫送信人捎些财物给那几个西班牙人的主人,好让他们同意放人,科尔特斯果然拿出各种珠子交送信人带去。

然后,他下令备好船队中两条最小的船(其中一条比双桅帆船大不了多少),船上配备二十名弩弓手和火枪手,由迭戈·德·奥尔达斯指挥,命两条船中稍大的那条在科托切岬海岸等候八天,并命那条最小的船在信使往返送信的过程中驶回科苏梅尔岛,向他报告情况,因为那个岛与科托切岬隔水相望,中间只隔四西班牙里路程。



于是,这些兵士带着信和两个送信人(两人全是科苏梅尔岛上做买卖的印第安人)上了船,只用了三小时便穿过那个小海湾;两个信使带上信和珠子登岸,走了两天找到一个名叫赫罗尼莫·德·阿吉拉尔的西班牙人(在此之前,我们并不知道此人的名字),便把信交给了他。他读了信,又收到我们给他捎去赎身用的珠子,非常高兴,马上带珠子去见当酋长的主人,请求放他走,酋长立即答应让他自便。

阿吉拉尔又去找他的同伴贡萨洛·格雷罗，格雷罗住在五西班牙里外的另一个村里。阿吉拉尔把信念给他听，贡萨洛·格雷罗答道："阿吉拉尔兄弟，我已经结婚，有三个孩子；打仗时，这里的人把我当作首领和指挥官。你走吧，愿天主保佑你。我脸上刺了花纹，耳垂穿了洞，那些西班牙人见我这副模样会怎么说呢？你也看见了，我的几个孩子多可爱。请你把带来的那些绿珠子给我，我会对他们说，是我的兄弟们从故国带给我的。"这时，贡萨洛的印第安女人气冲冲地用当地土语对阿吉拉尔说："瞧这个奴隶，干吗跑来叫我丈夫，你走吧，少在这里啰唆。"阿吉拉尔重又劝说贡萨洛，让他好好想想，自己是个基督徒，不要为一个印第安女人而失去灵魂，如果是舍不得女人和孩子，所以要留下，可以把他们带上一起走。他好说歹说，贡萨洛就是不肯走。这个贡萨洛·格雷罗好像是个水手，是西班牙帕洛斯角人氏。



赫罗尼莫·德·阿吉拉尔见贡萨洛不肯定，立刻跟那两个送信的印第安人到海边找那条等他的船，他赶到时船早已开走，他没找到，因为照规定奥尔达斯只在那里等候八天。奥尔达斯多等了一天，见阿吉拉尔没来，便空手返回科苏梅尔岛。阿吉拉尔见船已不在，非常难过，又回到他原先居住的村子，回到他主人那里。

科尔特斯见奥尔达斯空手回来，要找的西班牙人和印第安信使均不知下落，不禁火冒三丈，怒冲冲地对奥尔达斯说，本以为他会不负所托，没料到非但没有接回西班牙人，连他们的消息也没带回，因为那两个西班牙人分明就在那个地方。按下奥尔达斯的事不表。却说许多印第安人拥到科苏梅尔岛来朝拜，他们都是科托切岬周围村落以及尤卡坦其他地方的人。科苏梅尔岛上有几个奇形怪状的偶像，供在一座神庙里，照当地习惯，好像每到这个时候，人们便要到那座神庙来祭祀。

一天上午，许多男女印第安人挤满了那个放神像的院子，他们点燃一种树脂，很像我们的熏香。我们觉得很新鲜，便留心观看。一个身披长袍的印第安老头，即照料那些偶像的祭司，登上一个祭坛，对他们讲起道来。科尔特斯和我们全体兵士等着看这场不祥的说教如何收场。

科尔特斯问熟谙当地土语的梅尔乔雷霍，那个印第安老头在讲些什么，从而得知那老头是在宣讲邪魔外道。他随即命人把酋长、所有的首领和那个祭司叫来，通过我们的那位通译，尽可能让他们明白他要说的意思。他对他们说，如果他们是我们的兄弟，就请他们把那些偶像从庙堂里搬走，因为那东西很坏，会把他们引上邪路；他告诉他们，那些偶像不是神，是有害的东西，会使他们的灵魂堕入地狱。他还对他们讲了有关天主的很严肃的事情；他给了他们一个圣母像和一个十字架，让他们供上，告诉他们说他们将得到保佑，从此风调雨顺，灵魂得救；还对他们说了有关我们宗教的其他事情，讲得都很清楚。

祭司和酋长们答道，因为那些神是善神，所以他们的祖先敬奉它们，他们可不敢不敬奉；如果要搬走，就让我们自己搬，如果我们这样做，一定会得恶报，会在海上沉没。科尔特斯当即命令我们捣毁偶像，把它们从台阶上推下去，我们果然这样做了。他又下令找来许多石灰（那个村子里石灰极多）和几名印第安泥瓦匠，修筑了一个非常洁净的祭坛，我们把圣母像放在祭坛上。科尔特斯又命我们的两名细木工用当地的新木料做了一个十字架，立在祭坛旁边的圣地上。胡安·迪亚斯神父做了弥撒，祭司、酋长和所有的印第安人在一旁留心观看。

# 第二十四章

## 我们继续航行

1519年3月的一天，我们登船起航，一路上顺风顺水。当天十点钟的时候，从一条大船上传来了喊叫声，船上的人转动船帆，使船停下，还放了一炮，让结队航行的所有船上的人都能听见。科尔特斯听到声音来到指挥船的船舷，见胡安·德·埃斯卡兰特率领的那条船正朝港口驶去，要返航科苏梅尔。科尔特斯忙问左右船上的人："怎么回事？怎么回事？"一个名叫路易斯·德·萨拉戈萨的兵士答道，是埃斯卡兰特的船漏了；偏偏那条船装着木薯面饼。科尔特斯说："天主保佑我们，可别出什么乱子！"随即命令司舵阿拉米诺斯示意各船返回科苏梅尔。

我们当天回到出发的港口，把船上的木薯面饼卸了下来。我们见圣母像和十字架好端端地立在原处，圣母像前还点着香，非常高兴。酋长和祭司们走来与科尔特斯交谈，问他为什么回来，科尔特斯答道，因为有一条船漏水，要修一修，他请求他们派独木船来，和我们的划子一起把木薯面饼运到岸上。他们照办了。我们用了四天时间修理那条船。

# 第二十五章

## 落入印第安人手中的那个西班牙人听说我们回到科苏梅尔，立即赶来找我们

落入印第安人手中的那个西班牙人获悉我们驾船返回科苏梅尔，喜出望外，连声感谢天主，连忙同那两个送信、送赎金给他的印第安人登上一条独木船。他拿出我们捎给他的绿珠子，雇了一条独木船和六个印第安桨手，那六个人见他拿绿珠子做船钱，卖力划船，很快穿过科托切岬和科苏梅尔岛之间的那个四西班牙里宽的小海湾。

船一靠上科苏梅尔岛海岸，他们就跳下独木船。这时几个兵士正要出猎（那个岛上有野猪），见了独木船，忙去报告科尔特斯，说有一条科托切岬来的大独木船停在村旁。

科尔特斯命安德烈斯·德·塔皮亚和另外两名兵士前去看看是怎么回事，印第安人怎么会大着胆子驾独木船到我们这里来。三个人当即去了。送阿吉拉尔前来的那条独木船上的印第安人见过来几个西班牙人，很是害怕，想回身上船逃跑。阿吉拉尔用土话叫他们别怕，说那些人是他的兄弟。

安德烈斯·德·塔皮亚见全是印第安人（因阿吉拉尔活脱是个印第安人），立即派一名西班牙人向科尔特斯报告，说坐独木船前来的是七个科托切岬的印第安人。他们上岸后，那个西班牙人

用发音不清的西班牙语咕哝着说:“天主、圣母玛利亚、塞维利亚[①]与我们同在!”说着,上前拥抱了塔皮亚;与塔皮亚同去打探情况的另一名兵士急忙跑去向科尔特斯报喜讨赏,说乘独木船来的是个西班牙人,我们听了都很高兴。

塔皮亚立即带那人会见科尔特斯,半路上几个兵士见了塔皮亚就问:“那个西班牙人怎么样了?”其实那人就在塔皮亚身边,可因为他长得黑,头发又剃得像印第安奴隶,所以众人都把他当成了印第安人。他扛着一把桨,一只旧凉鞋穿在脚上,另一只系在腰间,身披破旧的斗篷,下身用一块比外衣更破旧的兜裆布遮羞,外衣上还挂着一件东西,是一本很旧的祈祷书。

科尔特斯见来人的模样,也像其他兵士那样错把他当成印第安人,便问塔皮亚那个西班牙人怎么样了。那人听懂了科尔特斯的问话,像印第安人那样往地上一蹲,说:“我就是。”科尔特斯即命人拿来衬衣、紧身坎肩、灯笼裤、尖顶帽和一双麻编的鞋让他换上(当时没有别的衣物),又问了他的生活情况,问他叫什么名字,何时来到那个地方。

他用发音不清的西班牙语回答说,他叫赫罗尼莫·德·阿吉拉尔,是埃西哈[②]人,任教堂执事;八年前,他和十五名同伴还有两名妇女从达里安[③]乘船去圣多明各岛时,途中遇险,当时一个叫恩西索和一个叫巴尔迪维亚的人因争执而打官司,他们乘坐的船载着一万金比索和双方的诉讼文书,在阿拉克拉斯搁浅,无法航行。

---

① 西班牙南部省份名。——译者

② 西班牙塞维利亚省城市。——译者

③ 巴拿马加勒比沿海地区。——译者

他同那十五名同伴以及两个妇女登上划子，打算向古巴岛或牙买加方向驶去，不料水流很急，把他们冲到这片土地上来。当地的印第安首领们将他们分了，他的同伴好几个被杀了祭神，有的病死，那两个妇女不堪役使，没过多久也活活累死；他本来也要被用来祭神，一天晚上他逃了出来，逃到那个酋长那里，便留了下来；那些人中间只有他和贡萨洛·格雷罗得以幸存。他说他去找过贡萨洛·格雷罗，但他不愿来。

科尔特斯因这一切而感谢天主，还对阿吉拉尔说，他会好生看待他，然后向他打听那片地方和村落的情况。阿吉拉尔说，他一直被当奴隶使唤，除了砍柴、打水、给玉米地松土之外，别的一无所知，说他从未走出四西班牙里之外，有一次他的主人让他驮东西跟着到一个地方去，他驮不动，累伤了身体；但他知道周围有许多村子。科尔科斯接着问他贡萨洛·格雷罗的情况。阿吉拉尔回答说，那人结了婚，有了三个孩子，还文了脸，耳朵和下嘴唇扎了孔；说他原是个水手，是西班牙帕洛斯人，现在印第安人把他当勇士看待；一年以前，有个指挥官率三条船来到科托切岬（可能就是弗朗西斯科·埃尔南德斯·德·科尔多瓦率领我们进行的那次航行），出主意让印第安人袭击我们的就是他，他还和一个大村子的酋长一同前往。科尔特斯听了这番话，说道："我倒想把这个人弄到手，让他留下来决不会有好处。"

科苏梅尔的酋长们见阿吉拉尔会说他们的话，便拿许多好食物款待他。阿吉拉尔劝他们永远敬奉圣母玛利亚的圣像，说他们会看到这样做会给他们带来许多好处。酋长们听从阿吉拉尔的劝告，请求科尔特斯写下一张保护他们的文书，让以后到那里去的西班牙人善待他们，不做侵害他们的事情。科尔特斯把文书交给了他们。我们客客气气地与他们告别，说了许多好话，然后张帆起航，向格里哈尔瓦河驶去。

# 第二十六章

## 我们重新登船，张帆起航，驶向格里哈尔瓦河

科尔特斯得了一个出色而又忠实的通译之后，于1519年3月4日，命令我们仍照来科苏梅尔岛时那样登船，所有指令和夜间桅灯信号一概不变。我们起先一路顺风，将近傍晚时，突然刮起强劲的逆风，把船队刮得七零八落，险些撞到岸上。多亏天主保佑，半夜时风势减弱。天亮后，所有船只立即重新聚拢，唯独不见胡安·贝拉斯克斯·德·莱昂乘坐的那条船；我们航行至中午仍不见那船的踪影，料想准是撞上沙洲出了事，很是难过。当日天色将晚，仍不见那船的影子，科尔特斯便对司舵阿拉米诺斯说，那船下落不明，船队不宜继续前进；司舵立即发出信号，让各船不落船帆把船停下，看那条船是否被风刮进哪个海湾，因逆风无法驶出。随后，我们决定整个船队回去寻找，终于发现那船停在一个小海湾里，大家非常高兴。

我们在那个海湾停泊一天，放下两条划子，司舵和一个叫弗朗西斯科·德·卢戈的指挥官乘划子上岸。岸上有一些农庄，庄园里有玉米地和晒盐场，另有四座供奉偶像的神庙，放着许多塑像，

全都是身材高大的女人像。我们便给那个地方起名女人岬。

我记得阿吉拉尔对科尔特斯说，他当奴隶时生活过的村子就在那些农庄附近，他那次驮着东西被他主人带到这里，结果累伤了身体；还说贡萨洛·格雷罗所在的村子也不太远，那里的人都有金子，不过数量不多，只要科尔特斯愿意，他可以领我们到那里去。科尔特斯笑着对他说，他到这里来可不是为了这点小事，而是要为天主和国王效力。

然后，科尔特斯命令一个叫埃斯科瓦尔的指挥官率船到界河口去（他率领的那条船很轻快，吃水也浅），仔细观察那里的情形，看那个地方是不是一个值得开拓的良港，是不是像他所说的那样有许多猎物。科尔特斯作出这一决定是采纳了司舵的意见，因为我们整个船队经过那里时没顾上驶进那个港湾观察。科尔特斯嘱咐埃斯科瓦尔察看该处之后，在进港处砍倒几棵树木做记号，或写一张字条，放在港口内我们看得见的地方，好让我们知道他们已进入港湾；或者在上岸察看后回到海上，在港口近处转圈，等船队到达。

埃斯科瓦尔立即动身，前往界河口，一切都照科尔特斯说的办。我们上次随格里哈尔瓦到那里时，曾有一条猎犬落在岸上，埃斯科瓦尔找到了它，只见它长了膘，毛色油亮。据埃斯科瓦尔说，那猎犬见船进港，欢喜得直摇尾巴，还做了其他许多表示高兴的动作，然后向兵士们跑来，跟他们一起上了船。埃斯科瓦尔见事情已毕，便率船出港，到海上等船队到达，看来是因为刮起南风，那船无法停稳，被刮到离港口很远的地方。

却说我们的船队当日留在女人岬，第二天一早，乘陆风启程，抵达界河口。因不见埃斯科瓦尔的船，科尔特斯下令放下划子，派十名弩弓手前去寻找，看埃斯科瓦尔有没有留下记号或字条。结果发现砍倒的树木和一张字条,字条上说那地方是个良港,土地肥沃,猎物很多,还提及找到猎犬之事。阿拉米诺斯司舵对科尔特斯说,可以沿我们的航线继续行驶,因为那条船准是被南风刮往大海,因为是戗风,驶不了多远。科尔特斯担心那条船出事,下令收帆航行,不久我们便追上了埃斯科瓦尔的船。埃斯科瓦尔即向科尔特斯陈述无法等候的原因。

这时,我们驶近波通昌村,科尔特斯命令司舵在那个海湾抛锚停泊。司舵回答说,那个港口极糟,岸边水浅,船只必须停在离岸二西班牙里之外。科尔特斯本想好好惩罚波通昌人,因为他们曾把弗朗西斯科·埃尔南德斯·德·科尔多瓦和格里哈尔瓦打得大败。我们船队里打过那两仗的许多兵士,也请求科尔特斯进港,不要轻饶那些印第安人,哪怕在那里停留两三天也行。阿拉米诺斯和其他几名司舵就是不肯,说如果驶进海湾,因逆风关系,八天之内休想出得来,而现在正好顺风,两三天之内即可到达塔巴斯科河,于是我们驶过波通昌村没有停留。

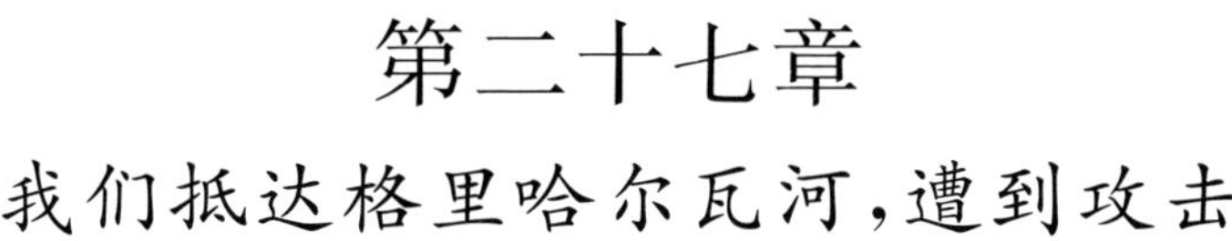

# 第二十七章
## 我们抵达格里哈尔瓦河,遭到攻击

3月12日[①],船队全部驶抵格里哈尔瓦河(印第安人叫塔巴斯

① 应是3月22日。

科河)。我们上次随格里哈尔瓦来这里时,已查明吃水深的船只无法驶进那个港口和那条河流,便让几条大些的船停泊在港外海上,众兵士还像上次那样分乘几条小船和划子到棕榈岬登陆,那个地方离塔巴斯科村约半西班牙里。

格里哈尔瓦河上、岸旁以及两岸的柳树林里,到处可见印第安武士,这使我们来过这里的兵士好生奇怪。不仅如此,村子里还聚集着准备攻打我们的一万两千多名武士(那个村子当时商业繁荣,还控制着其他几个大村子),武士们手持各式武器。

我前面说过,这个村子的人曾送金饰给格里哈尔瓦,因此被波通昌村、拉撒路村和周围其他几个村子的人看作胆小鬼,还遭他们数落;那几个村子的人说塔巴斯科人贪生怕死,虽然拥有许多村子,武士人数也比他们多,却不敢攻打我们,而他们曾在各自的村子里袭击我们,打死了我们五十六人,他们说这番话就是为了羞辱塔巴斯科人。听了这番话后,塔巴斯科人才决定出战。

科尔特斯见到这种阵势,便让懂塔巴斯科话的通译阿吉拉尔去和从我们旁边驶过的一条大独木船上的几个首领模样的印第安人说话,问他们为何兴师动众,说我们不是来袭扰他们,而是来告诉他们我们要像对待兄弟那样,把带来的东西送给他们,请他们不要同我们开战,因为打的结果准叫他们后悔莫及;阿吉拉尔还对他们说了许多友好的话。阿吉拉尔愈讲,他们愈蛮横,说如果我们进他们村子去,他们就把我们杀得一个不留,因为他们已在村子四周垒起粗大的原木,修筑了围栅和工事,防守得十分严密。

阿吉拉尔仍然同他们讲友好,求他们允许我们打水,允许我们用带来的东西换取食物,还说了一些对他们有益、为天主效力的事情。但他们就是不准我们越过棕榈岬一步，说我们若是不听，就杀死我们。

科尔特斯见此情形，吩咐准备划子和几条小船，每条划子上放上三门铜炮，把弩弓手、火枪手分到各条船上。我们记得上次随格里哈尔瓦来时，曾发现一条从棕榈岬穿过几条小溪和泥塘通向村子的窄道。科尔特斯派三名兵士当晚严密监视印第安人是否回家，一有动静立即向他禀报。那三个人发现他们确实回家去了。

我们查明一切情况之后，又忙着筹划如何乘划子前去。就这样过了一天，第二天上午听完弥撒，大家准备好武器，科尔特斯便命令阿隆索·德·阿维拉指挥官率百名兵士（包括十名弩弓手），沿前面提到的那条小路向村子进发，听到枪炮声后，和我们一起向村子里冲去。科尔特斯率其余官兵乘划子和吃水浅的船只溯河而上。

岸边和柳树林里的印第安武士见我们果然要进村，立即驾着许多独木船朝我们要登陆的港口涌来，阻止我们上岸。岸上到处站满了印第安武士，手里拿着他们常用的各种武器，并且鸣鼓吹号。科尔特斯见此情形，命我们暂时停下，先不要放弩弓、火枪、铜炮；他要把所有的事情都做得合情合理，便当着国王委派的公证人的面，通过通译阿吉拉尔要求印第安人让我们上岸打水，并告诉他们有关天主和国王陛下的事情；还说，如果他们向我们进攻，我们出于自卫杀了他们的人或造成别的损失，责任全在他们而不在我们。印第安人仍然不停地威吓我们，说不准上岸，否则就杀死我们。

随后，他们非常凶猛地射起箭来，鸣鼓发出信号，一齐奋勇地向我们冲来，用独木船把我们团团包围；一时间，万箭齐发，把我们困在齐腰深的水中（有的地方水略浅）。

那里烂泥塘很多，走起来很费劲，加上那么多印第安人向我们冲来，有的持矛、有的射箭，使我们无法如愿迅速上岸。科尔特斯在那片泥塘搏斗时，一只鞋陷入烂泥拔不出来，只得光着一只脚上岸，后来别人替他把鞋拔出来，他才得以穿上。

科尔特斯折腾鞋的当儿，我们全体官兵高呼圣徒保佑，向他们冲过去，将他们打退，但他们凭借工事与用粗木修筑的围栅的保护，后退不很远。后来，我们攻破障碍，从一个缺口冲进去同他们搏斗，我们追过他们一条街，来到他们修筑的另一处工事，他们才又停下抵抗。他们英勇作战，不停地高声喊叫、打呼哨，狂呼："阿尔卡拉丘尼，卡拉丘尼！"意思是要杀死或抓住我们的统帅。

我们正杀得不可开交时，阿隆索·德·阿维拉率兵士赶到；我前面已说过，他们从棕榈岬走陆路而来，因为一路上有泥塘、河滩，无法准时赶来。他们的延误很凑巧，恰好我们也因劝告印第安人、冲击工事耽搁了时间。于是我们齐心协力，再次打得他们撤离工事，我们一路追赶，他们果然是英勇的武士，不间断地朝我们射箭、投掷烤过的投枪，始终没有仓皇逃跑。我们追到一个大院子，那里有几间房屋、大厅，还有三座庙宇，庙里的东西都已搬空。

科尔特斯命令我们在那个带院子的庙宇里停下，不要再追击下去，因为印第安人已经逃跑。科尔特斯就在那里以国王陛下和他这个国王代表的名义宣布占领那片疆土。事情的经过如下：科尔特斯拔剑在大院空地上长着的一棵高大木棉树上砍三刀，作为占领的表征，说如果有人反对，他就要用他的剑和圆盾与之论争。

我们所有在场目睹这一幕的兵士都说，赞成他以国王的名义占领这片土地，如果有人反对，我们一定站在他一边。整个过程是当着国王派来的公证人的面完成的。迭戈·贝拉斯克斯的人不免对科尔特斯的举措暗地里议论纷纷。

我记得，在那场和印第安人的激烈厮杀中，他们伤了我们十四个兵士，我本人腿部中箭，不过伤得不重；印第安人在我们登陆的地方留下了十八具尸首，当晚宿营时，我们派许多人放哨。

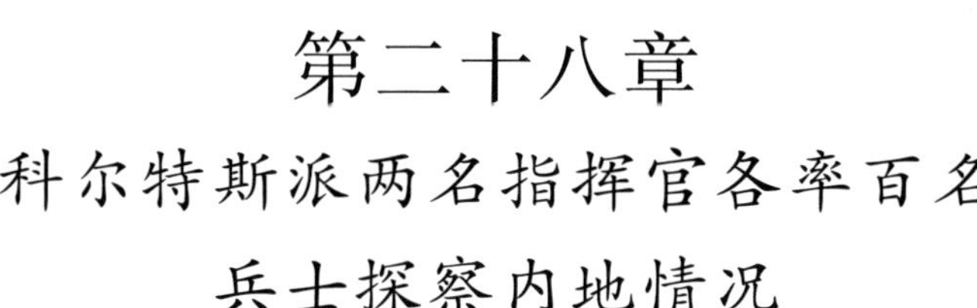

# 第二十八章

## 科尔特斯派两名指挥官各率百名兵士探察内地情况

第二天早上，科尔特斯命佩德罗·德·阿尔瓦拉多率一百名兵士（包括十五名弩弓手和火枪手）深入二西班牙里地去探察内陆情况，还让他带上在科托切岬抓到的那名通译梅尔乔雷霍。派人去找那通译时，发现他已随塔巴斯科村的印第安人逃跑了，看来前一天在棕榈岬时，他就扔掉身上穿的卡斯蒂利亚衣服，连夜驾独木船跑了。他的离去使科尔特斯大为恼怒，担心他去和他的印第安同胞说什么对我们不利的话。

这件晦气的事按下不表，回过头讲我们的事。科尔特斯又命另一位名叫弗朗西斯科·德·卢戈的指挥官，也率百名兵士（包括十二名弩弓手和火枪手）从另一路前去探察，让他不要走出二西班牙里地，当晚回营地休息。

弗朗西斯科·德·卢戈率部下离开营地，走出大约一西班牙里，就遇到一队队手持弓箭、长矛、圆盾，头戴羽饰，敲着战鼓的印第安武士。印第安人的队伍向我们的那支部队直冲过去，将他们团团围住，用箭猛射，打得他们招架不住；还向他们投掷烤过的投枪，用弹弓射出雹子般的弹丸，挥舞双手抡的砍刀。弗朗西斯科·德·卢戈率兵士拼死奋战，仍无法将敌军击退。

弗朗西斯科·德·卢戈见势不妙，就有秩序地向营地撤退，还派一名飞毛腿（一个古巴印第安人）向科尔特斯报信，让他派人救援。弗朗西斯科·德·卢戈继续率兵士沉着应战，弩弓、火枪射了装，装了射，几次猛攻，奋战所有包围他们的印第安军队。

这场战斗按下不表。却说佩德罗·德·阿尔瓦拉多指挥官刚走出大约一西班牙里地，便被一片河滩挡住了去路，忽受天主启示，从另一条路折回，正好朝弗朗西斯科·德·卢戈苦战的地方走去；他听到火枪的射击声和印第安人吵成一片的鼓号声、喊叫声和口哨声，当下明白那边正在厮杀，立即向声音传来的地方前进，见弗朗西斯科·德·卢戈正率领部下奋战敌军，并已打死五个印第安人。他与卢戈的队伍合做一处，向印第安人进攻，打退了他们的包围，但没有把他们击溃，印第安人一直尾随他们至营地。



其他印第安军队则向科尔特斯和伤员们所在的地方发起进攻。我们有许多门铜炮，这时又是炮击，又是剑劈，很快便将他们打退。科尔特斯从那个前来搬救兵的古巴印第安人那里听说弗朗西斯科·德·卢戈的处境，即派我们前去助战。我们正往那里去的时候，在离营地半西班牙里处与率兵士返回的两位指挥官相遇。

弗朗西斯科·德·卢戈的分队有两名兵士阵亡，八名兵士受伤；佩德罗·德·阿尔瓦拉多的分队有三人战死。他们一到营地即给伤员治伤，掩埋死者，还派许多人放哨。我们在那场遭遇战中共击毙十五名印第安人并抓到三名俘虏，其中一人像是个首领。

通译阿吉拉尔问他们为何疯狂袭击我们，警告他们如敢再犯，定将他们全部消灭。然后我们派他们中的一个人带上玻璃珠子去找他们的酋长，让他们前来讲和。我们派遣的这个信使对我们说，我们带来的那个科托切岬的印第安人梅尔乔雷霍前一天晚上找到他们，劝他们日夜不停地袭击我们，说我们人数极少，定会败在他们手下；原来，我们带来了一个同我们作对的极坏的帮手。

我们派去送信的那个印第安人一去不回，阿吉拉尔又从另外两个印第安人口中探明，那一带所有村子的酋长第二天将手持武器集合起来攻打我们，还将包围我们的营地，说是通译梅尔乔雷霍劝他们这样做的。



# 第二十九章
## 科尔特斯命令全体兵士准备好第二天迎战印第安军队

科尔特斯得知印第安人确实要来攻打我们，便下令立即将船上马匹悉数牵上岸，还命令火枪手、弩弓手以及所有兵士，不管是否受伤，都要把武器准备好。马被牵上岸之后，由于在船上待得太久，变得很迟钝，不敢奔跑，第二天才胆大起来。那时节，突然有六七个身强体壮的年轻兵士背上长疮，没有人背便无法行走。我们当时不明白这种病的起因，后来有人说是日夜穿棉甲所致，这几个人在古巴岛上养尊处优惯了，吃不了这种苦头，加上天气又热，便得了这种病。科尔特斯立刻命人背他们上船，不让他们留在岸上。

他编好一支骑兵，由最好的骑手和马匹组成，马身上用皮带系着铃铛。他叮嘱骑兵要不停地用矛刺敌兵的脸，直到把他们击溃。他挑出十三匹马，亲任骑兵指挥；命令炮手梅萨把炮准备好，又命令迭戈·德·奥尔达斯指挥包括弩弓手、火枪手在内的全体兵士，因为他不善骑马。

第二天是三月圣母节[①]，我们一大早听巴托洛梅·德·奥尔梅多神父唱完弥撒即排好阵势，由安东尼奥·德·比利亚罗埃尔掌旗官打头，朝弗朗西斯科·德·卢戈和佩德罗·德·阿尔瓦拉多遭过袭击的那片大平原挺进，那片平原和平原上的那个村子叫辛特拉，受塔巴斯科人控制，距我们的营地只有一西班牙里路程。科尔特斯所率骑兵因遇到泥塘，马匹无法通过，落在我们后面一小段距离。我们一路行进，突然遇到一队队印第安武士向我们营地冲来。当时我们已行进到辛特拉村边一片开阔的平川。也就是说，那些武士正在找我们打仗，而我们也正想进攻他们。



① 即3月25日。

# 第三十章
## 塔巴斯科及所辖各村的酋长们向我们大举进攻

铺天盖地的印第安人冲到我们面前，红了眼似的向我们扑来，将我们四面包围，一时间，万箭齐发，投枪、石弹乱飞，一下子伤了我们七十多人；印第安人还冲到我们中间，用矛枪乱刺，又伤了我们不少人。一个兵士被箭射中耳朵，当场死去。他们一刻不停地射箭，一次次将我们射伤。我们大炮、火枪、弩弓猛射，刀劈剑砍，全力迎战。印第安人尝到刀剑的厉害之后，渐渐后退，以便从远处更安全的地方向我们射箭。炮手梅萨用炮打死了他们许多人，因为他们人数众多，又不肯后退，所以梅萨尽兴地轰了一阵；虽然他们伤亡惨重，我们仍无法将他们击退。

我对迭戈·德·奥尔达斯指挥官说："我看我们不妨冲上去和他们厮杀，他们是尝到了刀剑的滋味才往后退的，为的是躲开我们的刀剑，从远处更方便地向我们射箭，投掷烤过的投枪，射来雹子般的石弹。"奥尔达斯答道，这不是好办法，我们一个要对付他们三百来个，他们人多，我们抵挡不住。我们就这样奋力厮杀。后来，我们决定如我对奥尔达斯说的那样，尽可能向他们冲过去，用刀剑砍杀，他们果然尝到了厉害，退到一片泥塘。我们和印第安人搏斗时，一直盼着科尔特斯和他率领的骑兵赶到，但他们迟迟未到，我们担心他们出了什么事。

我还记得当我们开炮时，印第安人呼哨声、叫喊声响成一片，他们还扬土和干草，不让我们看到他们倒下多少人，一边击鼓、吹号、吹口哨，一边狂呼："阿拉拉！阿拉拉！"正在这时，我们望见骑兵赶到；大队印第安武士正全力和我们厮杀，骑兵又是从背后驰来，所以他们一时没有发现。那地方一马平川，骑兵个个都是好手，又骑着善跑的烈马，一下子便冲到印第安人中间，用矛朝他们猛刺。我们正在厮杀的兵士见骑兵赶到，打得愈加起劲，与骑兵两面夹击，很快将他们打得掉头逃跑。印第安人从未见过马，所以还以为马和骑兵是长在一起的怪物。

印第安人在原野上四散奔逃，纷纷躲进附近的几片密林里。我们打退敌军之后，科尔特斯告诉我们他因遇上泥塘未能及时赶到，说一路上还曾和其他印第安部队交手。结果有三名骑兵、五匹战马在战斗中受伤。骑兵们在一片房子前的几棵大树下翻身下马，我们连声感谢天主保佑我们大获全胜。那天恰好是三月圣母节，我们就把那个地方叫做圣玛利亚德拉维多利亚，后来那地方渐渐开拓成一个镇。这个地名的前半段"圣玛利亚"是纪念圣母节之意，后半段"维多利亚"是取我们获得胜利之意。这是我们跟随科尔特斯在新西班牙打的第一场大战。



接着，我们用布条给伤员包扎伤口（除此之外没有其他治伤用品），又剖开一个战死的印第安人的尸体，割下脂肪，用以烧灼马的伤口。我们去察看原野上的尸体，共有八百多具，大部分死于刀剑之下，也有一些被炮火、火枪、弩弓射死，不少躺在地上尚未断气，因为骑兵所到之处，大批印第安武士非死即伤。这一仗我们打了约一小时,他们一直奋勇作战,直到我们的骑兵赶到才败下阵来。我们擒获五名印第安人,其中两名是统领。这时天色已晚,我们个个打得精疲力尽,又没吃饭,便返回营地。然后,我们埋葬了两名兵士的尸体,这两人一个喉咙被刺身死,一个耳朵中箭而亡。我们又用那个印第安人的脂肪烧了烧伤员和马匹的伤口,然后派多名兵士放哨警戒,这才吃饭、休息。

# 第三十一章

## 科尔特斯派人找来那一带所有的酋长

话说那一仗我们抓了五名印第安人,其中两名是统领,通译阿吉拉尔与这两人谈话之后发觉,可以派他们充当信使,便让科尔特斯将他们释放,派他们去找那个村子和其他村子的酋长们说话。我们拿出绿珠子和蓝色水钻给那两个印第安使者,阿吉拉尔对他们说了许多动听的好话,说我们把他们当成弟兄,叫他们不要害怕,说上次那一仗责任在他们,他让他们把各村所有的酋长都找来,我们有话要对他们说,还好声好气叮嘱他们许多别的事情以笼络他们。

他们很乐意去找那些首领和酋长谈话,把我们想同他们讲和的意思传达给他们。酋长们得了这个消息,决定即刻派十五名印第安奴隶,捧着鸡、烤鱼和玉米饼来见我们,这些奴隶用烟子抹了脸,上衣和兜裆布破旧不堪。他们来到科尔特斯面前,科尔特斯高兴地接见了他们，通译阿吉拉尔却厉声责问他们为何把脸涂成那样来见我们，说他们不像是来讲和，倒像是来挑战，叫他们赶快回到酋长们那里去，对他们说如果真想讲和，就按他们的习惯派首领们前来，而不是打发几个奴隶来应付。我们对那几个涂了脸的奴隶做了一些客气的表示，还拿出蓝珠子让他们带给那些酋长以示友好，并打消他们的疑虑。

第二天，来了三十名衣着整齐的印第安首领，他们献上鸡、鱼、水果、玉米饼，请求科尔特斯准许他们焚烧、埋葬在那次战斗中战死的印第安人的尸体，以免尸体发臭或被狮、豹吃掉。科尔特斯立即答应他们的请求，他们马上找来许多人，照他们的习惯焚烧、埋葬尸体。科尔特斯从他们口中得知，他们共被打死八百人，还有不少人受伤。他们说他们来不及和我们多谈，因为第二天各个村子所有的首领和酋长将一同前来与我们讲和。

科尔特斯明察秋毫，笑着对我们这些在他左右的兵士们说："先生们，你们知道吗？这些印第安人好像很怕马，他们大概以为马自己就能打仗，大炮也一样。我想出一个主意，让他们对此更加深信不疑：你们去把胡安·塞德尼奥的那匹在船上下过驹的牝马牵来，拴在我这里，再把乐师奥尔蒂斯的那匹一近母马就狂躁的公马牵来，让它闻闻那匹牝马的气味。等它闻过气味，再把两匹马带走隔开；酋长们马上就到，在他们走到我跟前同我说话之前，不要让他们看见那两匹马或听见马嘶声。"

众人照科尔特斯的吩咐办，把那两匹马牵来，让那匹公马在科尔特斯的住处闻了母马的气味；科尔特斯又下令将那门最大的炮装上一枚大炮弹并塞满火药。这时已是中午，来了四十名印第安人，全是酋长，个个仪表堂堂，照他们的习惯穿着华美的衣服。他们向科尔特斯和我们大家行过礼，用他们带来的熏香将我们在场的人逐一熏过，然后为攻打我们一事向我们道歉，说往后一定友好相待。

科尔特斯好像很生气，沉着脸回答了一声，然后通过阿吉拉尔通译对他们说，他曾再三要求同他们友好，这一点他们是看到了的，所以责任全在他们；说我们现在真应该把他们以及各村剩下的人统统杀死；但我们是一位伟大的国王和君主的臣民，那国王名叫堂卡洛斯，他命令我们帮助、救援所有为他效力的臣民。如果他们以后果真顺从，那我们自会帮助他们；如若不然，就让那些个“特普斯克”把他们杀死（当地土语称铁器作“特普斯克”①），因为有几个“特普斯克”仍在为他们攻打我们一事生气。

这时，他悄悄下令给那门装上了炮弹的大炮点火，大炮便像我们所希望的那样发出轰隆一声巨响。炮弹呼啸着飞向山里，因为是中午，周围很安静，炮声愈加震耳。酋长们听得心惊胆战，他们从未见过那种东西，便信了科尔特斯骗他们的话。科尔特斯又通过阿吉拉尔叫他们不要害怕，说他已下令“特普斯克”不要伤害他们。这时，有人把那匹闻过牝马气味的公马牵来，拴在离科尔特斯和酋长们不远的地方。由于那匹马曾在科尔特斯和酋长们谈话的那个房间待过，所以那公马不停踢蹬，还发出阵阵嘶鸣，一直盯着印第安人和那间有母马气味的屋子。酋长们以为那匹马是冲着他们嘶鸣，吓得战战兢兢。科尔特斯见他们这样，便从椅子上站起身

① 应为“特普斯特利”。

来，命令两名马弁立即把马牵走，然后对印第安人说，他已命令马不要发火，因为他们是为同我们讲和而来，他们是好人。

这时，来了大约三十名印第安脚夫，当地土语称之为“塔梅梅”。他们捧着鸡、鱼等食物，还有各色水果，好像他们被落在后面，所以没有能跟酋长们一起来。

科尔特斯和这些首领、酋长谈了很长时间，他们告诉科尔特斯，第二天他们还要来向他献礼物，并同他谈其他事情，说完他们便高高兴兴地走了。

# 第三十二章

## 格里哈尔瓦河一带所有的酋长和首领献来的一份礼物

第二天早上，塔巴斯科和附近村子的许多酋长和首领前来我们驻地，向我们全体行过大礼后，奉上一份用低成色的黄金制作的礼物，包括四个发箍、几个金蜥蜴、两只小金狗、五只金鸭、耳环、两个印第安人脸像、两个金鞋底和其他一些不值钱的小物件。他们还献上他们织的那种很粗的棉布，凡听说过那个地方的人想必都知道，那里只有这种不值钱的东西。

比所有这些礼物贵重得多的是二十个印第安妇女，其中有一个非常出众，这个妇女受洗礼后叫做堂娜玛里娜。

科尔特斯乐滋滋地收下了这份礼物，把酋长们请到一边，通过阿吉拉尔通译对他们说，他很感谢他们送来的这份礼物，但他还有一个要求，就是要他们命令那个村的居民——包括他们的妻小——回到那里去住，说他希望两天之内就看到村里住上人，说这样才会有真正的和平。酋长们当即下令找来所有的村民，不出两天，这些村民果然带着他们的妻小回村居住。

科尔特斯还要求他们抛弃他们的偶像，不要再用人祭神，酋长们答应照办；科尔特斯还通过阿吉拉尔尽可能清楚地向他们宣讲有关我们圣教的事情，说我们都是基督徒，信奉一个唯一的真正的天主，还把一个抱着她那可爱儿子的十分庄严的圣母像指给他们看，说我们敬奉这个圣像，她在天堂里就像这个样子，她是我主圣子的母亲。

酋长们说他们很喜欢那个高贵的“特克莱西瓦塔”[①]（当地土语称高贵的夫人为“特克莱西瓦塔”），希望能把那个圣像送给他们，供在他们村里。科尔特斯说可以给他们，让他们修筑一个精致的祭坛，他们立刻照办了。第二天早上，科尔特斯命我们的两个细木工马上制作一个高大的十字架。

科尔特斯吩咐完毕，便问那些酋长为什么他三次要求同他们友好，他们还是要攻打我们。他们回答说他们已为此事向我们道歉，并已得到宽恕，说是听了他们的兄弟——波通昌村的酋长——的劝告才这样做的，为的是不被他们当作胆小鬼，说上次另外一个统帅率四条船到这里来时（他们指的好像就是胡安·德·格里哈尔瓦），就因为他们没有去攻打，结果遭到辱骂；又说那天晚上从我

① 应为“特库克西瓦特尔”。

们这里逃走的那个印第安通译也这样怂恿他们,叫他们日夜不停地袭击我们。科尔特斯当即让他们设法把他带来,他们回答说,那人见他们失利就从他们那里逃走了;他们找过他,但没找到。我们后来得知,他们把他杀了祭神,因为他出的主意使他们损失惨重。

科尔特斯还问他们这些金子和饰物是从哪里来的,他们回答说是从日落的地方来,还说什么"库卢阿"、"墨西哥",我们不解其意,只好把这事放下。

我们还带着另外一个通译,叫弗朗西斯科,是我们上次随格里哈尔瓦航行时找来的。他不懂塔巴斯科语,只懂库卢阿语,也就是墨西哥语,他比比画画地对科尔特斯说,还要往前走好远才能到库卢阿,还提到墨西哥,但我们没听懂他的意思。

这一天我们就谈到这里。第二天,我们把圣母玛利亚的圣像和十字架安置在祭坛上,朝它礼拜,巴托洛梅·德·奥尔梅多神父还做了弥撒,所有的酋长和首领当时都在场。我们给那个村子起名辛特拉,塔巴斯科村现在就叫这个名字。



奥尔梅多神父通过阿吉拉尔通译,向酋长们送来的二十名印第安妇女宣讲有关我们圣教的许多正事,让她们不要再信奉以往信奉的偶像,因为那些偶像很坏,并不是什么神,劝她们不要再祭祀它们,说她们过去是受了蒙蔽,以后要敬奉我主耶稣,然后给那些妇女施了洗礼。酋长们献来的那个印第安女酋长起名堂娜玛里娜,她生就大酋长的气派,确实是大酋长的女儿,是众多臣民的主人。底下我还要详述她被送到这里来的经过。

我没有记住所有妇女的名字,也没有必要把这些名字写在这里;这些女人是新西班牙最早的女基督徒,科尔特斯把她们分给各位指挥官。那个堂娜玛里娜不但长得漂亮,而且练达、大方,科尔特斯把她给了阿隆索·埃尔南德斯·普埃托卡雷罗;普埃托卡雷罗回卡斯蒂利亚时,玛里娜跟了科尔特斯,还和科尔特斯生下一个儿子,名叫堂马丁·科尔特斯。

我们因为要养伤,又要等那几个背上长疮的兵士康复,科尔特斯便在那个村子住了五天(我们离开那里时,那几个人的疮全好了);科尔特斯利用那几天时间抚慰那些酋长,对他们说,许多伟大的君王都臣服于我们为之效力的那位国王,劝他们也要归顺他,说如果他们以后需要我们援助或要我们做其他什么事情,无论我们在什么地方,都可以去告诉我们,他一定会赶来帮助他们。

酋长们向他表示感谢,当即答应归顺我们的国王;他们便是新西班牙第一批归顺国王陛下的臣民。

科尔特斯命令他们第二天一早(正好是复活节前的星期天)带他们的妻小到祭坛前来,朝拜圣母玛利亚的圣像和十字架;他还让他们立即派六名印第安木匠随我们的木匠到辛特拉村去(我们靠了天主的保佑在那个村子大获全胜),在一棵大木棉树上刻一个可以长时间保留的十字,等到树重新长好,十字就会永远留在树上。

事毕,他命令他们准备好所有的独木船,载我们登船;我们打算第二天就启程,因为有两个司舵跑来告诉科尔特斯,海上刮起北边来的侧风,船非常危险。

第二天一大早,所有的酋长、首领带着他们的独木船、妻小来到那个设有祭坛和十字架的院子,院子里还有不少准备列队行进时用的砍下的树枝。酋长们到齐后,科尔特斯、各位指挥官和我们全体兵士,非常庄严地列队行进。施恩会的奥尔梅多神父还有胡安·迪亚斯修士身穿教士袍唱了弥撒,我们朝拜了圣十字架并吻了它,那些酋长和印第安人在一旁观看。

我们按当时的习惯举行完庄严的仪式,酋长们上前献给科尔特斯十只鸡,还有鱼、蔬菜等物。我们向他们告别,科尔特斯再三叮嘱他们要照看圣像和圣十字架,要他们经常擦拭、打扫并用树枝装饰,吩咐他们朝拜圣像和十字架,说这样便会平安无事,风调雨顺。

这时天色渐晚,我们上了船。第二天星期一上午,我们即扬帆起航,一路顺风,沿海岸朝圣胡安德乌卢阿驶去。

# 第三十三章

## 大酋长的女儿、许多村落和臣民的主人、女酋长堂娜玛里娜被送到塔巴斯科来的经过

在开始记述蒙特苏马和他所统治的大墨西哥以及墨西哥人之前,我要先说一说堂娜玛里娜,她从小就是许多村落和臣民的主子,是个大酋长。事实如下:玛里娜的双亲是派纳拉村及受该村控制的其他几个村的大酋长(离瓜萨夸尔科镇八西班牙里)。她幼年丧父,母亲又与一个年轻的酋长结婚,生下一个儿子。两人十分宠爱他们生的这个儿子,决定等他们百年之后将酋长职位传给他,为了扫清障碍,就在一天夜里偷偷把小玛里娜送给希卡兰戈村的印

第安人，然后扬言女儿已死。当时他们的一个女奴正好死了一个女儿，他们便宣称死去的便是那个继承人。后来，希卡兰戈人把她给了塔巴斯科人，塔巴斯科人又献给了科尔特斯。

我见过她的母亲和她的同母兄弟——那个老妇人的儿子，当时他已长大成人，和她母亲一起统治他们的村子，因为那位老妇的后夫也已去世。母子二人受洗礼后，老妇起名玛尔塔，儿子就叫拉萨罗。这一切我很清楚，因为当墨西哥和其他地区被征服之后，克里斯托瓦尔·德·奥利德于1523年在伊格拉斯发动叛乱，科尔特斯亲自去征讨，途经瓜萨夸尔科镇时，我们在该镇定居的大部分人都随他前往。

由于堂娜玛里娜在新西班牙（特拉斯卡拉、墨西哥）的所有战争中都是不可多得的通译，是个非常杰出的女子（我们以后还要讲到），所以科尔特斯始终把她带在身边。堂娜玛里娜很受敬重，整个新西班牙的印第安人都听从她的旨意。



科尔特斯在瓜萨夸尔科镇停留时，让人把那一带所有的酋长找来，对他们宣讲我们的圣教和他的仁爱，堂娜玛里娜的母亲和同母兄弟拉萨罗也和别的酋长们一起前来。

堂娜玛里娜几天前就对我说过她是当地人，是个大酋长，科尔特斯和通译阿吉拉尔也都知道此事。她母亲和兄弟来了之后，她们立即认出了对方，她无疑是那老妇人的女儿，因为她们非常相像。

母子二人以为她要杀死他们，因而派人把他们找来，非常害怕，竟至哭了起来。堂娜玛里娜见状忙安慰他们，叫他们不要害怕，说当年把她送给希卡兰戈人时，他们自己也不知道在做些什么，说她原谅了他们，还拿出不少金饰和衣服给他们，让他们回村去。她对他们说，她靠了天主的恩典成了基督徒，不再敬奉偶像；说她为她的主人科尔特斯生了一个儿子，并和一个绅士——胡安·哈拉米略——结了婚，说即使让她当新西班牙所有村落的酋长，她也不会去当，因为她觉得世上再没有比侍奉她丈夫并为科尔特斯效力更要紧的事了。所有这一切我都清清楚楚，我觉得这和约瑟的兄弟们去埃及买麦子时落到约瑟手中，他们兄弟相认的情形相仿[①]。堂娜玛里娜会说瓜萨夸尔科语（也就是墨西哥语）和塔巴斯科语，而赫罗尼莫·阿吉拉尔会说尤卡坦和塔巴斯科两地的土语（那两个地方说的是同一种土语），所以他们能说得通，阿吉拉尔再用卡斯蒂利亚语把她的话译给科尔特斯听。这对我们的征服来讲是个极好的开端，感谢上帝，我们所有的事情都像这件事一样顺手。我之所以说这些，是因为没有堂娜玛里娜，我们就听不懂新西班牙的语言。

# 第三十四章

## 我们的船只全部抵达圣胡安德乌卢阿

1519年的濯足节（复活节前的星期四），我们的船队全部抵达

① 典出《圣经》。约瑟为雅各和妻子拉结之子，他的兄弟们由于嫉妒，把他卖给以实玛利人。约瑟被以实玛利人带到埃及后，被法老立为宰相。他的兄弟们奉父亲雅各之命去埃及买粮，兄弟们重新相认。——译者

圣胡安德乌卢阿港。我们上次随胡安·德·格里哈尔瓦航行时，阿拉米诺斯司舵就已熟悉这个港口，这时他下令将船泊在避北风的地方；然后我们在主舰上挂起王旗和旌旗。

我们抛锚停船之后不过半小时，许多墨西哥印第安人驾两条很大的独木船朝这边驶来。他们见到大船和船上的旗帜，明白要到那条船找统帅说话，便径自朝那条船划去。上船之后他们问哪位是“塔图安”[①]（当地土话称主人为“塔图安”）。堂娜玛里娜听得真切，因她懂这种土话，便把科尔特斯指给他们看。印第安人照他们的习惯向科尔特斯行了大礼，向他表示欢迎，说蒙特苏马王的一个臣仆——他们的酋长——派他们前来打听我们是何等样人，前来做什么事情，说如果我们需要什么东西，或船上需要什么东西，只管对他们说，他们会给我们送来。

科尔特斯通过阿吉拉尔、堂娜玛里娜两位通译向他们道谢，让人端来食物和酒款待他们，又给了他们一些蓝珠子。等他们喝完，科尔特斯告诉他们，我们是来结识他们并与他们交好的，绝不会惊扰他们，希望他们不要视作坏事。信使们高高兴兴地回去了。

第二天是星期五（耶稣受难日），我们从船上牵下马，又把炮搬到一片沙丘上，那个地方有许多高高的沙丘，没有平地，全都是流沙地。炮手梅萨使出手段放了几炮。我们布置了一个圣坛，立刻让神父唱弥撒，然后为科尔特斯和指挥官们搭棚屋，又搬来木头，给自己也搭了棚屋，还把马匹拴在安全的地方，就这样过了一天。

复活节前一日的星期六，许多印第安人受一个首领派遣，来到

① 应为“特拉托阿尼”。

我们住处,那首领名叫皮塔尔皮托克[①],是蒙特苏马的大首领。印第安人带着斧子,修整了科尔特斯的屋子和近处的几个棚屋,还在上面盖了许多大块棉布,因为那里骄阳似火,天气炎热;他们还给我们带来鸡、玉米饼和李子(当时正是李子成熟的季节)。我记得他们还带来一些金饰,他们把所有这些东西献给科尔特斯,说第二天还有一个大首领要来给我们送给养。科尔特斯连声称谢,让人拿出我们带来的东西给他们,他们很高兴地走了。

第二天复活节,印第安人所说的那个大首领来了。那人叫滕迪莱[②],是个专门办交涉的人,跟他同来的有皮塔尔皮托克,也是印第安人的首领。许多手捧礼物、拿着鸡和菜蔬的印第安人跟在他们身后。滕迪莱命令他们退到一边,然后照他们的习惯,恭恭敬敬地向科尔特斯行了三个礼,又向我们这些离得最近的兵士行礼。

科尔特斯通过两名通译向他们表示欢迎,上前拥抱他们之后,让他们稍等片刻,说他很快就来和他们谈话。然后,他下令准备祭坛,我们尽可能布置一个最好的祭坛,唱经高手巴托洛梅·德·奥尔梅多神父和胡安·迪亚斯修士唱了弥撒,那两个首领和随他们同来的其他首领在一旁听了弥撒。

随后,科尔特斯和几个指挥官同蒙特苏马王的两个臣仆一起用餐,用完餐,撤走餐桌之后,科尔特斯通过两个通译请他们到一边谈话,告诉他们说,我们是基督徒,是世界上最伟大的君王——堂卡洛斯国王——的臣仆,许多伟大的君王都臣服于他;说我们受

---

① 应为“奎特拉尔皮托克”。

② 应为“特乌蒂利”。

了他的派遣到这片疆土上来，因为好几年以前我们的国王就听到了有关他们及他们那个伟大君王的消息，想把他当作朋友；说我们要以我们国王的名义对他们的君主讲些事情，等他听明白我们要讲的事情之后，一定会非常高兴；说我们还要与他和他的臣民交好。科尔特斯最后说，他想知道他们的君王将在哪里和我们晤面。

滕迪莱略显傲慢地回答说："你刚到这里，怎么就想和他谈话。我们以他的名义带来这些礼物，请你收下，然后再告诉我，你还需要什么。"说完他从一个匣子似的箱子中取出许多做工精巧的金物件，又让人献上十捆用羽毛交织的精美的棉布和鸡、水果、烤鱼等食物。

科尔特斯面带笑容、彬彬有礼地收下礼物，拿出从卡斯蒂利亚带来的花色珠子和其他东西还了礼，他请求他们让村子里的印第安人来和我们交换物品，说他带着许多珠子要与他们换金子，酋长们一口答应。

科尔特斯又让人端来一把细木镶嵌的扶手椅，拿来几颗玛格丽塔珠（珠子裹在放麝香的棉花里，很是好闻，珠子里面有不少花纹）、一串花色水钻和一顶缀有一个金圣牌的红纱帽（圣牌上是手持长矛、骑马杀龙的圣乔治像）。科尔特斯让滕迪莱立即派人把椅子献给蒙特苏马王——我们已经得知他们君王的名字，说当他去谒见他时，蒙特苏马王就可以坐在这把椅子上了，他让他们把那顶帽子戴在蒙特苏马王头上，说那些宝石和其他一切东西都是我们的国王为表示友好送给他们伟大君王的，他请蒙特苏马王相告，他希望我们什么时候到什么地方去拜见他。

滕迪莱收下这些东西，回答说，他们的主人蒙特苏马是伟大的君王，一定会乐意结识我们的伟大国王，说他马上就把礼物送去并给我们带来回音。

记得滕迪莱带着几个出色的画师（墨西哥有不少这样的画师），他让他们画下科尔特斯和官兵们的脸、身体、五官，还将船、帆、马、堂娜玛里娜、阿吉拉尔以及两条猎兔犬、大炮、炮弹和整支军队一一画出，带回去给他们的君王看。

科尔特斯命令炮手将几门大炮填满火药，使它们能发出巨响。又命令佩德罗·德·阿尔瓦拉多和所有骑兵做好准备，让蒙特苏马王的这两个辅臣看看他们如何奔跑，还下令给马系上铃铛。科尔特斯自己也骑上马，说："如果能在沙丘上跑就好了，可惜我们走路都会陷在沙里，还是等潮水落下去时到海滩上，两骑一组奔驰过去。"

他吩咐佩德罗·德·阿尔瓦拉多指挥全体骑兵（阿尔瓦拉多有一匹善跑的性子很烈的枣红色母马）。我们当着两个来使的面做了这些事情，科尔特斯为了让他们看到开炮，装作还要和其他许多首领说话，这时，炮手们给那几门炮点了火。那时，四周很安静，炮弹飞向山中，发出轰隆隆的巨响，两个大首领和所有的印第安人从未见过这种事情，吓得心惊胆战，大首领们让画师把这些统统画下，拿回去给他们的蒙特苏马王看。

记得我们的一个兵士有一顶近乎金色的长了锈的头盔，滕迪莱（他比另一个大首领练达）见了之后说他想看看，说他们也有一个从祖先那里传下来的相似的头盔，戴在他们的维奇洛沃神[①]头

① 应为"维特西洛波奇特利"。

上，说他们的蒙特苏马王见到这个头盔一定会高兴。我们立即把头盔给了他们。科尔特斯对他们说，他极想知道这片疆土上产的金子和在我们的国家里从河里采来的金子是不是一样，想请他们将这头盔装满金粒还给他，他要献给我们的伟大国王。

随后，滕迪莱向科尔特斯和我们全体辞行，科尔特斯也亲热地向他道别；滕迪莱去后我们才得知他不仅是蒙特苏马手下一个善办事的人，而且是个飞毛腿。他飞快地跑去向他的主人禀报一切，呈上画师们的画和科尔特斯的礼物。据说蒙特苏马王看了之后很是称羡，高兴非常。他见到我们的头盔，又看看维奇洛沃神的头盔，更深信我们便是他们的祖先说过的将要来统治这片疆土的人。

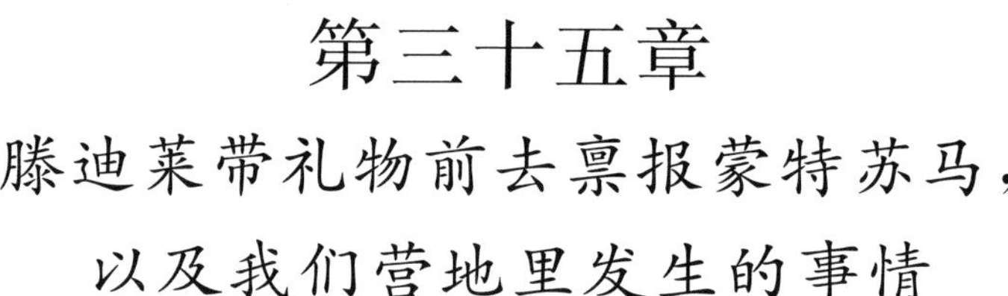

# 第三十五章

## 滕迪莱带礼物前去禀报蒙特苏马，以及我们营地里发生的事情

滕迪莱带着科尔特斯给蒙特苏马的礼物走后，那个叫做皮塔尔皮托克的大首领仍留在我们营地，住在离我们有相当距离的几间茅屋里，召来几个印第安妇女，让他们做玉米饼，还送来鸡、水果、鱼，用以款待科尔特斯以及同科尔特斯一起用餐的指挥官们，我们这些兵士只有靠偷偷摸摸或钓鱼弄些吃食。

这时，从蒙特苏马的那两个臣仆管辖的村子里来了许多印第安人，带来一些低成色的金饰物和鸡与我们换绿、白两色珠子及其他物品。我们所有兵士身上都带有交换用的东西，因为我们上次随格里哈尔瓦航行时，知道身上带些珠子很有好处。我们靠换来的食物勉强维持，如此过了六七天。

一天上午，滕迪莱带领一百多名抬着东西的印第安人前来，同来的还有一个墨西哥大酋长，那人的相貌、身材酷像科尔特斯统帅。据说，当滕迪莱向蒙特苏马呈上科尔特斯的画像时，在蒙特苏马周围的首领们异口同声地说科尔特斯和一个叫金塔尔博尔的首领(即随滕迪莱来的那个大首领)长得一模一样，所以蒙特苏马特意把他派了来。那人确实像科尔特斯，于是营地里的人便科尔特斯长、科尔特斯短地叫个不停。

再回过头来说说他们来到之后做的事情。他们来到我们统帅面前，吻了吻地，用他们带来的盛有熏香的火盆将科尔特斯和我们几个站立一旁的兵士逐一熏过。科尔特斯对他们甚为客气，让他们坐在他身旁，那个带礼物来的首领奉命同滕迪莱一起与我们交谈。

他说欢迎我们到这片疆土上来，又说了其他许多客气话，然后命人把他带来的礼物一一呈上。印第安人在地上铺了几张他们叫做佩塔特的棕榈席，又在席上铺上布，金塔尔博尔先拿出一个太阳形的纯金盘，上面有许多花纹，令人惊叹不已，据后来称过这个金盘的人说，此物可值一万比索；接着又拿出一个更大的月亮形的银盘，那银盘光耀夺目，也铸有许多花纹，分量很重，值不少钱；他还带来了那个头盔，头盔装满从金矿采来的沙金，大约值三千比索。我们看到该地确有优良的金矿，真比得了两万比索还高兴。

他还带来二十个做工精细、十分逼真的金鸭子和几个金狗(铸成当地那种狗的形状），还有铸成狮、豹、猴子形的金物件，十串精美的项链，几件身上挂的饰物，十二支箭，一张带弦的弓，两柄一米多长的权杖，所有这些东西全都用纯金浇铸而成。

随后，他又命人取出饰有精美绿色羽毛的金、银顶饰和金扇子，还有金子浇铸的鹿等物件，因为时隔多年，我已记不全了。接着，他又命人抬上来大约三十捆精致的棉布，那布用各色羽毛织出许多花色，因东西太多，我无法尽数写出，只好就此打住。

金塔尔博尔大酋长拿出所有这些东西后，请科尔特斯收下这些礼物和他的主人要他转达的一片盛情，并让科尔特斯把这些东西分给同来的神使和部众。科尔特斯高兴地收下来。

两位使者对科尔特斯说，他们要向他转达他们的主人想对他说的话。他们首先说的是，蒙特苏马听说我们是威武的勇士（因为他已得知塔巴斯科发生的事），很高兴我们能到他的疆土上来，说他很想结识我们的君王，因为我们的君王确实伟大，从我们前来的那个遥远的地方，得知了有关他的消息，他说还要送给我们的君王一些宝石，与此同时，就请我们仍留在这个港口，有什么事情需要他帮助，他一定乐意为我们出力；至于前去会晤一事，因无此必要，请科尔特斯不要再提，为此，陈述了许多不便之处。

科尔特斯笑容可掬地再次向他们表示感谢，又殷勤地送给两个大首领每人两件荷兰衬衫、蓝色水钻和其他一些小物件，请他们去墨西哥把回话带给他们的主人蒙特苏马王，说我们远涉重洋来到如此遥远的地方，就是为了拜访他，和他当面谈谈，如果就这样回去，必定会受到我们的伟大君王的责怪；说不管伟大的蒙特苏马在何方，他科尔特斯一定要前去拜见，听从他的吩咐。

两个大首领回答说，他们一定去禀报，不过会晤一事，他们觉得无此必要。

科尔特斯让那两位使者向蒙特苏马献上我们带来的一点点可怜的东西：一只饰有许多金凸饰和镶嵌物的佛罗伦萨产的玻璃酒杯，三件荷兰衬衣和其他物品，并嘱咐他们把我们的答复带给蒙特苏马。

两位大首领走了，皮塔尔皮托克还留在我们营地，蒙特苏马的那两个臣仆似乎吩咐他负责从邻近的村子里给我们运送食物。

# 第三十六章

## 科尔特斯派人寻找其他港口及可以开拓的地方

那两位使者返回墨西哥之后，科尔特斯立即派出两条船继续沿海岸探察，指定由弗朗西斯科·德·蒙特霍任指挥，命令他沿我们随胡安·德·格里哈尔瓦航行的路线行进，设法寻找安全的港口和可以驻屯的地方，因为科尔特斯已看到沙丘上蚊子猖獗，我们无法对付，而且离村落过远。他下令阿拉米诺斯司舵和外号“独臂人”的胡安·阿尔瓦雷斯当舵手，沿岸航行十天，尽可能多探察一些海岸。

他们领命航行，来到帕努科附近的那条大河，因水流湍急无法前进；他们见很难通过，便转向圣胡安德乌卢阿，再没有往前行驶。

在离圣胡安德乌卢阿十二西班牙里处，他们曾见到一个要塞般的村落，叫做基阿维兹特兰村，村子附近有一个港口，司舵认为这个港口能避开北风，泊船很安全。除此之外，并无他事可记。

话说留下来负责为我们提供食物的印第安人皮塔尔皮托克，玩忽职守，不给我们营地运来任何食物，我们给养不足，木薯面饼发霉腐烂，又被蟑螂糟蹋，吃起来一股苦味，所以只有靠偷偷摸摸弄点吃食，用金子和母鸡来和我们换东西的印第安人已不像先前那么多了，偶尔来的，也是畏畏缩缩，踌躇不定；我们时时都在等待去墨西哥的使者回来。

正在这时，滕迪莱带着许多印第安人来到我们营地，照他们的规矩，用香把科尔特斯和我们大家逐一熏过后，拿出十捆用贵重的羽毛交织的精美棉布、四颗价值极高的绿宝石（他们对这种宝石比我们对翡翠看得还重）和一些金器，据说，光是金子，不算绿宝石，就值三千比索。这次来的是滕迪莱和皮塔尔皮托克，因为那个叫金塔尔博尔的大酋长半道上得了病，没能来。那两个首领通过堂娜玛里娜、阿吉拉尔同科尔特斯单独谈话，对他说蒙特苏马王收下了礼物，非常高兴，至于会晤的事，请他不要再提；那几颗贵重的绿宝石是蒙特苏马送给我们伟大的君王的，每一颗的价值相当于一大包沙金，蒙特苏马把它们看得比金子还重；两位首领最后说，蒙特苏马请他不要再往墨西哥派使者了。

科尔特斯礼貌周全地向他们表示感谢，不过蒙特苏马如此明白地表示不让我们会见他，使科尔特斯感到失望，他对我们在场的几个兵士说：“他确实是伟大、殷富的君王，靠天主保佑，我们总有一天会去见他的。”我们七嘴八舌地答道：“我们真想立即与他交

手。”此事按下不表。话说当时正是向圣母玛利亚祈祷的时刻，营地里敲起钟，我们在一个立于沙丘上的十字架前跪下，做了祈祷。

滕迪莱和皮塔尔皮托克是两个极机敏的人，见我们全体跪下，就问为什么要对那根做成那种样子的木头下跪。科尔特斯听到他们发问，又见那个施恩会的教士在身旁，就对他说：“神父，现在是通过通译向他们宣讲有关我们宗教的时候了，完全应该这样做。”

那教士当即向他们有条有理地说起教来，讲得比优秀的神学家还好。他先说了我们都是基督徒，宣讲了有关我们宗教的所有该讲的事，然后告诉他们，他们的偶像很不灵验，见了竖起的十字架就会逃开，因为天地万物之主曾在一个类似的十字架上受难致死；他还对他们讲了许多其他的事情，全都讲得十分清楚。他们听得明白，回答说要把这一切讲给他们的蒙特苏马王听。

神父还对他们讲了我们的伟大君王派我们到这片疆土上来的宗旨，那就是要阻止他们杀印第安人祭神或举行其他不好的祭礼，让他们不要互相抢掠，也不要供奉那些可憎的偶像；他请求他们在他们的城里，在供奉被他们当作神明的那些偶像的神堂里，竖立一个类似的十字架，还拿出一个抱着可爱的儿子的圣母玛利亚的像，让他们供上，说他们就会看到这样做的好处和我们的天主施于他们的恩典。

这次随滕迪莱前来的有不少印第安人，他们带来一些低成色的金器和我们交换，我们所有士兵都换到一些金子，然后再用这些金子去和随我们一道来的水手换鱼（他们常出去打鱼），以此弄点吃食，不然我们就要挨饿。科尔特斯很高兴我们这样做，明明看到却佯作不知。迭戈·贝拉斯克斯的许多亲信则责怪他为何听凭我们私换金银。

# 第三十七章
## 关于换取金银一事作出的决定

迭戈·贝拉斯克斯的亲信们见一些兵士私换金银，便质问科尔特斯为何听之任之，说迭戈·贝拉斯克斯派他来并不是要让兵士们私自把金子换走，他们要科尔特斯派人宣布，从今以后除科尔特斯本人外，一律不准私换金子，已经换了的要申报，以便抽取五一税。还要求指定一个合适的人担任司库。

科尔特斯回答说，他们言之有理，并让他们指定人选，他们选中了一个名叫贡萨洛·梅希亚的人。办完此事后，科尔特斯板起面孔对他们说："各位先生，你们须明白，因为没有给养，我们的兵士都在忍饥挨饿，我们听凭他们换点东西是为了让大家都有东西果腹。何况他们换的那些东西值不了什么钱。我们靠了上帝保佑，可以得到更多东西，因为什么事情都有好坏两面，现在我照你们的意思宣布不准私换金子，让我们看看将来我们吃什么吧。"

一天早晨，天色未明，我们发现住在那几间茅屋里负责为我们运送粮食的印第安人和前来与我们换东西的人，还有那个皮塔尔皮托克，全都不辞而别，逃之夭夭了。我们后来得知，那是因为蒙特苏马派人命他们不要再与科尔特斯以及我们这些和科尔特斯在一起的人多费口舌。看来蒙特苏马对他们的偶像非常虔敬（据说那两个偶像一个叫特斯卡特普卡,是地狱之神;另一个叫维奇洛沃斯,是战神),天天都要杀少男少女来祭祀,求它们指引对付我们的办法(据我们后来所知,蒙特苏马打算,如果我们不乘船离去,就把我们全体控制起来,让我们在那里繁育后代,甚至杀了我们祭神)。偶像的回答是,不要理会科尔特斯派人对他说的立十字架之类的话,圣母玛利亚的像也不让带进城。所以那些印第安人就不辞而别了。我们见此情形,以为他们要来攻打我们,便做好随时打仗的准备。

一日,我和另一名兵士被派到一片沙地上放哨,见海滩上跑来五个印第安人,我们不想为这点小事惊动营地,便让他们走近,他们笑嘻嘻地按他们的习惯向我们行礼,打着手势要我们把他们带往营地。我让我的同伴留在哨位上,我带他们去营地,当时我的双脚可不像现在这么不听使唤,现在我是老了。

他们来到科尔特斯面前,向他行过礼后说:"洛佩卢西奥,洛佩卢西奥。"这是托托纳卡语,就是"大人,尊敬的大人"之意。他们的下嘴唇上扎有很大的孔,戴着用斑斓的青石磨制成的环或薄薄的金片,耳垂上也扎有很大的孔,戴着金耳环或石头磨制成的耳环,他们的语言和服装与常跟我们在一起的墨西哥人大不相同。



堂娜玛里娜和阿吉拉尔两名通译听他们说"洛佩卢西奥",不明白是什么意思,堂娜玛里娜就用墨西哥语问他们有没有懂墨西哥语的通译。五人中有两人作了肯定的回答,说懂墨西哥语,随即向我们表示欢迎,说他们的主人派他们来打听我们是何等样人,表示很乐意为我们这样的勇士效力(他们大概已经听说了在塔巴斯科和波通昌发生的事情);又说,要不是害怕那些常跟我们在一起的库卢阿人,他们早就来见我们了;他们刚刚听说,那些库卢阿人三天前从这里逃跑，回他们村落去了。

科尔特斯从他们的话中得知蒙特苏马有不少敌人和对头，心中很高兴。他送东西给他们，客客气气把他们送走，让他们转告他们的主人，他很快就会去拜访他。从此以后，我们把这些印第安人称之为“洛佩卢西奥人”。

我们驻扎的那片沙地蚊子极多，蚊子有大有小，小的那种叫“赫亨”，比大蚊子更凶，叮得我们无法入睡；再加上断了给养，木薯面饼越来越少，而且全都发了霉，还遭蟑螂糟蹋。一些在古巴岛上拥有印第安奴隶的兵士，特别是迭戈·贝拉斯克斯的亲信们，都盼着回家去。

科尔特斯见此情形，命令我们到蒙特霍和阿拉米诺斯司舵发现的那个地势险要的村落去，那村子叫基阿维兹特兰，我前面已经说到，那地方有大山挡住北风，船只可以安全停泊。



我们正准备动身，迭戈·贝拉斯克斯的全体亲信对科尔特斯说，给养已断，为什么还要航行，说营地内已有大约三十五名兵士因在塔巴斯科负伤，又因疾病、饥饿而死亡，科尔特斯已经无法前进；而且这里地广人多，随时都会遭到印第安村落的进攻，我们最好还是回古巴去，把换到的大量金子和蒙特苏马送的贵重礼品向迭戈·贝拉斯克斯交账。

科尔特斯回答说，好端端的就要回去，不是什么好主意，到目前为止，我们的运气一直不错，真该感谢事事保佑我们的天主；说到死去的兵士，这本是打仗或历险中常有的事；最好还是留下来探明这片疆土的情况，在此期间，除非不得手，否则总可以从印第安人和周围村落弄些玉米和给养。迭戈·贝拉斯克斯那一派的人听了这话，不再说什么，不过并没有真正平息，仍在营地内窃窃私语，说是要回古巴去。

# 第三十八章

## 我们推举埃尔南多·科尔特斯为统帅兼大执法官

前面已经说到，迭戈·贝拉斯克斯的亲友在营地内反对我们继续前进，要我们从圣胡安德乌卢阿返回古巴岛。科尔特斯找了包括我在内的不少人谈话，这些人是阿隆索·埃尔南德斯·普埃托卡雷罗、佩德罗·德·阿尔瓦拉多和他的四个兄弟（豪尔赫、贡萨洛、戈麦斯、胡安）、克里斯托瓦尔·德·奥利德、阿隆索·德·阿维拉、胡安·德·埃斯卡兰特、弗朗西斯科·德·卢戈以及其他一些绅士和指挥官；他要我们推他做统帅。弗朗西斯科·德·蒙特霍知道了这件事，在一旁密切注视事态发展。

一天晚上，半夜已过，阿隆索·埃尔南德斯·普埃托卡雷罗、胡安·埃斯卡兰特和我的远亲及同乡弗朗西斯科·德·卢戈到我的茅屋来，对我说："喂，贝尔纳尔·迪亚斯·德尔·卡斯蒂略先生，带上武器去巡逻！科尔特斯在巡查，我们随他一起走走。"

我走出茅屋后，他们对我说："先生，请您注意，我们有一件很重要的事要对您说，您一定要保守秘密，不能让您同屋的人知道，因为他们都是迭戈·贝拉斯克斯一派的人。"下面就是他们对我说的话："先生，埃尔南多·科尔特斯隐瞒真情把我们大家弄到这里来，您觉得合适吗？他在古巴传告要到这里来开拓，可我们这才知道，原来他并不是奉命来开拓，只是换金银而已，现在有人想让我们带上全部换来的金子回古巴圣地亚哥，这样就坑苦了我们，迭戈·贝拉斯克斯会像上回那样拿走全部金子。先生，算上这次远征，您已经来了三次，花了钱，欠了债，多少次出生入死，弄得一身是伤。为了不再发生这种事，我们特意关照您；我们许多绅士——我们知道他们都是您的朋友——决计以国王陛下以及国王代表埃尔南多·科尔特斯的名义开拓这片疆土，一旦可能，立即派人前去卡斯蒂利亚禀告我们的君王。先生，为了一致推举科尔特斯为统帅，请您务必投票赞成，因为这是为天主和我们的国王陛下效力。"

我答道回古巴不是上策，最好还是开拓这个地方，并推举科尔特斯为统帅兼大执法官，直至国王陛下下达其他命令。



我们这些兵士串联的消息，传到了人数比我们多得多的迭戈·贝拉斯克斯的亲友耳中，他们即很不客气地质问科尔特斯，为什么要施展诡计留在这里，而不去向委派他为统帅的迭戈·贝拉斯克斯交差，说贝拉斯克斯一定不会同意这种做法。他们要求立即登船，还劝科尔特斯再不要支吾搪塞，与兵士们密谋，因为他既没有给养、人员，也没有可能留下来开拓。

科尔特斯作答时态度平和，他说他乐意从命，决不违背迭戈·贝拉斯克斯的指示和嘱咐，随即下令传告全体官兵，务必于第二天登船，仍乘坐来时乘坐的各条船。

我们这些串通好的兵士答道，把我们诓到这里来太不应该，在古巴时，他明明宣告是来开拓，实际上却是来换金子；我们以我们天主和国王陛下的名义要求他立即开拓该地，而不要去做别的事情，因为这是为天主和国王陛下效力的大好事。我们还振振有词地说了许多别的理由，说下次再来，印第安人绝不会像这次似的让我们登陆，说只要开拓了这块地方，各个岛上的兵士就会前来援助，说迭戈·贝拉斯克斯谎称国王陛下授予他开拓的敕令，事实却并非如此，他这样做是坑害了我们，说我们愿意开拓，谁不愿意，谁可以回古巴去。

经我们好说歹说，科尔特斯才答应下来，不过拿一句俗话来说，他这是半推半就；他提出要我们推他做大执法官和统帅，最糟糕的是，我们还答应凡得到的金子，除上交国王的五一税之外，还得分出五分之一给他。我们当着一个名叫迭戈·德·戈多伊的国王公证人的面，授予他极大的权力来做这一切事情。我们随即让他下令设置并开拓一个城镇，取名比利亚里卡德拉维拉克鲁斯，设置该镇之后，我们又任命了镇长和镇政会议成员，最先当选为镇长的是阿隆索·埃尔南德斯·普埃托卡雷罗和弗朗西斯科·德·蒙特霍。这个蒙特霍与科尔特斯不和，所以科尔特斯首先委以重任，任命他为镇长。接着在广场立起耻辱柱，又在镇子外面立了一个绞刑架。

# 第三十九章

## 迭戈·贝拉斯克斯一派的人反对我们授予科尔特斯的权力

迭戈·贝拉斯克斯的人见我们果真推举科尔特斯为统帅兼大

执法官，还建了镇子，任命了镇长和镇政会议成员，并做了我前面记述的所有那些事，不免又气又恼，于是聚众闹事，恶言恶语指责科尔特斯和我们这些推举科尔特斯的人，说不该瞒着部分官兵做这样的事，又说迭戈·贝拉斯克斯没有授予科尔特斯这种权力，只让科尔特斯前来换金子；我们这些站在科尔特斯一边的人，时刻提防他们滋事，或者动武和我们打起来。

这时，科尔特斯暗暗吩咐胡安·德·埃斯卡兰特，叫我们大家要求科尔特斯公开迭戈·贝拉斯科斯给他的命令，科尔特斯立即从怀中掏出命令，交给国王的一名公证人宣读。命令上写着："待换回足够的黄金，迅即返回。"底下是迭戈·贝拉斯克斯的签名和他的秘书安德烈斯·德·杜埃罗的副签。我们让科尔特斯把这份命令与我们推举他为统帅的授权证书及在古巴岛上派人传告的口头告示放在一处；这样做是为了让远在西班牙的国王陛下得知，我们所做的一切都是为他效力，免得有人假造事实。

做完此事，迭戈·贝拉斯克斯的亲友们又来对科尔特斯说，不该背着他们推举他为统帅，说他们不愿受他指挥，要立即回古巴岛去。科尔特斯答道，他不会强留任何人，谁要求走，他都会痛快地答应，哪怕只剩他一个人也没关系。他这么一说，一部分人平静了下来，可是仍有人吵着要回去。不过，事情到了这种地步，大部分人也只好服从。科尔特斯依靠我们的帮助，决定拘禁胡安·贝拉斯克斯·德·莱昂、迭戈·德·奥尔达斯、外号"侍从"的埃斯科瓦尔、佩德罗·埃斯库德罗和其他几个人（名字我已记不清了）；我们小心防范有人闹事。那几个人被套上锁链关押了几天，我们还派人看守他们。

# 第四十章

## 我们决定派佩德罗·德·阿尔瓦拉多往内地寻找玉米和给养

我们做完上述事情，决定派佩德罗·德·阿尔瓦拉多前往内地的几个村落探察（我们听说那几个村落离得不远），看能不能运回些玉米或其他给养，因为营地里粮草很缺。阿尔瓦拉多率领一百名兵士前去，包括十五名弩弓手和六名火枪手，其中一多半是迭戈·贝拉斯克斯的人。我们科尔特斯这一派的人，因怕有人再次闹事，起来反对科尔特斯，所以都随他留在营地，等局面稳定下来再说。

于是，阿尔瓦拉多前往几个小村子，那几个村子从属于另一个叫做科塔斯坦[①]的村落（那村子讲的是库卢阿语）。佩德罗·德·阿尔瓦拉多抵达那几个村子时，村里人已在当天离去，他在几处神庙见到几个被杀了来祭神的成年人和少年的尸体，神庙的墙上和供奉偶像的祭坛上沾满鲜血，牺牲者的心脏供在偶像前；他们还见杀人时垫在底下的石块和剖胸取心用的燧石刀。佩德罗·德·阿尔瓦拉多说，他们发现的这些尸首全都没有四肢，据其他印第安人说，四肢都被割去吃了。我们的兵士见到如此惨相，一个个惊骇不

① 应为“奎特拉奇特兰”，今称“科塔斯特拉”。

已。

杀人祭神的事就不再往下说了，因为从那以后，我们所见的印第安村落，无一不用人做牺牲。话说佩德罗·德·阿尔瓦拉多见几个村子食物充足，而印第安人都于当天逃走，找了半天只找到两个人，便让他们弄来玉米，又让兵士们扛起蔬菜和鸡，返回营地。因科尔特斯命令他们不要像在科苏梅尔岛那样抢掠印第安人的财物，所以他们虽然见到可拿的东西，还是照科尔特斯的命令做了。

我们在营地内的人见到他们拿来的这一点点食物都很高兴，因为只要有吃的，一切不幸、艰辛都好对付。

科尔特斯事事都很精细，他想方设法拉拢迭戈·贝拉斯克斯的人，把我们换得的金子送给他们中的一些人(常言道金子可以打动顽石)，又许给另一些人很多好处，把他们全都争取到自己一边。他先释放除胡安·贝拉斯克斯·德·莱昂和迭戈·德·奥尔达斯之外的其他人(那两人被套上锁链关在船上)，几天以后，这两个人也被释放，读者往下看就会知道，科尔特斯用金钱的力量把这些人变成了他的密友。真所谓有钱能使鬼推磨。

事情发展到这一步时，我们决定前往那个叫做基阿维兹特兰的筑有工事的村落，让船停在离村子约一西班牙里的那个有山石做屏障的港口。我记得我们沿海岸航行途中，见到一条大鱼被海水抛到海边没有水的地方干死了。

我们抵达一条大河[①]，就是今天维拉克鲁斯所在的地方，水相当深，我们有的泅渡，有的乘坐木槽般的半截独木船或木筏渡河。

① 即“维特西拉潘河”。

河的那一边有几个小村子，从属于一个叫森波亚尔[①]的大村落，我前面提到的那五个到沙丘来见科尔特斯的戴金唇饰的印第安使者，就是那个村落的人，当时我们把他们叫作“洛佩卢西奥人”。我们见到供奉偶像的神堂和杀牲台，见到流淌的鲜血和熏香以及偶像、杀牲时垫在底下的石块等东西，还见到鹦鹉的羽毛、许多用土纸（就像卡斯蒂利亚的敷布）折叠起来订成的书。我们没见到一个印第安人，他们因从未见过像我们这样的人，也没见过马这种动物，所以十分害怕，便在我们到来前逃跑了。

当晚，我们就在那里宿营，也没吃上晚饭。第二天，我们朝日落的方向往内地进发；我们离开了海岸，而且不认识道路。我们来到一片肥美的草地（印第安人称作萨瓦纳），见有几头鹿在吃草，佩德罗·德·阿尔瓦拉多骑着他那匹枣红色骒马追赶其中一头，并用矛枪猛刺，那鹿受了伤，钻进树林，再也追不着了。

正在这时，走来十二个印第安人，是我们前一夜宿营的那个村子的人，他们受酋长的派遣来见我们，还带来鸡和玉米饼。他们通过我们的通译对科尔特斯说，他们的酋长送这些鸡给我们吃，请求我们到他的村子去，他们说着指了指村子所在的地方，离那里有大约一天的路程。

科尔特斯谢过他们，对他们作了热情的表示；我们继续前进，在另一个小村子宿营，再次见到许多被当作牺牲宰杀的人。有关印第安人祭祀的事，读者想必已经听腻了，因为我们一路上经过的村落和道路，到处可见被杀的印第安男男女女，所以我就不再详述

① 应为“森波亚利安”，已不存在。

细节，接着讲我们的事情。那个小村子的人给我们准备了晚饭，我们打听到要去基阿维兹特兰村必须经过森波亚尔。

# 第四十一章
## 我们进入森波亚尔村

话说我们在那个小村子宿营，那十二个印第安人为我们安排了住处。我们打听到去那个筑在山上的村落必定要走的道路，一大早就派人通知森波亚尔的各位首领，说我们要到他们的村落去，希望他们欢迎我们去。科尔特斯派那十二个印第安人中的六人前去通报，留下另外六人给我们带路。他命令准备好铜炮、火枪和弩弓，派侦察兵在前面打探，骑兵和其他兵士也都做好准备，我们就这样荷枪实弹朝那个村落进发，来到离村一西班牙里的地方。

我们在那里停下之后，二十个印第安首领代表酋长前来迎接。他们带来一些用当地那种香气浓郁的玫瑰花扎的花球，恭恭敬敬献给科尔特斯和骑兵们，对科尔特斯说，他们的酋长正在住处恭候我们，只因酋长过于肥胖，行动不便，所以不能前来迎接。

科尔特斯向他们致谢，然后继续前进。我们渐渐走进村子，见村子很大（在此之前，我们从未见过更大的村落），不免感到惊奇，又见植物繁茂，整个村子像座花果园，而且人口众多，街上挤满了出来观看我们的男男女女，不禁连声感谢天主让我们发现如此富庶的土地。

我们那些骑马的侦察兵来到一个大广场和几个院落，院落四周是些白得发亮的房子，看来几天前刚刚粉刷过（当地人很会粉刷），骑在马上的兵士中有一人以为白得发亮的是银子，飞马跑到科尔特斯面前，说印第安人用银子筑墙。堂娜玛里娜和阿吉拉尔说那是石膏或石灰，于是众人拿这事以及那人的狂热取笑，从那以后见了他就说，所有白的东西都是银子。

话说我们来到房屋前，那个胖酋长走出屋子到院子边迎接我们，因为他确实肥胖，下面我就称他作胖酋长。他向科尔特斯行过大礼，又按照他们的习惯用香熏过科尔特斯。科尔特斯上前与他拥抱。他们把我们安顿在几间很大很漂亮的房间里，这几间房子容下了我们所有的人；他们还给我们送来吃食，并留下几篮李子（那时正是李子当令）和玉米饼。由于我们肚子正饿，又从未见过如此之多的食物，便把这个村子叫作比利亚比西奥萨[①]，也有人称它作塞维利亚。

科尔特斯下令任何兵士不得骚扰印第安人，也不准离开那个广场；胖酋长得知我们吃过饭，派人来对科尔特斯说他想前来拜会，随后便在众多印第安首领的簇拥下来到我们住处，这些人全都戴着巨大的金唇饰，披着精美的斗篷。

科尔特斯也走出房间迎接胖酋长，再次亲亲热热地拥抱他。胖酋长随即命人送上备好的一份礼物——几件金饰和斗篷，东西不多，不值什么钱。他对科尔特斯说："洛佩卢西奥，请不要嫌弃这些东西。"又说实在拿不出更多的东西，否则一定会多送一点给科

① 意即"花果镇"。——译者

尔特斯。

科尔特斯通过堂娜玛里娜和阿吉拉尔对胖酋长说，一定要为他们做好事来酬谢他，说无论他们需要我们做什么，尽可以告诉他，他一定为他们出力，因为我们是一个拥有许多王国和疆土的伟大君王——堂卡洛斯国王——的臣民，国主派我们来伸张正义，除暴安良，并命令他们不要用人来祭神；科尔特斯还对他们讲了有关我们圣教的其他许多事情。

那个胖酋长听了这番话，一边叹气，一边使劲抱怨起蒙特苏马和他的辅臣来，说蒙特苏马不久前将他制伏，自那以后夺走了他们的全部金饰，牢牢地控制他们，使他们只能唯蒙特苏马之命是从，因为蒙特苏马拥有巨大的城池、广阔的疆土和众多的臣民、军队。

科尔特斯心里明白，对于酋长抱怨的这些事，暂时尚无计可施，便对他们说，以后一定为他们雪恨，说他这会儿要去看看他的“阿卡尔”(印第安土语把船称作“阿卡尔”[1])，然后到基阿维兹特兰村驻屯，等他在那里住下后，他们可以从容晤谈。胖酋长连声称是。



次日一早，我们离开森波亚尔，胖酋长已安排好大约四百名印第安脚夫(当地人称脚夫为“塔梅梅”，每个脚夫可背两阿罗瓦[2]重的东西行走五西班牙里)。我们见来了这么多脚夫很是高兴，因为在此之前，我们这些没有古巴印第安奴仆的兵士都得自己背干粮(船队一共只带来五六个古巴印第安奴仆)。堂娜玛里娜和阿吉拉

① 应为“阿卡利”。

② 重量单位，合 11.5 公斤。——译者

尔告诉我们，在这个地区，只要是跟他们和好的人，不用开口，酋长们都会按情理派这些“塔梅梅”为他们当脚夫。从那以后，我们无论走到哪里，都要求印第安人为我们背东西。

科尔特斯向胖酋长告别，第二天，我们沿我们的路线前进，来到基阿维兹特兰附近的一个小村子宿营，那个村子空无一人。森波亚尔的印第安人给我们送来晚饭。

# 第四十二章

## 我们开进地处山险的基阿维兹特兰，受到友好接待

第二天十时，我们抵达那个叫做基阿维兹特兰的地势险要的村子，那村子筑于巨大的山岩和陡峭的山坡之间，只要有人把守，很难攻克。我们整好队伍，摆开阵势，往村子里走去，以为村里人会来袭击。我们的炮兵在前面开路，大家一齐往那座要塞般的村子攀登，准备好一旦发现情况随时应战。

我们走了半个村，不见一个印第安人，不免感到惊奇，原来他们见我们向他们的村子攀登，吓得弃村而逃。在村子最高处的一个广场上，我们见到十五个身披精美斗篷的印第安人站在神庙和几座供奉偶像的大屋子旁，每人手中拿着一个黏土制的火盆，火盆里燃着香。他们朝科尔特斯走来，将他和我们这几个站在他身边的兵士一一用香熏过，一边对科尔特斯行大礼，一边因没有出村来

迎接我们向他道歉，然后向我们表示欢迎，让我们好好休息；还告诉我们村里人因为怕我们和我们的马，所以吓得逃出村去，想弄清楚我们到底是什么人之后再回来，说他们当晚就去命令人们返回村子。

科尔特斯对他们很亲热，向他们讲了有关我们圣教的许多事情（我们每到一地都如此行事），说我们是我们伟大的君王堂卡洛斯的臣民，又拿出一些绿珠子和卡斯蒂利亚的其他物品送给他们；他们即命人献上鸡和玉米饼。

正在这时，有人火速前来向科尔特斯报告，说森波亚尔的胖酋长乘坐滑竿，由许多印第安首领抬着向这边来了。胖酋长到来后，就与科尔特斯以及我们所在那个村的酋长和首领们一起谈话，他流着眼泪，叹着气，数说了蒙特苏马许多不是，又说蒙特苏马的势力如何之大，科尔特斯和我们在场的兵士对他们很是同情。他讲了蒙特苏马用什么方法控制他们，说蒙特苏马每年都迫使他们献出他们的子女做祭祀的牺牲，还要派人前去蒙特苏马的住所当奴隶或在地里干活（他们诉了许多苦，现在我已无法记清）；还说蒙特苏马派来的征收财物的官吏如何抢他们的妻女，长得漂亮的都被那些人糟蹋；说蒙特苏马的人在整个讲托托纳卡语的地区（包括三十多个村落）全都这样横行霸道。

科尔特斯通过我们的通译尽可能用好话安慰他们，答应一定要尽力帮助他们，使他们免遭欺凌和抢掠，说我们的君王派他来正是为了这一目的，劝他们不要忧虑，说他们很快就会看到我们的行动。他们听了这话，稍有喜色，不过仍不放心，因为他们很怕墨西哥人。

说话间，该村的几个印第安人急急跑来，向正与科尔特斯谈话的酋长们说，来了五个墨西哥人，是蒙特苏马派来的收税官；酋长们一听吓得脸色发白，浑身哆嗦。他们撇下科尔特斯，赶忙跑去迎接；印第安人迅速布置好一间厅堂，忙着准备饭菜，还煮了许多可可——这是他们最好的饮料。

那五个印第安人进村后，即朝我们这边走来，因为那是酋长的住所和我们停留的地方；这些人大模大样，不跟科尔特斯也不跟我们中的任何人打招呼就走了过去。他们身穿绣有花纹的精美斗篷和同样讲究的兜裆布（印第安人当时都穿这种兜裆布），朝上梳的头发油亮亮的，好像捆扎在头上似的；每人手拿几朵玫瑰花，边走边闻，身后跟着手执蝇甩的印第安人（看上去像是那几个人的奴仆），还拄着铁钩样的长拐杖。托托纳卡地区的许多村子的首领们簇拥着他们，直到把他们送到下榻的地方，奴仆们送上丰盛的食物之后才离去。

那几个人吃过饭，命人把胖酋长和其他首领找来，质问他们为什么留我们在村里住宿，向他们跟我们有什么好谈的，说这不是为他们的主人蒙特苏马效力，因为没有蒙特苏马的许可和命令不应接待我们，更不能送给我们金饰。那几个人气势汹汹地威胁胖酋长和其他首领，要他们马上交出二十个印第安男女，以平息被他们的恶行激怒的神明。

这时，科尔特斯问我们的通译堂娜玛里娜和赫罗尼莫·德·阿吉拉尔，为什么酋长们见了那几个印第安人便如此慌张，那几个人究竟是什么人。堂娜玛里娜听得明白，向科尔特斯讲了所发生的事情。科尔特斯即刻派人把胖酋长和所有的首领叫来，询问那几个印第安人是何等样人，为什么要对他们如此殷勤。他们说那几个人是蒙特苏马王的收税官，特地来了解为何不经蒙特苏马同意便接待我们；那几个人命令他们立即交出二十名印第安男女，献给他们的维奇洛沃斯神，让神保佑他们打败我们；他们还说，蒙特苏马说要捉拿他们，让他们当他的奴隶。科尔特斯安慰他们，叫他们不要害怕，说有他和我们这些人在，一定要惩罚那些人。

# 第四十三章

## 科尔特斯下令拘禁那五个蒙特苏马的收税官



科尔特斯听完酋长们的话便说，他已多次对他们说过，我们的君王派他来，就是要惩处恶人，禁止杀人祭和抢掠，既然那几个收税官提出那种要求，他就命令酋长们立即将他们拘禁，并让蒙特苏马王得知，拘禁他们不为别的，是因为他们前来抢掠，抢夺别人的妻小去当奴隶，还要干其他坏事。

酋长们听到要他们下令拘禁蒙特苏马王的使者，大惊失色，这事非同小可，他们十分害怕，不敢动手，科尔特斯再次要求他们立即拘禁那几个人，酋长们终于照办了，命人在那几个人的脖子上套上锁链，拴在几根长木棍上，使他们无法逃脱（这是印第安人惯用的办法），其中一个收税官因不愿被拴，还挨了棍子。

科尔特斯进而命令所有的酋长不要再听从蒙特苏马，也不要向蒙特苏马纳贡，并让他们的盟友和朋友在各村宣布此事，如果其他村子里还有收税官，就让那些人得知，他科尔特斯即将派人前去抓他们。这个消息迅即传遍整个地区，因为一方面胖酋长很快派信使通告各地，另一方面首领们也在各村宣布此事(随那几个收税官前来的首领见他们被抓，顿时四散，各自回村通知，把事情的经过讲给村里人听)；印第安人见到如此奇特、对他们如此紧要的事，都说只有“特乌尔”[①](他们称他们的偶像为“特乌尔”)才敢这样做，凡人是绝不敢的。因此，从那以后，他们称我们为“特乌尔”，就是神、恶神或神使的意思。在底下的叙述中，凡提到我们这些人时，我就用“神使”这个词，请列位读者注意，“神使”就是指我们。

再说那几个收税官被囚后，所有的酋长都想杀他们祭神，省得他们逃跑去向墨西哥报告。科尔特斯知道酋长们的意图后，嘱咐他们不要杀那几个人，说看守的事可以交给他，于是他安排我们的兵士去看管那几个收税官。



半夜里，科尔特斯派人把那几个负责看守的兵士找来，对他们说：“你们看他们当中哪两个最精明，就把他们放了，留神别让这几个村的印第安人知道。”他让兵士把要放的人带到他房间里。那两个人被带到之后，他装作不知道他们的事似的，通过我们的通译问他们为什么被囚禁，他们是哪里人。那两个答道，是森波亚尔和那个村的酋长们仗着有科尔特斯和我们这些人撑腰，将他们囚禁的。

科尔特斯说他不知道此事，并说他为此很难过，又命人给他们端来吃的，还对他们说了许多安慰的话，让他们去对他们的蒙特苏

① 应为“特奥特尔”。

马王说，我们全体都是他的好朋友和仆人，说他科尔特斯为了释放他们，使他们不再受苦，还和拘禁他们的酋长们争吵起来；又说只要是为蒙特苏马效力，不管什么事他都心甘情愿去做，还说他一定让人释放并保护他们那三个被囚禁的同伴，最后要他们赶快离开，免得再被抓获遭到杀害。

两个囚徒对此深表感谢，又说担心再次落入那些印第安人手中，因为他们必须穿过他们的村子。科尔特斯即命六名水手用划子当夜把他们送出四西班牙里，到达森波亚尔地界之外的安全地方。天亮后，那个村子的首领和胖酋长发现少了两个囚徒，当即要把余下的三个杀掉祭神，幸亏科尔特斯把那三个人从他们手中夺下。他装作对两个囚徒的逃跑很是生气，命人从船上拿来一根铁链将那三人拴住，然后又命人将他们带到船上，说他要亲自看守，因为对另外两个囚徒看得不紧。他把三个囚徒带走后，即命人解开锁链，又用好话安慰他们，说他马上命人送他们回墨西哥。



放下这头不表。却说森波亚尔和我们所在的那个村的酋长以及从托托纳卡地区其他村落来的酋长们一起来找科尔特斯，问他如何是好，说蒙特苏马王统率的墨西哥军队定会来攻打他们，他们必将落得个人亡家毁的结局。

科尔特斯笑嘻嘻地说，他和他的弟兄们（指我们这些兵士）会保护他们，把侵扰他们的人统统消灭。于是，那些酋长代表各自的村子，一致保证听从我们的调遣，集中他们的军队对付蒙特苏马及其盟友。他们立即当着公证人迭戈·德·戈多伊的面，正式归顺我们的国王陛下，并派人把所有这些事情传告那个地区的其余各村。他们为摆脱了蒙特苏马的控制而高兴万分，因为他们再也不用纳贡，收税官也不再露面。

# 第四十四章
## 我们决定建立比利亚里卡德拉维拉克鲁斯镇

我们就这样和三十多个托托纳卡山村结为联盟，成了朋友，他们不再服从蒙特苏马王，转而归顺了我们的国王陛下，表示要为我们效力。有了他们的帮助，我们决定把比利亚里卡德拉维拉克鲁斯镇建在离基阿维兹特兰村半西班牙里的一片平地上[①]。我们规划了教堂、广场、船坞以及一个镇应有的其他设施，并着手建造堡垒。我们紧张施工：打地基，垒墙壁，铺板条，造枪眼，砌炮垒，筑外堡；上至科尔特斯（他带头背沙石、挖地基），下至每个官兵，人人动手，一刻不停地干。为了尽快完工，有的打地基、筑围墙，有的烧石灰、制砖瓦，有的运水、找食物，还有的锯木头、打造钉子（我们有两个铁匠），就这样上下合力，日夜建造，加之印第安人也来帮忙，很快盖起了教堂、房屋，堡垒也即将完工。

这时，蒙特苏马王在墨西哥听说他的收税官被抓，我们策动他的属下背叛他，托托纳卡各村已不再服从他的统治，非常恼恨科尔

① 新址延续到 1523 年或 1524 年。现在该镇仍在原先的镇址。

特斯和我们全体官兵，下令派一支大军征讨反叛的各村，把村子里的人斩尽杀绝，还打算派几支军队攻打我们。

恰在此时，科尔特斯下令释放的那两名印第安囚徒赶到，蒙特苏马听说是科尔特斯放了他们并把他们送回墨西哥，而且让他们向他转告了许多好话，总算消了气（多亏天主保佑），决定派人前来了解我们的情况和打算。为此，他差遣他的两个年轻的侄子带领四个年长的大酋长前来，命他们带来金饰和棉布作为礼物送给科尔特斯，感谢科尔特斯放了他的臣仆；另一方面，又让他们诉说对我们的不满，说那些村子是仗着有我们撑腰，才敢背叛他，是我们让那些村子不要纳贡，不要服从他的统治；说他相信我们就是他的祖先预言过的要到这片疆土上来的人——我们和那些人肯定是同族，考虑到这一点，又因我们就住在那些叛逆者的家中，所以暂时不派兵消灭他们，但是以后决不容忍类似的背叛行为。

科尔特斯收下金子和棉布（总共值两千比索），拥抱了来使，解释说他本人和我们全体都是蒙特苏马王的好朋友，正因为他是蒙特苏马王的仆人，所以将其属下的三名收税官保护了起来。他即刻命人把那三人从船上带来（那三人衣着整洁，受到很好待遇），交给来使。

科尔特斯也在来使面前抱怨蒙特苏马，说他的大首领皮塔尔皮托克一天夜里突然不辞而别，这种做法很不恰当，想必不是蒙特苏马王的意思；说就是因为皮塔尔皮托克跑了，我们才到那几个村子去，而那里的人对我们倒是以礼相待，他请求蒙特苏马原谅那几个村子的人对他的不恭；至于蒙特苏马王所说的不向他纳贡一事，那是因为那里的人不能同时侍奉两个君王，因为我们在那里的那些日子里，他们把我们当作我们国王的来使对待；说他自己和我们全体（都是他的弟兄）马上就要去见蒙特苏马王并为蒙特苏马王效力，等我们到了他那里，尽可以吩咐我们做一切事情。

说完这些，科尔特斯命人取出蓝水钻和绿珠子交与那两个年长的大酋长和那四个随同前来的首领，对这几位来使优礼有加。那个地方有很好的草地，科尔特斯当着来使的面，命佩德罗·德·阿尔瓦拉多（他有一匹性子很烈的枣红色骏马）和其他几名骑兵骑马奔驰，那几位来使看得十分开心，高高兴兴地辞别科尔特斯和我们大家，回他们的墨西哥去了。

山地里的那些村子——我们的盟友——和森波亚尔村的人一向很怕墨西哥人，以为蒙特苏马王一定会派大军剿灭他们，这回看见蒙特苏马王的亲戚们带着礼物前来，表示要为科尔特斯和我们大家效力，一个个惊异万分，酋长们纷纷议论，都说我们真是神使，连蒙特苏马都怕我们，特意送来金子和礼物。他们本来就因我们勇敢善战而敬佩我们，从此对我们更加敬重了。



# 第四十五章

## 胖酋长和其他首领来向科尔特斯诉苦

墨西哥来使告别我们之后，胖酋长和其他许多和我们联盟的首领来见科尔特斯，让他马上到一个叫作辛加帕辛加[1]的村子去（那村子离森波亚尔八九西班牙里，大约两天路程），说和墨西哥结盟的许多库卢阿武士聚集在那个村里，准备前来捣毁他们的庄稼和房屋，抢掠他们的臣民，还要做其他许多坏事。

科尔特斯见他们说得悲切，信以为真；他以前答应过要帮助他们，消灭那些企图侵扰他们的库卢阿人和其他印第安人，现在他们前来诉苦，说有人要对他们下手，他一时不知说什么好，看来真得要去一趟或是派我们这些兵士去把那些人赶走。他一边琢磨此事，一边对我们这些在他左右的兵士笑着说："先生们，你们可知道，我觉得我们勇士的名声已经传遍整个地区，只因抓了蒙特苏马的收税官，这里的人把我们当作神明或是犹如他们偶像的什么神使了。我想，为了使他们相信，我们一个人就足以击退所有与他们为敌的印第安武士——据说他们都聚集在那个险要的村子，我们就派老埃雷迪亚前去，他是比斯开人，相貌丑陋，络腮胡，脸上一条大疤，独眼，瘸腿；又是火枪手。"

科尔特斯把埃雷迪亚叫来，对他说："您随这些酋长们一直走到河边（那河离那里只有四分之一西班牙里），到河边后，您就装作站下来喝水、洗手，然后用您的火枪放一枪，我就派人把您叫回来。我这么办是为了让他们把我们当作神明或是他们称呼我们的什么'神使'，因为您相貌很凶，他们准以为您是'神使'。"埃雷迪亚分毫不差地照科尔特斯的命令去做，因为他本是个精明、老练的人，还曾在意大利打过仗。

科尔特斯随即派人把等着我们发兵的胖酋长和其他首领叫

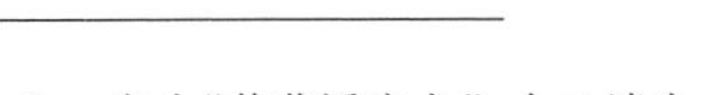

① 应为"蒂萨潘辛戈"，今已消失。

来，对他们说："我派这位兄弟跟你们去，让他去打库卢阿人，把他们从村子里赶走，谁要是不走，就让他把他们抓来见我。"酋长们听了这话非常吃惊，不知科尔特斯的话是否可信，他们盯着科尔特斯的脸，看他的表情有无变化，最后，他们相信科尔特斯说的是真话。于是，随他们同去的老埃雷迪亚扛起了火枪，边走边朝空中放枪，让枪声在山中回荡，好使印第安人听到。酋长们则派人通知各村，说他们带了一位神使来消灭在辛加帕辛加的墨西哥人。我把这事当作玩笑记在这里，为的是让读者们了解科尔特斯的种种花招。

科尔特斯估计埃雷迪亚大概已走到河边，立刻命人把他叫回，酋长们和老埃雷迪亚回来后，科尔特斯对酋长们说，因他对他们抱有好意，所以想带领他的部分兄弟亲自前去援救他们，并看看那片疆土和那些要塞。他命令他们即刻派一百个脚夫前来为我们抬铜炮。第二天上午，脚夫们果然来了。我们四百名兵士、十四名骑兵，还有弩弓手、火枪手全都做好了准备，打算当天就向该村进发。这时，迭戈·贝拉斯克斯一派的几个兵士说他们不愿去，让科尔特斯带着愿意跟随他的人去，他们可是要回古巴去。

# 第四十六章

## 迭戈·贝拉斯克斯派的一些兵士说要回古巴岛去

班长们正催促兵士带上武器，有马的备好马，立即整队出发，一部分兵士却傲慢地说，他们不想去打仗，只想回他们在古巴岛的庄园，说他们跟科尔特斯离开家，损失已经够大的了，又说科尔特斯在沙丘时曾答应，谁想离开他都准许，还要提供船只和食物，所以有七个兵士打算返回古巴。

科尔特斯闻听此事，派人把他们叫来，问他们为何如此行事，那几个人略微有些不安，回答道，他们对科尔特斯大人想开拓这个地方感到吃惊，因为谁都知道，这地方有许多大村落，印第安人不下数千，而我们只有为数不多的几个兵士；还说他们有病在身，过够了戎马生活，所以想回他们在古巴的庄园，他们请科尔特斯履行诺言，准许他们离去。

科尔特斯和颜悦色地回答说，他的确应允过他们，但他们这样丢下自己的统帅和战旗，一走了事，太不应该，他随即命令他们立刻登船并指定给他们一条船，又命人从我们的给养中拿出一些玉米饼、一罐油和一些蔬菜给他们。他们正要起航，比利亚里卡镇的镇长、镇政会议成员以及我们这些科尔特斯的朋友，都来要求科尔特斯绝不能批准任何人离开这个地方，因为只有这样，才是为我们天主和国王陛下效力；说根据军法，要求离开的人应该被判处死刑，因为他们是在发生战争和有危险的时候丢下他们的统帅和战旗的，特别是如他们自己所说，这个地方有如此之多的印第安村落和武士。科尔特斯仍做出要让他们走的样子，可最后还是收回成命。那几个想走的人受了愚弄，羞愧难当。

# 第四十七章
## 我们在辛加帕辛加村遇到的事以及其他一些事情

那七个想回古巴的兵士平静下来之后，全体兵士，包括骑兵、步兵，即刻出发，当晚在森波亚尔村宿营；两千名印第安武士组成四支队伍随我们一道出征。第一天，我们步伐整齐，走了有五西班牙里；第二天天刚黑，我们来到辛加帕辛加村附近的田园，村里的印第安人得知我们前来攻打他们。

我们正向筑于巨石、峭壁之间的要塞般的村子攀登，八个印第安首领和祭司向我们走来，眼泪汪汪地问科尔特斯，为什么无缘无故就要剿灭他们，因为谁都知道，我们替所有的人做好事，除暴安良，还抓了蒙特苏马的收税官；说跟我们一道来的森波亚尔村的武士一向与他们不和，为和他们争夺地盘积下宿怨，现在仗着我们的帮助，前来屠杀他们，抢掠他们的东西；又说墨西哥人确实在这个村驻守过，可是几天前，那些人得知我们抓了收税官之后，就逃回他们的疆土了；他们求科尔特斯不要冲进村子，还请求他予以保护。

科尔特斯听我们的通译堂娜玛里娜和阿吉拉尔讲清此事，立即命令佩德罗·德·阿尔瓦拉多指挥官、克里斯托瓦尔·德·奥利德总领以及我们这些在他身边的兵士去制止森波亚尔的印第安

人前进。我们领命前去，急急制止他们，可他们已在村里抢了起来。科尔特斯非常生气，命令那些森波亚尔武士的统领们立刻前来见他，并用威胁的口气声色俱厉地命令他们，立即把在村子里抢到的印第安男女、棉布和鸡交到他那里，任何人不得进村；说他们骗了他，想靠我们的帮助来这里屠杀、抢掠他们的邻人，真是罪不容诛，又说我们的君王派我们到这里来并不是要帮助他们如此胡作非为，叫他们留神，再不要做出这种事来，否则就把他们杀得一个不留。

森波亚尔村的酋长和统领们把抢来的全部东西，包括印第安男女、鸡等等，扫数交给科尔特斯，科尔特斯立即退还给物主。他又怒气冲冲地命令森波亚尔人到野地宿营，他们照办了。那个村与附近村落的酋长和祭司们见我们如此公正，科尔特斯又通过我们的通译对他们好言相劝，对他们讲有关我们圣教的事(我们每到一地必宣讲圣教)，劝他们不要用人祭神，不要互相抢掠，不要鸡奸。更不要敬奉他们那些可恶的偶像，还对他们讲了其他许多好事情，他们便真心乐意服从我们，立即叫来周围村落的人，一起归顺我们国王陛下，然后又向我们抱怨蒙特苏马，诉了不少苦，和森波亚尔人在基阿维兹特兰村诉说的大致相同。

第二天上午，科尔特斯命人把在野地里等待我们命令的森波亚尔的统领和酋长们叫来。他们因骗了科尔特斯，这时仍提心吊胆。科尔特斯等他们来到，即让他们与那个村的人重归于好，两个村子的人后来再未闹翻。

我们随即沿另一条路线返回森波亚尔，途经两个村落，是辛加帕辛加村的友村。因骄阳似火，我们背着武器行军，很是辛苦，便进那两个村休息。有一个姓莫拉的兵士，从一户印第安人家偷了两只鸡，正好被科尔特斯撞上，科尔特斯见那个兵士在一个与我们友好的村里，当着他的面偷起鸡来，大发雷霆，立即命人在那兵士的脖子上套上绳索，让人吊起，若不是科尔特斯身边的佩德罗·德·阿尔瓦拉多一剑砍断绳子，那兵士定会当场吊死；那个倒霉的家伙被弄得半死不活。

我们秋毫无犯，离开那两个村子前往森波亚尔，胖酋长和其他首领备好食物在几间茅舍里等候我们；虽然他们是印第安人，倒也明白正义是崇高的好事情，他们也看到我们在这次出征中的作为与科尔特斯所说的我们是来安良除暴的话相符合，所以对我们比以前更加敬重。

我们就在那几间茅舍宿营，随后，全体酋长把我们带到他们在村里给我们安排好的住处。他们确实不希望我们离开他们的疆土，因为他们担心蒙特苏马派军队攻打他们。他们对科尔特斯说，我们已是他们的朋友，他们也愿意把我们当作兄弟，所以请我们和他们的女儿或亲属成婚，生儿育女。为了密切同我们的关系，他们果然献给我们八名印第安女子，全都是酋长们的女儿，其中有一个是胖酋长的侄女，给了科尔特斯；另一个大酋长的女儿给了阿隆索·埃尔南德斯·普埃托卡雷罗。那八个女子照印第安人的习俗装扮，衣着精美，佩戴许多首饰，每人戴一条金项链，一对金耳环，还带来几个侍候她们的印第安女仆。



胖酋长把她们带到科尔特斯面前说：“特克莱（当地土语称大人为“特克莱”），这七名女子给你的指挥官们，我的这个侄女给你，她是许多村子和臣民的女酋长。”科尔特斯很高兴地接受下来，说他感谢他们的美意，可又说，若要我们同这些女子成婚，并做他们的兄弟，他们先得要抛弃他们敬奉的偶像（因为那些偶像蒙骗他们），并不再用人祭神；只要他们把那些丑恶的东西打翻在地，不再用人祭神，我们与他们的关系就会更加亲密。他说那几个姑娘必须先成为基督徒，我们才能收下她们；又说他们必须改掉鸡奸的恶习，因为他们有许多男孩靠这种该诅咒的勾当谋生；说他们现在天天当着我们的面宰杀四五个印第安人，用人的心祭神，用人的血涂墙，还割下人的四肢食用（就像在我们国家从肉铺买回牛肉一样），甚至还把人肉切成小块，在市场出售。科尔特斯最后说，如果他们不再做这类坏事，改掉这些毛病，我们不仅可以成为他们的朋友，还要使他们成为其他疆土的主人。

酋长、祭司、首领们异口同声回答，他们不能抛弃偶像、停止祭神，因为那些神明保佑他们身体健康，风调雨顺，如此等等；至于鸡奸，他们一定加以制止。科尔特斯和我们全体见他们如此轻慢，想到他们干的那些惨不忍睹的蠢事，都觉得无法忍受。



科尔特斯同我们商量此事，对我们讲了一些很神圣的动听的大道理，说我们如果不去捍卫天主的荣誉，阻止他们祭祀那些偶像，我们就做不成任何好事。他要我们做好打仗的准备，以防印第安人阻止我们推倒偶像；说当天一定得将那些偶像推倒，就是付出生命的代价也在所不惜。于是我们拿起武器，做好打仗的准备。科尔特斯随即去找酋长们，要他们把偶像推倒。胖酋长一听此话，即命令手下的统领集合众多武士保卫偶像。

我们正要登上一座高高的庙宇——那是他们的神堂，筑在很高的地方（我已经记不起通向那个神庙共有多少级台阶了），胖酋长带领几个首领气急败坏地跑来，问科尔特斯为什么要毁灭他们，说如果我们对他们的神不恭或把它们推倒，他们全都活不成，我们也难逃厄运。

科尔特斯大为生气，说他已对他们讲过多次，叫他们不要祭祀那些可憎的偶像，以免再受蒙蔽，说我们现在来清除这些偶像，正是为了达到这一目的；他要他们立即搬除偶像，否则我们就要动手把偶像推下台阶；还说我们将不再把他们当作朋友，而是当成不共戴天的仇敌，因为他好心规劝他们，他们就是不信；他说他看到他们把全副武装的军队召来，很是生气，说要使他们因此而付出生命的代价。

酋长们听科尔特斯这样威胁他们（我们的通译堂娜玛里娜把科尔特斯的意思表达得非常清楚），又听到他说蒙特苏马的军队正伺机攻打他们，心里害怕，便回答说他们不敢靠近他们的神，如果我们想推倒它们，那是我们的事情，他们让我们自己去干，或推或搬由我们自便。他们话音刚落，我们五十名兵士已登上神庙，推倒偶像，偶像从台阶上滚落下来，摔得粉碎。那些偶像做成可怕的怪龙模样，大如牛犊，还有的雕成半人半怪、巨大的狗和其他丑陋的形状。那些酋长和与他们在一起的祭司们见偶像摔碎，掩面大哭，还用托托纳卡语请求偶像宽恕，说这件事由不得他们，是那些神使要推倒偶像，罪不在他们，他们是因惧怕墨西哥人所以没有向我们开战。

这时，我前面说到的那些前来攻打我们的印第安武士，准备朝我们射箭；我们见势不妙，迅速抓住胖酋长、六名祭司和其他首领，科尔特斯威胁他们说，他们若胆敢开战，就要他们这几个人的命。

胖酋长立即命令他们的人撤离，不准攻打我们。秆尔特斯见他们平静下来，又对他们讲了一番道理，终于平息了风波。

# 第四十八章
## 科尔特斯命人设祭坛

酋长、祭司和全体首领平静下来之后，科尔特斯下令把被我们推倒并摔成碎片的偶像搬走、焚毁。这时，八个侍奉这些偶像的祭司从一间房子里走出来，收拾起偶像，带回他们刚刚走出的那间屋子，就在那里把偶像烧了。那些祭司穿的法衣是一种长及脚面的近乎黑色的长袍和像牧师们使用的那种兜帽（有的祭司戴一种像多明我会修士戴的小兜帽）；头发长及腰部，有的垂至脚跟，头发上涂满血，粘成一团，无法扯开；他们的耳朵残缺，一块块切下来祭了神；身上发出一股硫磺般的臭味，有的还有一股腐肉的恶臭。据说那些祭司都是首领的儿子，他们不娶妻，但都有鸡奸的恶习。他们一年里有几天不吃饭，就我所见，他们吃的是从棉花中剥出的籽（可能他们也吃别的东西，不过我没看到）。

祭司之事按下不表。话说科尔特斯通过我们的通译堂娜玛里娜和赫罗尼莫·德·阿吉拉尔，对他们讲了一番动听的大道理，说我们现在把他们当兄弟对待，一定尽力帮助他们对付蒙特苏马和墨西哥人，说他已派人阻止蒙特苏马前来攻打他们或向他们征税；又说由于那些神庙再不准放偶像，他想留一个我们敬奉的圣

母——我主耶稣的母亲——的圣像给他们，让他们也像我们那样把圣母当作守护神。这件事以及其他一些事他都讲得头头是道，就当时来说，真是好得无法再好了；他又讲了有关我们宗教的许多事，也都讲得很好，完全可以和现在教士们的讲道相媲美，所以印第安人很乐意听。

然后，他命人把那个村的印第安泥瓦匠都叫来，并派人运来许多石灰以备粉刷之用，又下令去掉神庙墙上的干血，用石灰重新粉刷。第二天，神庙粉刷一新，一个铺有整洁罩布的祭坛也布置好了；科尔特斯命人采来许多当地那种香气扑鼻的玫瑰和许多树枝，让人用树枝装饰祭坛，并吩咐经常打扫、擦拭。

他安排四个祭司负责此事，为此让他们剪去长发，脱下身上的法衣，换上白色外衣，要他们始终保持整洁，侍奉圣母的圣像，专司打扫、装饰祭坛等事。科尔特斯怕他们不尽心，又指定我们的一名兵士在那里照管，督促那几个祭司天天都照他的要求去做（那兵士叫胡安·德·托雷斯·德·科尔多瓦，又老又瘸）；又命令我们的木匠做了一个十字架，立在我们刚刚垒起并粉刷一新的座子上。



第二天早上，巴托洛梅·德·奥尔梅多修士在那个祭坛上做了弥撒，随后吩咐点燃当地的那种香，祭祀圣母像和圣十字架，还教印第安人用当地的蜡做蜡烛（他们以前不知道利用蜡），嘱咐他们把蜡烛供在祭坛上，并让蜡烛长明不灭。

做弥撒时，那个村落的首领以及汇集在那里的各村首领们都在场；随后我们把那八个印第安女子叫来施了洗礼（在此之前，她们仍留在她们的父亲或伯父身边），告诉她们再也不要祭祀或供奉偶像，只要相信我主耶稣，还对她们讲了许多涉及我们圣教的事；

她们受了洗,胖酋长的侄女取名卡塔利娜(她长得很丑),胖酋长亲自把她交给了科尔特斯,科尔特斯高兴地收下了。另一名大酋长奎斯科的女儿取名堂娜弗朗西斯卡,是个印第安美女,科尔特斯把她给了阿隆索·埃尔南德斯·普埃托卡雷罗,其余六个女子的名字我已记不起来,只记得科尔特斯把她们分给了几个兵士。

做完此事,我们告别了全体酋长和首领。那些人后来一直对我们不错,尤其是看到科尔特斯收下了他们的女儿,并让她们随我们同行,对我们倍加亲热,科尔特斯又再三向他们表示要帮助他们,然后我们返回比利亚里卡镇。

# 第四十九章
## 我们回到比利亚里卡德拉维拉克鲁斯镇

我们做完我上面所说的那些事,使辛加帕辛加村和森波亚尔村的人握手言和,又使周围村子的人也都归顺了国王陛下,然后返回比利亚里卡镇,还把森波亚尔村的几个首领也带到镇上。我们回镇后,得知有一条船刚从古巴岛抵达该港,船长叫弗朗西斯科·德·绍塞多(我们给他取了个外号叫"美男子",因为他好打扮,自认为是美男子),同来的还有后来在攻打墨西哥时任指挥官的路易斯·马林(是个很能干的人)和十个兵士。绍塞多带来一匹公马,路易斯·马林带的是一匹母马。他们带来了古巴的消息,说迭戈·贝拉斯克斯得到从卡斯蒂利亚来的敕命，被授予换金子和开拓的权力。迭戈·贝拉斯克斯的朋友们听闻这个消息高兴非常，他们还得知他被授予古巴海外远征先遣长官之职。

我们在镇上除修堡垒之外，别无他事可做(堡垒尚未竣工，所以我们仍在修筑)，我们全体兵士对科尔特斯说，堡垒的未完成部分留待以后再说，因为就差铺瓦的板条没钉了。我们已经在那个地方待了三个多月，该去看看那位蒙特苏马王是个什么样的人，该去寻条生路并碰碰运气了；又说临去之前，最好派人朝见国王陛下，禀报我们离开古巴岛之后所做的一切事情。我们还建议把到手的全部金子，包括换来的和蒙特苏马送的，统统带去献给国王。

科尔特斯说这个主意很好，说他已经和一些骑士商量过此事；谈到金子的事情，他说恐怕有人会要求得到自己应得的一份，提出把金子分了，这样一来，就不会有多少金子可献给国王了，所以他已经让能说会道的迭戈·德·奥尔达斯和弗朗西斯科·德·蒙特霍两人逐个找那些可能要求分金子的兵士谈话。那两人对那些兵士说："先生们，你们已经知道我们想把弄到手的金子献给国王陛下。由于是从新大陆送给国王的第一份礼物，所以重些为好，我们觉得最好把我们应得的那份金子都拿去献给国王。我们一些绅士和兵士已写下一份呈文，并在上面签了名，表示我们愿意放弃我们应得的金子，以此报效国王，以求国王恩典；你们如果想要自己的那份金子，一定照给；谁要是愿意放弃该得的金子，请照我们的样子，在这份呈文上签名。"就这样，兵士们全都签了名。



然后，科尔特斯委派阿隆索·埃尔南德斯·普埃托卡雷罗和弗朗西斯科·德·蒙特霍为代表，让他们回卡斯蒂利亚去(科尔特斯曾给弗朗西斯科·德·蒙特霍两千比索，把他争取到自己一边）；又命人把全船队最好的船收拾好，配备两名司舵（其中有安东·德·阿拉米诺斯，他是第一个穿过巴哈马水道的人，知道如何穿过那一水域）和十五名水手，又拨给他们所需的给养。

一切准备就绪，我们决定写信把发生的事情禀报国王陛下。科尔特斯自己写了一封信，照他的说法，如实叙述了所有的事情，不过我们没有见到此信；镇政府和主张开拓这个地区并推举科尔特斯为统帅的十名兵士也联名写了一封信，将事情的经过原原本本、一五一十地写在信上，我也在这封信上签了名；除此之外，又以全体官兵的名义另外写了一封信。

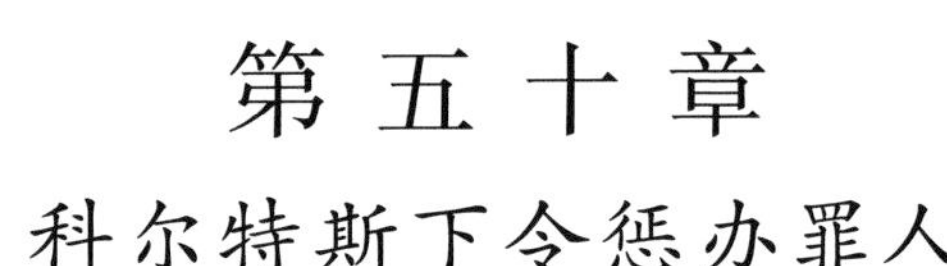

# 第五十章

## 科尔特斯下令惩办罪人



俗话说：人心叵测。在我们派去朝见国王陛下的代表走后四天，迭戈·贝拉斯克斯的几个亲信开始反对科尔特斯，这几个人是佩德罗·埃斯库德罗、胡安·塞梅尼奥、贡萨洛·德·翁布里亚司舵、贝纳尔迪诺·德·科里亚、一个叫胡安·迪亚斯的教士和几个姓佩尼亚特斯的水手。他们中有的是因为科尔特斯没有履行诺言放他们返回古巴，有的是因为科尔特斯没有把我们运回卡斯蒂利亚的金子分一份给他们，那几个水手则因为在科苏梅尔偷了一个叫里奥的人的咸肉而受到鞭笞的惩罚。他们商定偷偷驾一条小吨位的船返回古巴，向迭戈·贝拉斯克斯报信，告诉他可以在弗朗西斯科·德·蒙特霍的庄园截住我们派出的代表以及携带的金子和其他财宝。

这几个人把食物——无非是木薯饼、油、鱼、水和其他可以弄到的一点点东西——装上船。午夜过后，他们正要上船，那个贝纳尔迪诺·德·科里亚突然反悔，不想回古巴了，便向科尔特斯报告了这件事。

科尔特斯听到此事，了解到一共有多少人，为何要走，以及他们打算如何走法，知道是哪些人谋划此事，即刻命令拆下船上的帆、罗盘、舵，又命令把那几个人抓起来，还亲自取了他们的供词。那几个人供出全部事实，还揭发了几个我们圈子里的人（这几个人出于无奈，暂时装作和我们站在一起）。科尔特斯作出判决，下令绞死佩德罗·埃斯库德罗和胡安·塞梅尼奥，砍去贡萨洛·德·翁布里亚司舵的双脚，将那几个水手每人抽二百鞭子，胡安·迪亚斯神父因为是做弥撒的教士，所以免遭责罚，不过科尔特斯严厉地警告了他。

我记得科尔特斯在判决书上签字时，叹着长气，难过地说："真不如不识字，那就不用签死亡判决书了！"法官们判处别人死刑时好像都爱说这句话。

判决执行后，科尔特斯火速奔往离比利亚里卡镇五西班牙里的森波亚尔，命令我们二百名兵士和所有骑兵随后赶去，我记得三天前科尔特斯曾派佩德罗·德·阿尔瓦拉多率二百名兵士去那几个山村找粮食，因为镇上缺少给养，科尔特斯当时命令他到森波亚尔与我们会合，以便从那里向墨西哥进发。

# 第五十一章
## 我们决定向墨西哥进发，出发前把所有的船只撞沉

我们在森被亚尔与科尔特斯商谈打仗的事情和要走的路线，商谈中，我们这些科尔特斯的朋友（包括几个反对他的人）都劝他立刻把所有的船撞沉，勿使任何一条船留在港内，免得我们往内地进发时，又有人像上次那样反叛；再说，大副、司舵、水手加起来近百人，也能加强我们的力量，他们能帮助我们放哨、打仗，比守在港口强。

据我所知，我们在那次商谈中向科尔特斯提出的沉船的建议，科尔特斯早已想好，但他希望由我们提出，这样，如果日后有人要求他赔偿这些船只，他便可以说是我们大家出的主意，大家也只得同意一起赔偿。

然后他命令他的好友、智勇双全的胡安·德·埃斯卡兰特总监（他是迭戈·贝拉斯克斯的对头，因为在古巴岛时，贝拉斯克斯没有分给他印第安人），立即赶到比利亚里卡，从船上取下所有锚具、缆索、帆以及船内一切可用的东西，然后把船一一撞沉，只留下小划子；年老的司舵、大副和不能打仗的水手可以留在镇上驾两条小划子捕鱼（那个港口从不缺鱼，不过数量不多）。

胡安·德·埃斯卡兰特照科尔特斯的吩咐办，把各条船上的

水手编成一支队伍，带回森波亚尔，他们中的一些人后来成了出色的战士。

然后，科尔特斯命人把同我们结盟、反叛蒙特苏马王的山地各个村落的酋长们找来，嘱咐他们为我们留在比利亚里卡镇的人效力，筑完教堂、堡垒和房屋，又牵着胡安·德·埃斯卡兰特的手对酋长们说："这是我的兄弟。"他要酋长们服从埃斯卡兰特的命令，如果需要援助来对付墨西哥人，可以去找埃斯卡兰特，他一定亲自前去援救。所有的酋长心甘情愿地表示一定听命于埃斯卡兰特。我记得酋长们不管埃斯卡兰特是否愿意，立刻拿他们的香来熏他。我已经说过，埃斯卡兰特胜任一切工作，又是科尔特斯的朋友，所以科尔特斯委他以重任，让他留下来担当该镇和该港的指挥官，万一迭戈·贝拉斯克斯派兵来打，可进行抵抗。

# 第五十二章

## 沉船后科尔特斯对众人讲的一席话

我们沉了所有的船只之后，一天上午听完弥撒，全体官兵正聚集在一起和科尔特斯谈论军事，科尔特斯请求我们听他说话，然后讲了下面的一席话。他说我们大家都已看清，我们就要长途跋涉，我们必须靠天主保佑，取得每一仗的胜利；我们行动要快，由于我们兵力不足，一旦受挫（天主不允许出现这种情况），就无法摆脱厄运；我们现在已没有船只，回不得古巴，只有靠天主保佑和我们自己的奋力作战才能得救。他还举了罗马人的许多英雄业绩来和我们作比较。我们齐声回答，他指挥到哪里，我们就打到哪里，说我们就像恺撒过卢比孔河时所说的：“骰子已经掷了，就这样吧！”因为我们所做的一切都是为天主和国王陛下效劳。

科尔特斯的这番话的确说得十分精彩，远比我记述的优美、动听。然后他命人召来胖酋长，再次提醒他要十分尊重教堂和十字架，并要打扫得干干净净，又说他要马上到墨西哥去，让蒙特苏马不再抢掠或抓人去祭神，说他需要两百名印第安脚夫搬运大炮，还要他派五十名善战的武士随我们同往。

我们正准备出发，一个兵士带着胡安·德·埃斯卡兰特的一封信从比利亚里卡镇跑来（科尔特斯已命埃斯卡兰特去该镇把镇上的其余兵士派到他这里来）。埃斯卡兰特在信中说，海岸边停了一艘船，他让人点起烟火，又发出其他容易看清的信号，还扯起几面白旗，他自己亲自穿上一件红披风，骑马奔驰，让船上的人看到，他认为那些人看见了这些信号、旗帜、马和披风，可就是不肯进港；他派我们的人去探察船泊在什么地方，去打探的人回来说就在离港三西班牙里处的河边；他向科尔特斯禀报此事，看科尔特斯有何吩咐。



科尔特斯读完信，即命令佩德罗·德·阿尔瓦拉多和贡萨洛·德·桑多瓦尔共同掌管森波亚尔的军队（桑多瓦尔已经表现出他的惊人胆识，这次掌管军队是他得到的第一个职务）；他自己带四名骑兵，策马前往比利亚里卡镇，又指定包括我在内的五十名精兵随后赶去。当天晚上我们抵达比利亚里卡镇。

# 第五十三章

## 科尔特斯亲临泊船地点

我们一到比利亚里卡镇，胡安·德·埃斯卡兰特就来对科尔特斯说，最好当晚就去泊船地点，以免那些人扬帆起航，悄悄离去。他让科尔特斯休息，自己带二十名兵士前往。科尔特斯说，“驽马十驾”，他怎敢休息，说要带领随他前来的兵士亲自去探察。我们顾不上吃饭，沿海岸前进，路上遇到四个西班牙人，他们以牙买加总督弗朗西斯科·德·加拉伊的名义前来占领那片疆土，派他们来的指挥官名叫阿隆索·阿尔瓦雷斯·皮涅达（或皮涅多），当时驻扎在帕努科河。

科尔特斯听他们说是以弗朗西斯科·德·加拉伊的名义来占领这片土地，又得知加拉伊现在牙买加，从那个岛往外派他的指挥官们，便问那四个人那些指挥官以什么理由出兵。他们答道，1518年，我们在弗朗西斯科·埃尔南德斯·德·科尔多瓦和胡安·德·格里哈尔瓦率领下发现大片土地的消息传遍各岛（那次我们把价值二万比索的黄金带回古巴，交给迭戈·贝拉斯克斯），加拉伊便找安东·德·阿拉米诺斯司舵和随我们探险的另一名司舵谈话，说他可以向国王陛下要求北海岸从圣佩德罗到圣巴勃罗[①]河

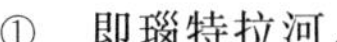

① 即瑙特拉河。

一带所有新发现的土地。加拉伊在宫廷中有靠山,便派他的一名管家去活动,终于得到敕命,让他当从圣佩德罗河到圣巴勃罗河所有新发现的疆土的总督。凭着这一敕命,加拉伊即派阿隆索·阿尔瓦雷斯·皮涅达(或皮涅多)指挥官,率三条船、二百七十名兵士,带足给养、马匹出征,这个指挥官现在就驻扎在离那里七十西班牙里的帕努科河边。那四个兵士说,他们是奉他们指挥官的命令行事,怪不得他们。

科尔特斯听明白之后,便用好话安抚他们,问他们能不能让我们夺取那条船。四人中为首的那个叫纪廉·德·拉洛亚,说他们可以挥披风,或用其他一切可能的办法召唤船上的人前来,但不管他们怎么喊,怎么舞披风,怎么打手势,船上的人就是不肯过来,据那四个人说,他们的指挥官命令他们千万别让科尔特斯的兵士遇上,因为他们知道我们在那一带活动。



我们见没有人坐划子前来,明白船上的人一定看见我们沿岸边过来,如果不用计谋,他们决不会驾划子到这边来。科尔特斯就请那四个人脱下衣服,让我们的四名兵士穿上,他们当即照办。然后,我们沿海岸从原路往回走,以便使船上的人看到,以为我们真的回去了。我们要那四名换了装的兵士留在原处,我们其他人随科尔特斯躲在林子里,直到后半夜月亮落下去,四周一片漆黑时,才又回到河边,我们回到那里后又躲藏起来,岸边还是原先留下的那四名兵士。

天亮以后,那四名兵士又舞起披风,马上有六名水手驾划子过来,其中两名跳上岸来,将两个水罐装满水,我们这些随科尔特斯躲在暗处的兵士,等着那四个人也上岸来,可他们就是不上岸。那四名和加拉伊的人换衣服穿的兵士装作洗脸的样子，以免划子上的人看清他们的脸。划子上时人说："快上船哪！你们在干什么？为什么不过来？"我们的一名兵士答道："你们上岸来吧，这儿有一口井。"那些人一听是陌生人的声音，连忙驾划子离去，不管那四人怎么叫喊，就是不答应。我们想用火枪、弩弓朝他们射击，科尔特斯制止我们，说就让他们去向他们的指挥官报信好了。

这样，我们共抓到那条船上的六名兵士：四个先遇到的兵士和两个后来上岸的水手。然后我们返回比利亚里卡镇，始终也没吃上一口东西。

# 第五十四章
## 我们决定向墨西哥城进发



进军墨西哥一事经过充分酝酿以后，我们又向人打听走哪条路合适，森波亚尔的首领们都说走特拉斯卡拉地区最好、最稳当，因为那个地区的人同他们友好，是墨西哥人的死敌。

他们派四十名印第安武士随我们同往（这四十人均为首领，一路上帮了我们不少忙），又给我们二百名脚夫帮助我们搬运大炮；我们这些可怜的兵士不需要任何脚夫，因为我们武器带在身上，草鞋穿在脚上，别的一无所有，而我们的武器——火枪、弩弓、圆盾和其他器械——不论睡觉、行军，须臾不可离身，正如我说过的，我们随时准备作战。

1519年8月中，我们离开森波亚尔，踏上征程，一路上队伍整齐，还派出侦察兵和几个飞毛腿在前面打探。

我们先抵达一个叫哈拉帕的村落，又从那里到达索科奇马①，这是个便于防守的村落，村口长满当地的那种葡萄，很难通行。在那两个村落，我们通过我们的通译堂娜玛里娜和赫罗尼莫·德·阿吉拉尔，向印第安人宣讲有关我们圣教的事情，说我们是堂卡洛斯国王的臣民，他派我们来阻止他们用人祭祀、互相抢掠，还对他们讲了许多该讲的事情。这两个村的人都和森波亚尔村的人友好，也不向蒙特苏马纳贡，所以对我们很殷勤，拿出食物款待我们。我们在每个村子里安放了一个十字架，对他们讲了十字架的意义，要他们好好供奉。

我们离开索科奇马，穿过一带山岭之中的一个隘口，来到一个叫做特胡特拉的村落，那里的人对我们也很友善，因为他们也像前几个村落那样不向墨西哥纳贡。从特胡特拉村出来，我们便翻过所有的山岭，进入荒无人烟的地区。那个地区很冷，还下了冰雹，下了雨。那天晚上，我们没有东西可吃，从一侧的雪山②上吹来阵阵寒风，冻得我们发抖，因为我们从古巴岛和比利亚里卡镇那些炎热的海边来，一下子进入寒冷地区，身无御寒之物，有的只是冰冷的武器，我们忍受着寒冷，好在我们习惯于各种天气。

我们走出那个地方，来到另一个隘口，见到一些房屋和供奉偶像的大神庙，还有大堆大堆供偶像用的柴火。我们还是没有弄到

① 应为“希科奇马尔科”。

② 横亘于奥里萨瓦峰和科弗雷德佩罗特峰之间终年积雪的山岭。

吃的，天又冷得要命。

我们离开那个地方，进入霍科特兰村地面。我们派两名森波亚尔村的印第安人把我们来到该村的事通报该村的酋长，希望他们欢迎我们进村。那个村属墨西哥管辖，所以我们整好队伍，做好打仗的准备，因为我们看到我们已进入一个完全不同的地区。

我们看到许多刷得很白的平屋顶，看到酋长的房屋和神堂全都高大整洁，很像我们西班牙的某些村子，就给这个村子起名卡斯蒂尔布兰科村（因为几个葡萄牙兵士说，那村子完全像葡萄牙的卡斯蒂尔布兰科镇），现在那个地方仍叫这个名字。

该村酋长从我们派去的信使口中得知我们来到他们村的情形，便带领其他首领在家门口迎接我们。那个酋长叫奥林特克莱[①]，他们把我们领进几间房间，拿出不多的一点食物，很冷淡地招待我们。吃过饭，科尔特斯通过我们的通译向他们打听他们的蒙特苏马王的情况，那个酋长谈到蒙特苏马在所辖各村拥有的人数众多的军队（在边境和邻近地区的许多军队不计在内）；接着说起墨西哥城防守坚固，那里的房屋都建于湖上，房屋之间用他们修筑的桥沟通或驾独木船进出，每幢房子都有屋顶平台，如果在那上面筑起工事，便成为一个个堡垒；说只有三条堤道可以通墨西哥城，每条堤道有四五个口子，便于湖水流动，每个口子上有一木板吊桥，只要把其中任何一个吊桥吊起，就无法进入墨西哥城。

然后，他又说到蒙特苏马王拥有无数金银、绿宝石和其他财

① 应为“奥林特特尔”。

富，还说了许许多多其他情况，都表明蒙特苏马是多么伟大的君王，科尔特斯和我们大家全都听呆了。不过，我们虽然听到了墨西哥城守卫严密和城里有许多桥梁的情形，还是想马上去试一试我们的运气（我们西班牙兵士生性如此），哪怕如奥林特克莱所说，这事比登天还难。墨西哥城确实固若金汤，种种工事、据点远比这里所说的要多，因为亲眼所见是一回事，写下来又是另外一回事。奥林特克莱说，蒙特苏马是个势力很大的君王，凡是蒙特苏马想要的，都能到手；还说他不知道蒙特苏马若是得知我们呆在这个村落，得知他们不经允许就让我们住宿并给我们吃的，会不会动怒。

科尔特斯通过我们的通译对他说："我要奉告各位，我们是受我们的堂卡洛斯国王——许多了不起的王公都向他称臣——的派遣，从遥远的地方来到此地，他派我们来命令你们的蒙特苏马王不要杀印第安人祭神，不要抢掠他的臣民或强占土地，并要他归顺我们的君王。我现在也要对您奥林特克莱和在场的所有酋长们说，不要用人祭祀，不要食人肉，不要鸡奸，也不要做你们常做的其他不好的事情，这是我主耶稣的旨意。我们信奉耶稣，是他给我们生与死，并将带我们进天堂。"他还对他们讲了有关我们圣教的其他许多事情。他们一言不发地听着。

科尔特斯对我们在场的兵士说："先生们，我觉得除了在此立一个十字架之外，再没有别的事可做了。"巴托洛梅·德·奥尔梅多修士答道："大人，在这个村安放十字架，现在还不是时候，因为这里的人肆无忌惮，又是蒙特苏马的臣民，可别把十字架烧了，或做出其他不好的事来。现在对他们宣讲了那些事情也就够了，等他们以后了解了更多的有关我们圣教的事情之后，再谈别的。”于是我们就没在该村立十字架。

话说我们有一条极大的猎兔犬，是弗朗西斯科·德·卢戈带来的，那狗夜晚叫得很凶，那个村的酋长们好像问过那些随我们来的森波亚尔的朋友，那究竟是豹，是狮，还是用来杀印第安人的其他什么动物。他们答道：“他们用它杀那些惹恼他们的人。”他们又问我们带来的大炮派什么用场，森波亚尔人告诉他们，我们往那里面装石头，想打死谁就打死谁，又说那些马跑起来像鹿那么快，我们骑上它们要它们追上谁就追上谁。奥林特克莱和其他首领都说：“这样看来，他们准是神使无疑。”我们的朋友们回答：“怎么？你们这才明白？你们千万小心，不要做得罪他们的事情，他们很快就会知道，因为他们能看出你们心里想些什么；正是这些神使，囚禁了你们蒙特苏马王的收税官，下令山区各村，包括我们森波亚尔村在内，不要向那些收税官交税；是他们把我们的神像推倒，搬出我们的神庙，换上他们的神像；他们打败过塔巴斯科人和波通昌人；他们又是那样公正，使我们与辛加帕辛加人结成朋友；还有，你们大概已经知道，蒙特苏马王虽然拥有众多军队，却派人送金子和布匹给他们。现在他们来到你们的村子，我们看到你们什么也没给他们，你们还是赶快去张罗一份礼物送给他们吧！”他们真好像是我们带来的几个说客，那个村子的人果然立即送来四件身上挂的金饰物、三个金项链和一些金子铸成的蜥蜴，不过都是低成色的黄金。他们还给我们带来四个很会做玉米饼的印第安妇女和一捆棉布。科尔特斯很高兴地收下礼物，对他们优礼有加。我记得在几座神庙中

间的一个广场上，有许多死人骷髅堆成的堆，由于堆放得很整齐，可以推算出骷髅的数目大概在十万具以上(少说也有十万)；在广场的另一头，还有许多死人大腿骨和其他死人骨头堆成的堆，骨头数目无法数清；还有几根木梁，上面挂满死人头骨，据我们所知，有三个祭司负责看管这些骷髅和死人骨头。我们深入内地以后，还会看到此种景象，因为所有的村落都是这种情形，特拉斯卡拉也不例外。

话说我们决定穿过特拉斯卡拉地区，我们的朋友告诉我们，那个地区离得很近，与这个村的地界相连，有几块界石作为两地分界的标志。我们曾问奥林特克莱酋长，去墨西哥哪条路最好走，他说最好从一个叫做乔卢拉的大村落走。森波亚尔人则对科尔特斯说："大人，你不要从乔卢拉村走，那里的人很奸诈，蒙特苏马又总是派兵在那儿驻守。"他们叫我们从特拉斯卡拉走，那个地区的人和他们友好，与墨西哥人为敌，于是我们决定听从森波亚尔人的劝告(天主时时指引我们)。

科尔特斯请奥林特克莱派二十名为首的武士随我们同往，他立即照办，第二天早上，我们朝特拉斯卡拉进发，来到哈兰辛戈[①]人的一个村落，我们从那里派两名为首的森波亚尔印第安人去特拉斯卡拉，那两人常说特拉斯卡拉人的好话，是他们的朋友，我们让他们捎去一封信(虽然知道特拉斯卡拉人看不懂)，还带去一顶当时时兴的佛兰德斯[②]的长毛绒红帽子。

---

① 应为"伊斯塔克马斯蒂特兰"。

② 旧地区名。位于今法国西北部和比利时西部与荷兰交界处，是十三至十四世纪欧洲最发达的毛纺织中心之一。——译者

# 第五十五章

## 我们决定取道特拉斯卡拉

我们离开卡斯蒂尔布兰科村向目的地进发，一路上队列整齐，侦察兵在前面打探，火枪手、弩弓手作好准备，骑兵精神抖擞，众兵士像每次行军那样荷枪实弹，就这样开到哈兰辛戈的一个村子，那儿的人献给我们一串金项链、一些布匹和两个印第安女子。

我们从那个村子派两名森波亚尔首领作为使者前往特拉斯卡拉，让他们捎去一封信和一顶当时流行的佛兰德斯长毛绒红帽子，我们明知特拉斯卡拉人看不懂那封信，我们的意图无非是使他们见到不同于他们用的纸张之后，得知是我们下的书。我们带去的口信是，我们正前往他们那里，希望他们欢迎，因为我们不仅不会给他们制造麻烦，还把他们当作朋友。我们所以要采取这一步骤，是因为那个村里的人告知我们，整个特拉斯卡拉地区的人都已动员起来，准备抗击我们。看来，他们已经得知我们如何前来，了解和我们同行的有许多盟友——森波亚尔人、霍科特兰人以及我们一路上经过的其他村子的人，而所有这些地方的人一直向蒙特苏马纳贡，所以他们判定我们与他们为敌，以为我们这次也像那些人从前所做的那样，施展计谋，闯入他们的家园，大肆抢掠。因此，我们的使者带着信和帽子一到，没来得及开口，特拉斯卡拉人就下令把他们囚禁起来。

我们一连等了两天，未见送信人回来。于是，科尔特斯同我们所在的那个村子的首领们谈话，宣讲了有关我们圣教的事情，说我们是我们国王的臣民，还说了我们经过各个村落必定要宣传的其他许多事情，又再三许诺一定帮助他们，然后要求他们派二十名为首的印第安武士随我们同往，他们痛痛快快地答应了。

第二天，我们祈祷过天主，凭借着我们的运气，朝特拉斯卡拉进发。半路上，遇到那两个被囚禁的使者。原来特拉斯卡拉人忙于迎战，看管这两个使者的印第安人稍一疏忽，使者便从牢房里逃了出来。那两人被在那里的所见所闻吓得魂不附体，说话语无伦次，说是被抓起来之后，那些人威胁他们说："现在我们就要杀死被你们说成是神使的那些家伙，还要吃他们的肉，看看他们是不是像你们吹得那么厉害；既然你们替那个奸诈的蒙特苏马耍阴谋，施诡计，我们也要吃你们的肉。"那两个使者再三向他们说明我们是墨西哥人的对头，想和所有的特拉斯卡拉人交好，但不管怎样解释，都无济于事。

科尔特斯和我们大家一听特拉斯卡拉人说的那些狂妄的话，得知他们准备大动刀兵，尽管心中疑虑，却异口同声说："既然如此，索性马上杀过去！"于是我们祷告天主，打开我们的战旗，让旗手科拉尔高高举着，因为我们宿营的那个村子的印第安人告诉过我们，特拉斯卡拉人为了抵挡我们的进攻，一定会出来迎战；森波亚尔人也曾这样告诉我们。

我们就这样向前挺进，一路上谈论着骑兵应如何冲阵、退阵：马的速度要慢，长矛要斜持，要列成三骑一排，好相互接应；等到步兵分队作战，就不停地用长矛戳敌兵的脸，使敌人无法抓住长矛，万一长矛被抓住，就用胳膊使劲夹住，再用马刺刺马，使马狂奔，即可抽出长矛，或把印第安人拖倒在地。

读者也许会问，还未见到敌兵，何必如此忙乱。我可以用科尔特斯当时说的话来回答："诸位请注意，大家都很清楚，我寡敌众，因此时刻都要严阵以待，就像看到敌人马上就要攻上来一般；这还不够，要当成已经同敌人交上了手才行。由于被敌人抓住长矛的事经常发生，我们对这种情况以及打仗时会出现的其他情况均须早作考虑。说起如何搏斗，我们大家无须多提醒，这一点我十分清楚，因为我深知，无论我提出什么要求，你们杀敌时表现出来的勇气总要超出我所说的。"

我们行进了大约二西班牙里，眼前突然出现一座坚固的堡垒，堡垒是用灰石和一种填塞料建成的，坚固异常，即使用镐也难刨开，而且建筑巧妙，易守难攻。我们停下观望，科尔特斯问雷科特兰的印第安人为何要筑那样的堡垒。他们回答说，那儿已是特拉斯卡拉地界，由于蒙特苏马与特拉斯卡拉人之间战事不断，特拉斯卡拉人为了保卫家园，便筑起如此坚固的堡垒。我们停留了一会儿，琢磨着他们的话以及堡垒的事。科尔特斯说："诸位，让我们跟随我们的旗帜继续前进，那是圣十字指引的方向，我们跟着它就无往不胜。"我们大家异口同声答道："天主万能，我们吉星高照。"



我们的侦察兵在前面不远的地方发现了大约三十名印第安探子，手持用双手抡的砍刀、圆盾、长矛，戴着羽饰。他们的砍刀用燧石制成，比折刀还锋利，刀片安得很巧妙，既不会折断又不会脱落，与那种要用双手挥舞的长剑一般长。他们佩戴不同的标记和羽饰，这一点我前面已经提到。他们见被我们的侦察兵发现，立即跑回去报告。科尔特斯命令侦察兵们追赶，要他们尽可能活捉一两个回来，又派出五名骑兵接应他们，以防遇上伏兵。我们大队人马则加快脚步，整齐队伍，快速行进，因为随我们同来的朋友告诉我们，特拉斯卡拉人一定在前面布置了伏兵。

那三十个印第安探子见骑兵追来，还挥手召唤他们，便不停地逃跑，直至被骑兵追上。骑兵原想抓个把活口，但是印第安人拼命抵抗，挥舞砍刀和长矛把马匹刺伤。

我们的兵士见他们如此拼命，马匹也被他们砍伤，不得不还击，杀了他们五个人。这时，特拉斯卡拉人的一队伏兵约三千多人，突然冲出来，朝我们的骑兵射起箭来，我们的骑兵这时已聚在一起。印第安人用箭猛射，投掷烤过的投枪，又用砍刀猛砍，就在这当口儿，我们的大队人马——炮队、火枪队和弩弓队——赶到，他们不慌不忙地又抵抗了一阵，才开始慢慢后撤。

由于天色已晚，他们收兵回营，我们也未追赶。他们留下了十七具尸体，但受伤的人不算太多。这场战斗是在平原进行的，附近有许多房舍、玉米地和龙舌兰地；龙舌兰是印第安人用来造酒的一种植物。

我们在一条小河边宿营，因为没有油，我们便剖开一个被我们打死的胖印第安人的肚子，取出脂肪给伤员治伤。晚饭时，我们拿印第安人养的狗美餐了一顿，因为他们人、畜都已转移，只留下空房子；狗虽然也给带走了，可是夜里又跑回窝来，我们就抓了来吃，因为狗肉是一种佳肴。

这一宿我们枕戈待旦，设置了岗哨，派人巡逻、侦察，马不下鞍，以防印第安人来袭。

# 第五十六章
## 同特拉斯卡拉人的恶战

第二天，祈祷过天主后，我们重又出发。我们各队人马排列整齐；骑兵牢记冲阵和退阵的要领，不管出现什么情况，都不能让对方冲破我们的行列；全体兵士则要紧紧靠在一起。我们正在行进，两队印第安武士约六千人迎面而来，他们狂呼乱叫，鼓号齐鸣，同时射箭、掷枪，猛冲猛打。科尔特斯下令停下，命令头一天被我们俘虏的三个印第安人前去传话，叫他们不要打仗，因为我们希望把他们当作兄弟，又让一个名叫迭戈·德·戈多伊的兵士（原是国王陛下的公证人）留意所发生的一切情况，以便必要时出来作证，证明我们曾要求与这些印第安人和好，因为日后不一定什么时候，会有人为可能发生的伤亡和损失指控我们。

我们派去的三个俘虏传话之后，他们更加气势汹汹，不停地向我们投射武器，使人无法忍受。这时，科尔特斯喝道："圣徒保佑，冲！"我们猛冲上去，一阵射击，打死、打伤他们许多人，包括三个统领在内。他们慢慢朝一片洼地退去，那里埋伏着四万多伏兵，由他们的大统领希科滕加[①]指挥，全都佩戴白红两色的标记——希科滕加所率部众均用这种标记和号衣。

① 应为"希科滕卡特尔"。

由于那一带有峡谷，我们无法使用马匹。我们整好队伍，穿过峡谷，穿峡谷时遇到极大的危险：他们趁机向我们射箭，用长矛和砍刀使我们受到不少损失，投石器射出的石弹如冰雹向我们砸来；等我们进入平坦的地方，骑兵和大炮发挥了作用，便向他们讨还了这笔债。不过，我们不敢贸然出阵，因为只要走出队列，去追击他们的兵士或统领，就会立即负伤，发生危险。

酣战中，他们把我们团团包围，而我们又难以施展，怕被他们打散，只能一致行动，朝一个方向猛攻；可是，我们每朝一处进攻，便会有二十支队伍冲上来抵挡。我们真是万分危急，因为他们的兵士如此之多，每人扬一撮土就足以迷了我们的眼睛，不过，大慈大悲的天主援救了我们。

就在这紧要关头，那些令人生畏的魁梧武士似乎把他们中力气最大的许多人集中起来，以虏获一匹马。他们发起猛攻，去抓一匹母马。这是一匹十分灵活、善跑的骏马，骑手也很出色，名叫佩德罗·德·莫龙。他遵照命令，与另外三个骑兵一道闯入敌阵，以便相互策应。印第安武士抓住他的长矛，他抽不出来，其他印第安人乘机用砍刀将他砍成重伤，又一刀砍中马脖子，马首被砍断，仅剩一张皮与身体连着，当即一命呜呼。若不是其他三个骑兵迅速上前援救，佩德罗·德·莫龙也一定死在印第安人刀下。我们大队人马当时也可以前去援救，不过我还得再啰唆一遍，我们因怕被敌人打散不敢随便出去，为了不被打败，我们一直在勉强支撑，当时的处境确实非常危险，不过我们仍赶去救那匹马，并把受了重伤的莫龙从敌人手中夺下，我们砍断母马身上的肚带，以取回马鞍。就在救援人和马的当口儿，他们又伤了我们十个人；但我记得，我们也杀死了他们四个统领,因为我们采用密集队形作战,用剑猛砍,给他们造成不少伤亡。

此后,他们开始撤离战场,把那匹母马拉了回去,切成碎块,拿到特拉斯卡拉各村去示众。事后我们还了解到,他们把马掌、那顶佛兰德斯的帽子以及我们派人送交他们要他们来议和的两封信,全都用来祭他们的偶像。他们杀死的那匹母马是胡安·塞德尼奥的,由于他头一天身上受了三处伤,便把马交给了莫龙,因为莫龙是个非常出色的骑手。莫龙在那场战斗中牺牲了,也许是受伤后过了两天死的,因为此后我不记得再见到过他。

我再回过头来接着讲战斗的情况。我们打了一个小时,我们的炮火使他们遭受重大损失,因为他们过于密集,中弹的人自不在少数。我们全体兵士,无论是骑兵、火枪手、弩弓手,还是持剑的、执盾的、握矛枪的,个个勇敢顽强,拼命杀敌,以保全性命,因为我们当时所处形势空前危险。事后印第安人告诉我们,那一仗他们死了许多人,其中包括八名重要统领以及特拉斯卡拉首府几个老酋长的子侄。正因为这样,他们才收兵回营,撤离时阵脚丝毫不乱,我们见他们撤退,并不感到遗憾,也不追击,因为我们已经累得无法支撑了。

我们就在那个小村子里宿营,那一带人口密集,地下还挖有地洞似的房间,住着许多印第安人。进行这场激战的地方名叫泰万辛戈或者泰瓦卡辛戈[①],时间是在1519年9月2日。

我们见敌军被打退,连声感谢天主让我们摆脱了那一危急的

① 应为“泰科瓦特辛科”。

局面，随即把营地设置在几座位于高处的城堡般坚固的大庙里，又用印第安人的脂肪治伤员和伤马，伤员有十五人，其中一人因伤势过重而死，伤马有四匹。

我们那一夜美美地睡了一觉，又从村子里弄来许多鸡和狗饱餐了一顿；我们派出大批岗哨和侦察兵，一直休息到第二天上午。

这次恶战，我们共俘虏了十五个印第安人，其中两个是统领。无论在这场战斗或是在其他战斗中，特拉斯卡拉人有这样一个特点：任何一个印第安兵士负伤，他们即把伤员撤走，使我们见不到他们有人死在战场上。

# 第五十七章
## 我们在一处村落设置营地

接连作战使大家十分劳顿，加上许多兵士和马匹负伤（且不提战死的人），同时也需要修理弩弓，补充箭矢，我们便休整了一天。

第二天早晨，科尔特斯说，为了不要让特拉斯卡拉人以为我们打过那一仗后不敢再战，最好派出没有受伤的马匹去田野奔驰，好使他们相信我们一直在追击他们；头一天我们没出兵攻打，现在最好主动出击，而不要等他们打来，否则他们会以为我们软弱无力；再者，那一带地势非常平坦，人口也稠密。于是我们派出一队人马，包括七名骑兵、一些弩弓手和火枪手、二百多兵士以及与我们友好的印第安人，尽可能多留下一些人马守护大营。我们一路上从经过的村落和房舍里抓了二十个印第安男女，但没损坏他们的家园，可是，我们那些残暴的印第安朋友却烧了许多房子，抢了许多鸡、狗和食物。我们很快又返回大营，因为我们没走出多远。

科尔特斯决定放回那些俘虏，先给他们饭吃，又叫堂娜玛里娜和阿吉拉尔用好言好语安慰他们，还送给他们一些珠子；劝他们不要再糊涂下去，快来议和，因为我们是想帮助他们并把他们当作兄弟的。我们还把先前俘虏的两个首领也放了，又交给他们一封信，要他们去对住在特拉斯卡拉首府的大酋长们说，我们并不是来骚扰他们，只是借路前往墨西哥城去见蒙特苏马。

这两个信使前往希科滕加的大营。那里离我们的驻地约二西班牙里，大营设在一处村落里，记得这村落可能叫泰夸辛帕辛戈①，使者把信交给希科滕加，又把我们的话转告他，得到的回答是，叫我们去他父亲的驻地，等那儿的人吃饱了我们的肉，用我们的心和血祭过他们的神，再来和我们议和；他还要人第二天一早就把这一回答转告我们。

几番交战本已使我们十分恼火，此时，科尔特斯和我们全体官兵听到希科滕加口出狂言，更是打心眼里认为他可恶至极。科尔特斯见那两个使者消除了顾虑，便用好言好语安慰他们，又命人送给他们几串珠子，以便以后继续派他们当议和使者。科尔特斯从他们口中详尽地了解到希科滕加的情况和他指挥的兵力。他们告诉科尔特斯，希科滕加眼下的兵力大大超过与我们交战时的兵力，因为他此时统率五个统领，每个统领率一万名武士；五路兵力的来

① 应为“特松潘特辛戈”。

源如下：希科滕加的年迈眼瞎的父亲拨给他一万兵士，一个名叫马塞埃斯卡西[①]的大酋长也派来一万人，另一个叫奇奇梅卡特克莱[②]的大酋长同样派来一万人，还有托波扬科的名叫特卡帕内卡[③]的酋长以及名叫瓜豪洛辛[④]的酋长都分别派来一万人，共计五万人，全都打着希科滕加的旗号和标记——一只鸵鸟般的展翅欲飞的白鸟。各路队伍又有各自的标志和号衣，因为如同我们卡斯蒂利亚的公爵和伯爵们有各自的族徽那样，酋长们都有各自不同的标记。

我们对这些情况全都确信不疑，因为我们同一天释放的那两个先前俘虏的印第安人也明确无误地说了这些情况，尽管当时我们还不大相信。我们听到情况严重，由于我们都是凡人，而凡人都怕丧命，所以许多人都去向施恩会的神父和胡安·迪亚斯教士忏悔，他们听了一整夜的忏悔，我们则祈求天主保佑我们不要被打败。就这样我们熬到了第二天。

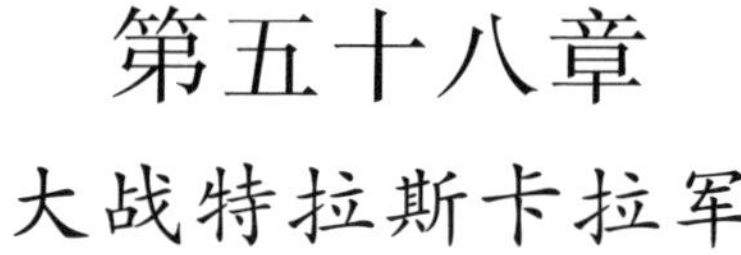

# 第五十八章
## 大战特拉斯卡拉军

次日，也就是9月5日，天一亮，我们鞴好所有的马匹，连受伤

① 应为“马希斯卡特辛”。
② 应为“奇奇梅卡特库特利”。
③ 应为“特克帕内卡特尔”。
④ 应是村名，而非人名。就是作者在下面提到的“韦霍辛戈”。

的马也都套好了来充数，起一点能起的作用。弩弓手商量好有的放，有的装，不白费一支箭矢；火枪手也是如此；握剑、持盾的兵士们决计用力砍杀，直戳敌人的心脏，不使敌人像上次那样逼近；炮兵做好了一切准备；骑兵得到命令要彼此策应，冲阵、退阵要慢，矛要斜持，要不停地朝敌人的脸和眼睛刺去；兵士们牢记要保持队形，不可随意出阵。做好这些准备之后，我们高高举起大旗，由四个人护卫着旗手科拉尔，离开了我们的营地。

我们还没走出八分之一西班牙里，只见遍地都是头戴羽饰、佩戴不同标志的武士，随之响起喧天的号角声。这真是一场险象丛生的恶战，值得大写特写，详加叙述。我们被那么多印第安武士团团围住，只见二西班牙里见方的田野上铺满青草般密集的武士，而我们才四百人，并且其中许多是伤病员。一见这阵势，我们完全清楚他们此次来是要将我们全部消灭，只留下几个来祭祀他们的偶像。

我再回过头来讲战斗的情况。他们开始攻打我们，投石器一阵猛射，乱石像冰雹一样落下！箭手投来的那种烤过的有叉的投枪，铺天盖地，什么兵器也挡不住，直往人的身体里扎；操剑、持盾、挥舞砍刀和长矛的武士狂杀猛砍，无所畏惧地逼近我们，狂呼乱叫，杀声震天！我们则不慌不忙地用炮、火枪和弩箭抵挡，打死打伤他们许多人。凡持刀剑靠近我们的，我们用剑迎击，把他们打退，使他们无法像上次那样近前。骑兵个个武艺高强，沉着勇敢，除了保佑我们的天主之外，他们便是我们的依靠。

就在这当儿，只见我们的方阵马上要被冲散，无论是科尔特斯还是其他指挥官的呼唤都不起作用，于是一大群印第安人朝我们扑了过来，我们仅凭手中的剑奇迹般地把他们打退，总算恢复了原先的队形。

我们得以化险为夷的原因是：他们人多，全都聚在一起，我们一开炮，他们就倒下一大片；再者，他们指挥不灵，所有的统领不能同时率部攻打；此外，我们还了解到，上一次战斗后，他们中间发生了争执，希科滕加指责另一位统领——奇奇梅卡特克莱的儿子——仗打得不好，后者则说自己比起希科滕加来要强得多，还说要使自己的名声超过希科滕加，所以，在这次战斗中，小奇奇梅卡特克莱不愿率部援助希科滕加，还让来自韦霍辛戈的队伍不要出战。不仅如此，上一仗打过以后，他们对我们的战马、枪炮、剑和弩弓以及我们完好的战斗方法很是畏惧。而最为重要的是，大慈大悲的天主保佑我们鼓起勇气挺了下来。由于有两支队伍不服从希科滕加的指挥，我们就对着希科滕加打，使其遭受惨重损失。我们杀伤了他们许多人，他们忙着遮掩；由于他们人多，我们只要杀伤他们一个，他们就拥上来把死伤者背下战场，因此这次战斗同上一次一样，战场上见不到任何一个战死的印第安武士。他们吃了亏，又见我提到的那两位统领不愿率部众前来援救，便泄了气，加上他们有一位十分重要的统领似乎也被我们打死（被打死的其他统领这里就不提了），便有条不紊地撤退了。我们的骑兵也已疲惫不堪，只慢慢地追了一小段路便不追了。我们见打退了如此众多的敌兵，连连感谢天主。

这一仗，我们死了一个兵士，伤了六十几个，马匹全部负伤。我本人负了两处伤，一处在头部，被石块击伤，另一处在大腿，被箭射伤，但伤势不重，仍能打仗、放哨或帮助其他兵士。其他所有负伤的兵士也和我一样，只要伤不太重，就要带伤打仗或放哨，因为未受伤的人实在太少了。我们很快返回营地，人人兴高采烈，万分感谢天主。我们把那个阵亡的士兵抬到印第安人修建的那种地洞里，为的是不让印第安人发现我们也会死，我们要使他们把我们当作他们说的“神使”。我们在地洞上面填了大量泥土，以免他们闻到尸体的气味。然后我们着手医治全体伤员，但我们既没有油，也没有盐，哪能治什么伤呀！我们当时还非常缺乏另一种东西，那就是御寒的衣物：雪山上刮来凛冽的寒风，冻得我们浑身发抖，可我们只有长矛、火枪和弩弓，无法遮蔽风寒。

那一宿，我们布置了大量岗哨、探子、侦察兵和巡逻队，总算比前一夜睡得安稳了些。在这场战斗中，我们俘虏了三名印第安首领。

# 第五十九章

## 次日我们派出使者请特拉斯卡拉的酋长们前来议和

打完那一仗，俘获了三名印第安人首领之后，我们的统帅科尔特斯立即派这三人和营地里另外两个已多次充当使者的印第安人一道，传话给特拉斯卡拉时酋长们，请他们速来议和，并再次请求他们准许我们穿过他们的土地前往墨西哥城；说我们已多次派人要求和他们讲和，这次他们若不马上来，就把他们杀个片甲不留；

又说因为我们很爱护他们，把他们当作兄弟，所以只要他们不惹恼我们，我们决不侵扰他们。科尔特斯对这五个人说了不少好话以笼络他们，这几个使者便心甘情愿地前往特拉斯卡拉首府，向我前面提到的那些酋长传达口信。那些酋长正同许多长者和祭司聚在一起，为战事失利以及众多统领、亲属、子孙的阵亡而伤心，据说他们根本听不进使者们的话。

他们做出决定，立即召来所有占卜者、祭司以及他们称之为塔卡尔纳瓜[①]的抽签算命的巫师，叫他们根据卜卦、巫术和神谕判定我们是什么人，如果日夜不停地向我们开战，能不能打败我们，我们是否如森波亚尔人所说的是什么神使，以及我们吃什么东西等等；让这些人尽快把结果告诉他们。

占卜者、巫师和许多祭司聚齐以后，各施其法。他们得出的结果是：我们都是有血有肉的凡人，以鸡、狗、面包和水果（如果我们有的话）为食，不吃被我们杀死的印第安人的肉和心。因为我们从森波亚尔带来的那些印第安盟友可能向他们讲了许多蠢话，使他们以为我们是凶神，吃印第安人的心，我们的大炮像天一样会打雷，猎犬如狮、豹般凶猛，马匹专为追杀印第安人，如此等等。

最糟的是，这些祭司和占卜者说我们白天无法战胜，但是到了晚上，天一黑，我们的力气就会消失，就会被他们击败。巫师们还说，我们胆量很大，但我们只是在白天太阳下山之前才有勇气，天一擦黑，我们就一点儿气力都没有了。酋长们一听，信以为真，连忙派人把这话告知他们的大统领希科滕加，要他尽快在夜里率众

① 应为“特拉卡纳瓦利”。

多兵士向我们开战。希科滕加一听此话，马上聚起一万精兵，朝我们驻地扑来，从三面用箭猛射，投射不分叉的投枪，又命挥舞剑、斧、砍刀的武士从另一面杀将过来，以为准可以抓走我们几个去祭神。不料天主开恩，尽管他们偷偷袭来，可我们早有防备，因为我们的游动哨和探子一听到他们的动静，就连忙回来报告。由于我们总是穿着鞋、抱着武器睡觉，马不卸鞍，兵器随时可用，便用火枪、弩弓和剑迎击，打得他们掉头逃窜。

由于战斗在开阔地进行，又兼月色清明，骑兵还追赶了一阵。次日上午，我们发现他们留下了二十多个死伤的武士，即是说，他们遭到了很大的损失，对这次夜袭十分后悔。我还听说，他们见祭司、巫师和占卜者们的话不灵，便杀了他们两个来祭神。

这一仗，他们杀了一个与我们结盟的森波亚尔印第安人，伤了我们两个兵士和一匹马，我们抓住他们四个人。激战之后，我们谢过天恩，埋葬了那位森波亚尔朋友，给伤员和马治了伤，就又睡下了，但仍像往常那样，在营地布置了大量岗哨。

天一亮，我们发现我们每个人身上都有二三处伤，一个个疲惫不堪，有的患了病，有的满身泥污；希科滕加仍不停地骚扰；我们已经有四十五个兵士战死、病死、冻死，还有十二个身患疾病，我们的统帅科尔特斯在发烧，那个施恩会神父也一样；我们想起经历的千辛万苦——总是扛着沉重的武器，受寒挨冻，吃不上盐也无处去找——不禁怀疑这样打下去会有什么好处，一旦打完仗，我们又会怎么样，能落到什么结果。因为要进墨西哥很难，他们的兵力太强，照森波亚尔朋友们的说法，特拉斯卡拉人并不想同我们打仗，他们尚且把我们弄到那种地步，日后若是真与蒙特苏马的强大兵

力交手，我们如何对付得了！

另一方面，我们得不到留在比利亚里卡的那部分人的消息，他们也不知道我们的情况。由于在我们官兵之中，有不少有勇有谋的好汉，科尔特斯说话做事总是先征求我们这些人的意见，同我们商议之后再行动，这时我们便一道去给科尔特斯打气，劝他治好病，说既然我们来到了这里，并靠着天主保佑在几次险战中活了下来，我主耶稣一定会庇护我们善始善终；我们建议他释放那些俘虏，打发他们去请大酋长们来讲和，就说我们不记前仇，杀马的事也可以一笔勾销。

此事按下不表。话说堂娜玛里娜虽说是个印第安妇女，却像男子汉一样勇敢。她天天听印第安人叫喊要杀死我们，拿我们的肉蘸辣椒吃，又见我们多次被围，现在一个个伤的伤、病的病，可她从无软弱的表示，反而表现得像男子汉一样坚强。堂娜玛里娜这时又和赫罗尼莫·德·阿吉拉尔一起，向我们派去送口信的那些人讲话，叫酋长们马上来讲和，要是两天之内不来，我们就会杀过去，毁掉他们的田地，还要一直追进城去。那些人立即前往老希科滕加和马塞埃斯卡西所在的首府，传达这个严厉的口信。

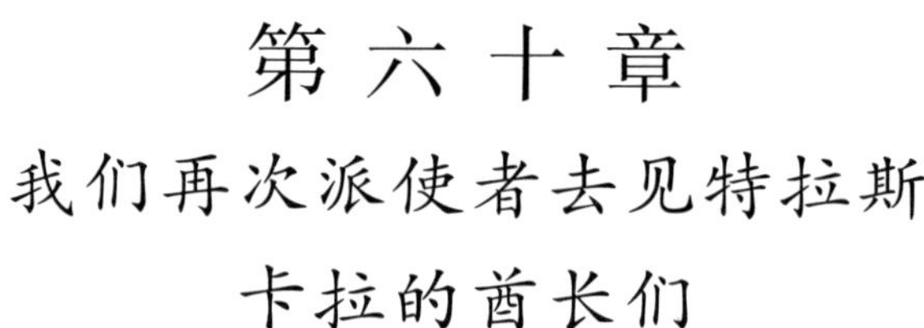

# 第六十章

## 我们再次派使者去见特拉斯卡拉的酋长们

我们派去议和的使者来到特拉斯卡拉，发现两个最主要的酋长正在议事，这两个酋长一个叫马塞埃斯卡西，另一个叫老希科滕加，是前面多次提到的那个也叫希科滕加的大统领的父亲。他们听完使者的话，怔了一会儿，一言不发，突然受到天主启示，想同我们和解。随即派人把他们管辖的村落以及邻近地区各村落的酋长和统领们都找来。这个地区叫韦霍辛戈，跟他们友好，是他们的盟友。酋长们来到两位大酋长所在的首府，马塞埃斯卡西和老希科滕加（这是两个精明的人）即对他们讲了一番道理。据我们后来所知，他们是这样讲的（尽管可能不是原话）：

“兄弟和朋友们：你们已经看到这些在野外等着同我们打仗的神使，多少次派使者来，想同我们讲和，他们说是来帮助我们，要我们做他们的兄弟；你们也看到他们俘虏了我们许多人，可都没有加以虐待，一次次把人放了回来。

“你们都知道，我们出动全部兵力同他们打了三仗，不仅白天打，夜里也打，可都没打败他们，他们却打死了我们许多人，包括我们的孩子、亲属和统领。现在他们再次来求和，而据同他们一道来的森波亚尔人说，他们是同蒙特苏马和墨西哥人作对的，是他们要求托托纳卡山区各村和森波亚尔人不要向蒙特苏马纳贡。你们都不会忘记，一百多年来，墨西哥人每年都向我们开战，你们也都看到，我们在这块地域，就像是被围困了一样，吃不上盐，也不敢出去找盐，更不敢出去找棉花（我们现在只有很少一点棉布衣服），因为我们的人只要出去找这些东西，很少有人生还，那些狠毒的墨西哥人和他们的盟友不是把我们的人杀死就是变成他们的奴隶。

“我们的‘塔卡尔纳瓜’、祭司和占卜者对我们说了对那些神使的判断，说他们是有胆量的人。我们认为最好争取同他们和好，不管他们是人还是神使，都要让他们与我们友好；我们要立即派四个首领前去，给他们送许多吃食，向他们表示亲善，好使他们帮助我们抵抗我们的敌人；再把他们带到我们这儿来，送女子给他们，这样他们的后代便和我们沾亲，因为据他们派来的使者说，他们也带着女人。”

所有的酋长和首领听了这一席话都认为很好，说这么办很英明，要求马上派人议和，并派人通知希科滕加统领以及其他统领，说已同我们讲和，让他们立即撤回，不要再打下去了。他们果然立即派人送信。

小希科滕加根本听不进那四个首领的话，发起火来，把那四个人辱骂一通，说他不想议和；还说他已经消灭了不少神使，并杀了一匹马，打算再发动一次夜袭，把我们彻底打败，全部消灭。

他的父亲老希科滕加、马塞埃斯卡西以及其他酋长听到他的答复，怒不可遏，立即派人命令所有统领和全军不得跟随希科滕加同我们打仗，除非希科滕加去议和，否则就拒绝服从他的指挥。可希科滕加还是不听。他们见他这样，决定再次派那四个首领来我们营地，给我们送来给养，并代表特拉斯卡拉和韦霍辛戈两个地区同我们议和。但那四个老者由于惧怕小希科滕加，没敢前来。

# 第六十一章

## 我们决定开赴离营地不远的一个村落

一连两天，我们无事可做，大家商议后向科尔特斯建议，夜里冲进离我们营地一西班牙里的一个村落。我们曾派人去过这个村落要他们前来议和，可是他们不来。我们这次去，不是为了骚扰他们，就是说，不是为了去杀他们或伤害他们，也不是为了抓俘虏，而是去找吃食，并吓唬他们一下或同他们议和(这要看他们如何反应)。这个村落名叫苏姆潘辛戈，是周围许多人口稠密的村落的首府。

于是一天夜里，我们将近拂晓时分起身，牵出六匹最好的马，集合起所有最健壮的兵士(包括十名弩弓手和八名火枪手)，由科尔特斯率领出征(科尔特斯当时仍在发烧或在发间歇热)；我们尽可能留下守备人员以确保营地的安全。

天亮前两个小时，我们整队出发。那天，从雪山上刮来的风冰冷刺骨，冻得我们浑身打战，马匹也冻得受不住，其中两匹患了肠绞痛，抖个不停，我们真担心它们会死掉。科尔特斯于是下令叫骑那两匹马的骑士把马带回营地好好照料。

由于这个村落离营地不远，天没亮我们就赶到了。村里人发觉我们来到，纷纷离家逃跑，一边大声呼唤："快跑，神使来了！来杀我们了！"他们逃得仓皇，连孩子也顾不上了。我们见此情景，就在一个院子停下来等到天明，没做任何损害他们的事情。留在庙宇里的祭司和一些为首的长者，见我们并不侵扰他们，就来见科尔特斯，请他原谅他们没照我们的要求去我们营地议和，也没有送食物给我们；说这是因为希科滕加统领就在离村子不远的地方，他曾派人通知他们不要送东西给我们；还说希科滕加的营地靠这个村和其他许多村提供给养，特拉斯卡拉地区的许多壮丁都是希科滕加统率下的武士。

科尔特斯通过我们的通译堂娜玛里娜和阿吉拉尔叫他们不要

怕(我们每次出征,这两个通译都跟着,即使在夜里也是如此),让他们马上去他们的首府请酋长们来议和,因为打起仗来对他们没有好处。科尔特斯所以派这些祭司传话,是因为我们先派出去的信使还没带回任何口信。

这个村落的祭司们立即凑了四十只鸡(有公鸡也有母鸡)送来,还找来两个印第安女人给我们做玉米饼。科尔特斯向他们表示感谢后,要他们在村里找二十个印第安人把东西送到我们营地。他们放心大胆地带着吃食来到营地,一直待到下午。他们得了一些珠子,高高兴兴地回到各自的家,并在邻近各村广为传播,说我们是好人,并不侵扰他们。那些祭司和老人把送吃食和女仆的事告诉了希科滕加统领,他把他们痛骂了一顿。他们又去首府向老酋长们报告,老酋长听说我们那天夜里本可以杀掉他们许多人,却丝毫没有伤害他们,还派人去和他们讲和,都很高兴,便吩咐他们每天给我们送必需的东西,然后再次派先前派过的那四个首领立即动身来我们营地,把要他们带给我们的食物全都送来。随后,我们也带着食物和印第安女仆高高兴兴地回到营地。

# 第六十二章

## 我们随科尔特斯从苏姆潘辛戈回到营地后发现有人在底下吵吵嚷嚷

我们从苏姆潘辛戈带着食物回来,因争取了那个村子的人而感到高兴；回到营地后却发现有人私下串通，窃窃私议，说是这样打下去，我们每天都面临巨大的危险。我们回来后，这些议论有增无减。其中吵得最起劲的便是在古巴岛上拥有房子并分到了印第安奴隶的人。他们一共有七个人，为了照顾他们的面子，我就不道出他们的姓名了。他们来到科尔特斯的住处，其中一人代表七人讲话，此人伶牙俐齿，很知道如何提出要求。他像是给科尔特斯出主意一样，要科尔特斯注意我们的处境，说大家都受了许多伤，一个个骨瘦如柴，疲于奔命，备尝艰辛，夜里站岗放哨，还要巡逻侦察，白天黑夜都得打仗；说他们算了一下，自离开古巴以来，已经少了不下五十五名弟兄，还不知留在比利亚里卡的那部分人的情况如何；又说自离开古巴来到这个地区以来，虽说天主保佑我们在所有大小战斗中获胜，并以其大慈大悲庇护我们，但我们不该没完没了地去试探天主的力量；他让科尔特斯不要像佩德罗·卡沃内罗那样，把大家弄到一个迟早会被杀了祭偶像的境地(不过他祈求天主不要让那样的事发生)；因此最好还是返回比利亚里卡去，那儿有我们修筑的堡垒，周围都是同我们交好的托托纳卡人，我们可以在那里待到造出一条船来，去给迭戈·贝拉斯克斯以及各方、各岛报信，请他们派兵援救；又说，我们毁掉的船要是留着就好了，哪怕留下两条船也可救燃眉之急；还说，我们已没有力气背东西了，可我们要背的东西却越来越多，说我们简直还不如牲口，因为牲口走了一天，还要给它卸下驮鞍，喂些吃的，让它休息一下，可我们不分白天黑夜都要扛着兵器，穿着鞋；他们还要科尔特斯回顾一下历史，说不管是古罗马人、亚历山大大帝，还是世界其他地方的著名统帅，都没有像他那样破釜沉舟，率领这么少的人贸然闯入人口如

此稠密、武士如此众多的地方；除此之外，他们还说了其他许多理由。

科尔特斯见他们说是劝告，可话说得很不客气，便十分温和地回答说，他们所讲的许多情况，他都清楚，说据他所知，世上再没有哪个西班牙人像我们这么顽强、这么勇敢善战、尝过这么多的艰辛；接着又说："先生们，你们没有说错，古罗马的闻名指挥官们的确从未从事过我们这么伟大的事业；靠天主保佑，人们今后将会在历史书上读到，我们的事业远比我们祖先更加辉煌，因为正如我们说的，我们所做的一切都是为了天主和我们伟大的堂卡洛斯国王。因此，先生们，后退不是上策；而且，这儿的人和已经归顺了我们的人一见我们后退，就会一齐起来反对我们；他们现在把我们当作神或偶像，也是这样称呼我们的，到那时就会认为我们是没什么法力的胆小鬼。你们说要回到我们的盟友托托纳卡人那里去，可是如果他们看到我们不到墨西哥就回去，准会起来同我们作对，因为他们那时听了我们的话不向蒙特苏马纳贡，蒙特苏马一定会对他们大张挞伐，逼他们重新朝贡，甚至还要逼他们向我们开战，而他们因为惧怕蒙特苏马的兵力，为免遭灭亡，定会照办。因此，我们自认为有盟友的地方，到头来只有敌人。再说，蒙特苏马王一旦知道我们后撤，又会怎么说呢？他会怎么看待我们说过的话以及我们派人捎给他的口信呢？他会认为那都是玩笑或戏言。所以说，先生们，两害相权取其轻，最好还是待在这儿，这儿地势平坦，人口稠密，我们的营地也不缺粮草。我现在请求你们，先生们，从此再不要想着古巴岛和你们留在岛上的产业，因为你们都是绅士和好汉，更应当给那些软弱的人打气；希望各位一如既往，坚持下去，因为

除了保佑我们的天主之外，我们只有靠自己强有力的双臂了。”

听了科尔特斯的这番话，那些兵士仍坚持他们的想法。科尔特斯便面带愠色地答道，应该像歌里唱的那样，宁当好汉死，不做孬种生。由于科尔特斯说了那样的话，加上我们这些推崇他为统帅、建议他沉船的兵士也跟着嚷嚷，叫他不要听那些胡言乱语，说要依靠天主保佑，做好一切准备，继续我们的事业；吵闹这才停止。

实际上他们仍在下面抱怨，咒骂科尔特斯，甚至咒骂我们这些给科尔特斯出主意的人以及带我们走这条路的森波尔亚人，还说了其他一些难听的话，不过，他们表面上忍了下来。总之，所有的人都表示服从。

话说特拉斯卡拉的老酋长们派人传令希科滕加大统领，要他无论如何立即同我们议和并送食物给我们，说这是特拉斯卡拉和韦霍辛戈的全体酋长和首领的命令；同时晓谕希科滕加身边的所有统领，如果希科滕加不去议和，绝不要服从他的指挥。他们一连四次派人下达上述命令，因为他们深知希科滕加不愿服从，打算再次夜袭我们营地，为此集合了两万人；希科滕加生性高傲，又很固执，因此这次仍像过去几次那样不肯听从命令。

# 第六十三章

## 希科滕加集合两万精兵准备攻打我们营地

马塞埃斯卡西、老希科滕加以及特拉斯卡拉首府的全体酋长接连四次派人传令希科滕加,要他停止作战,同我们议和;因为希科滕加的驻地就在我们营地近旁;同时晓谕和他在一起的其他统领,如果希科滕加不是去同我们议和,便不要随他前往。希科滕加脾气暴躁,又固执,又高傲,这时他决定派出四十个印第安人带着鸡、玉米饼、水果、四个丑陋的印第安老太婆以及许多玷玬脂和鹦鹉毛来我们营地,我们见那些印第安人带着东西来,还以为他们是来讲和的。

他们一到我们营地,用香熏过科尔特斯,也不像往常那样行礼,便开口道:"这是希科滕加统领送来给你们吃的。如果你们真像森波亚尔人说的是凶神,想要亨用祭品,你们可以把这四个女人杀了,吃她们的肉和心。我们因为不知道你们如何杀牲,才没当着你们的面杀了她们。如果你们是人,就请你们吃鸡、玉米饼和水果。如果你们是善神,就收下我们给你们带来的玷玬脂和鹦鹉毛,你们可以用这些来祭祀。"



科尔特斯通过通译答道,他早已派人向他们讲明,他不是来打仗而是来与他们交好,是以我们敬奉的耶稣基督和我们的君王堂卡洛斯国王的名义,请求他们不要像他们一向所做的那样用活人祭神;说我们同他们一样,都是有血有肉的人,不是恶神,是基督徒,我们没有杀人的习俗;如果我们真的嗜好杀戮,那他们每次不分白天、黑夜向我们进攻时,我们早就可以大杀特杀了。科尔特斯又说感谢他们送来了食物,让他们再也不要蛮干下去,还是速来讲和为好。

希科滕加派来送食物的印第安人好像是些探子,专门来窥测我们的住处、营地、马匹、大炮,探明每间茅舍住多少人,有多少出口和入口，以及营地里其他方面的情况。他们在我们营地待了一天一夜，然后有一部分人回去向希科滕加通风报信，同时又来了其他一些人。我们的森波亚尔朋友们一看就明白是怎么回事，因为我们的敌人在我们营地里待上一天一宿不可能没有目的，他们准是些探子。森波亚尔人之所以这样怀疑，是因为我们那次去苏姆潘辛戈村时，村里有两个老人曾告诉他们，希科滕加集合了大量兵力准备夜袭我们营地。森波亚尔人当时认为那是随口说说的吓唬人的话，因无法确定是否属实，便没有报告科尔特斯。后来堂娜玛里娜知道了，连忙禀报科尔特斯。

科尔特斯为了弄清真相，命人从特拉斯卡拉人中提两个来审问，这两个人看上去比较老实，他们招供自己是探子；接着又抓了两个，他们也供认是希科滕加的探子，并且说出他们来我们营地的意图。科尔特斯命令把他们全部释放，又另外逮了两个，这两个也供认不讳，还说希科滕加统领正等着他们的情报，以便在那天夜里率全部队伍攻打我们。

科尔特斯弄清情况后，即下令全军做好准备，因为他确信他们定会按计划前来攻打。随即命令将那些印第安暗探抓起十七个来，砍掉一些人的手，割去另一些人的拇指，再放他们回去见他们的主人希科滕加；并对他们说，所以给他们这种处罚，是因为他们胆敢来干那种事，要他们告诉希科滕加，不论白天还是夜里，他随时可以前来攻打，我们将在营地等他两天，两天内他若不来，我们就要去他的营地找他；还说，要不是因为我们爱护他们，我们早就杀将过去将他们消灭了，他叫他们不要再做蠢事，赶快前来议和。

据说那些被砍掉手或手指的印第安人回去的时候，希科滕加正准备按计划率领全部兵力出发，打算在夜里向我们发起进攻，他见那些探子狼狈而归，大为吃惊，忙问其中缘由，当他得知事情经过后，那股凶悍狂妄之气顿时消失。在此之前，已有一支队伍离开了他的营地，因为在以前的几次战斗里，他们之间曾有过摩擦和嫌隙。

# 第六十四章
## 受命议和的四个首领来到我们营地

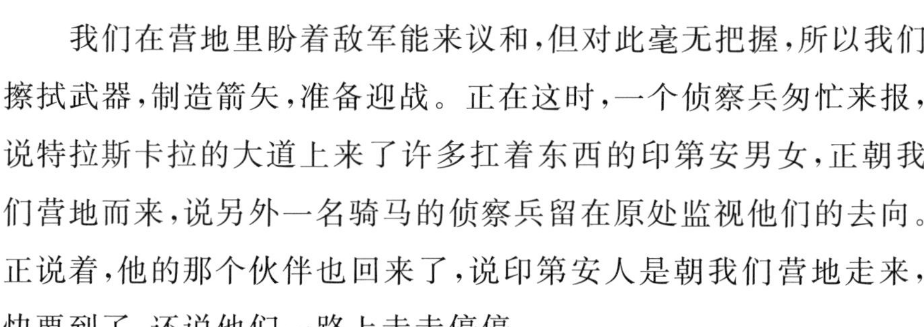

我们在营地里盼着敌军能来议和，但对此毫无把握，所以我们擦拭武器，制造箭矢，准备迎战。正在这时，一个侦察兵匆忙来报，说特拉斯卡拉的大道上来了许多扛着东西的印第安男女，正朝我们营地而来，说另外一名骑马的侦察兵留在原处监视他们的去向。正说着，他的那个伙伴也回来了，说印第安人是朝我们营地走来，快要到了，还说他们一路上走走停停。

科尔特斯和我们大家听到此信都高兴起来，因为我们料定他们是来议和的。我们果然没有想错，科尔特斯命令大家保持安静，不要声张，悄悄回到各自的营房。从那些扛东西来的人当中，走出四个首领，他们是奉老酋长们之命前来议和的。他们做出友善的样子，低着头走路，径直走到科尔特斯的营帐，然后以手触地，吻了地，又行了三遍礼，焚起玷玘脂，这才开口道：特拉斯卡拉全体酋长、臣民及其朋友、盟邦都接受科尔特斯以及和科尔特斯在一起的全体神使弟兄们的友爱和亲善，并请科尔特斯原谅他们没早来议和，反而大动刀兵，因为他们误认为我们是蒙特苏马和墨西哥人的朋友，而那些人是他们不共戴天的世仇，而且我们队伍中间还有不少向蒙特苏马称臣纳贡的人，他们便以为这些人又会像以往那样，以奸诈手段入侵他们的家园，掳掠他们的妻小；说正是因为这个原因，他们没有相信我们派去的使者的话。他们还解释说，我们刚进入他们的地界时，首先向我们开战的印第安人并不是受他们的指使，那是野蛮、不理智的琼塔尔人和奥托莱人所为，这些人见我们人马甚少，以为轻而易举即可将我们俘获，去献给他们的主子，以讨得欢心。他们说他们现在特来请求宽恕他们的狂妄举动，并给我们带来那些食物，以后每天都要送来，说他们是出于一片诚心，恳请我们不要拒绝；说再过两天希科滕加统领和其他酋长将亲自前来，再次向我们表达全体特拉斯卡拉人对同我们友好所抱有的良好愿望。

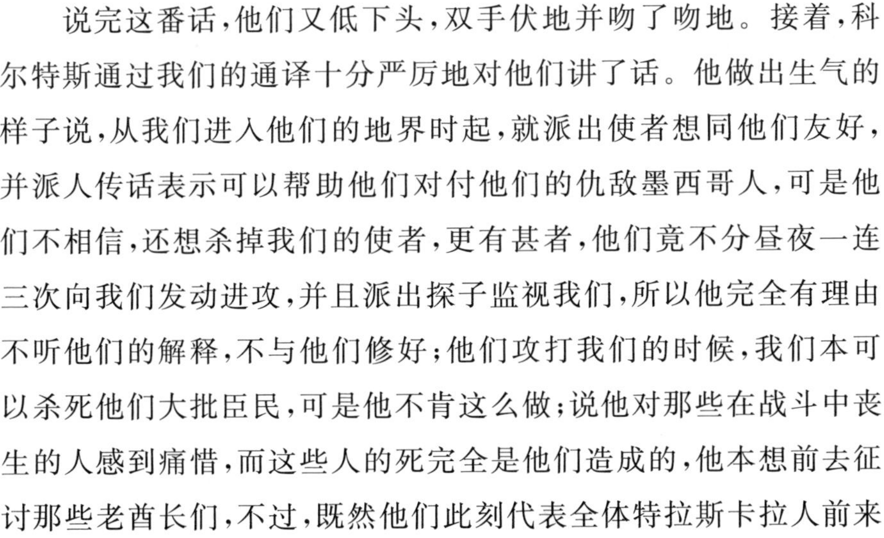

说完这番话，他们又低下头，双手伏地并吻了吻地。接着，科尔特斯通过我们的通译十分严厉地对他们讲了话。他做出生气的样子说，从我们进入他们的地界时起，就派出使者想同他们友好，并派人传话表示可以帮助他们对付他们的仇敌墨西哥人，可是他们不相信，还想杀掉我们的使者，更有甚者，他们竟不分昼夜一连三次向我们发动进攻，并且派出探子监视我们，所以他完全有理由不听他们的解释，不与他们修好；他们攻打我们的时候，我们本可以杀死他们大批臣民，可是他不肯这么做；说他对那些在战斗中丧生的人感到痛惜，而这些人的死完全是他们造成的，他本想前去征讨那些老酋长们，不过，既然他们此刻代表全体特拉斯卡拉人前来议和，他便以国王陛下的名义接待他们，并感谢他们带来了食物。科尔特斯命令他们即刻回去禀报他们的酋长，让他们派身份更高的人前来议和，如若不然，我们就要前往他们的村子征讨。他又命人拿出一些蓝珠子给他们，让他们送给各位酋长以示友好，同时告诫他们不要在晚上来我们营地，应在白天来，否则会被我们打死。

那四名使者随即离去，他们带来的为我们做玉米饼的印第安女人、鸡、所有的仆人以及二十名挑水砍柴的印第安人，都留在了离我们营地不远的印第安人的茅舍里。从那时起，他们不断给我们送来充足的食物。我们见到此种情景，知道他们真心求和，都连声感谢天主。因为和平来得正是时候，我们连日打仗，一个个身体瘦弱、困顿不堪，并且由于战局前景难测而怨声四起。

# 第六十五章
## 蒙特苏马的使者来到我们营地

大慈大悲的天主保佑我们赢得了特拉斯卡拉那几仗的胜利，从此，我们在那一带声威大振，一直传到大墨西哥城蒙特苏马王的耳中。人们以前就把我们当作神使，此后对我们就更加景仰，把我们视作英勇无比的武士。我们的兵力少，而特拉斯卡拉的军队如此强大，却被我们打败并前来向我们求和，这使那个地区的人惊恐万状。

墨西哥的伟大君王蒙特苏马，不知是出于心地善良，还是因为担心我们进入他的城池，特派五个身份很高的首领，前来我们在特拉斯卡拉的营地向我们表示欢迎，说为我们打败了如此众多的敌兵而感到高兴，同时送来一份礼物，是几件制作精巧、极为华贵的金饰（约值一千金比索）和二十捆细棉布。蒙特苏马让来使告诉我们，他愿臣服于我们的伟大国王，说他对科尔特斯以及和科尔特斯一起的所有神使弟兄抱有好感，所以对于我们来到他的城池附近表示高兴；他让科尔特斯考虑之后告诉他，每年需要他向我们国王纳多少贡，说只要我们不进入墨西哥城，他一定以金、银、棉布和绿宝石作为贡品如数缴纳；说他叫科尔特斯别去墨西哥城，不是因为他不愿意接待我们，而是因为那里土地贫瘠，道路崎岖，我们若是前去，他怕我们过于辛苦，而他虽然想帮助我们，也无能为力。

科尔特斯回答来使道，他很感谢蒙特苏马的好意以及送来的礼物和向国王陛下纳贡的许诺，他请使者们先去一趟特拉斯卡拉的首府再回去，以便亲眼看看我们和特拉斯卡拉人打了那一仗之后的结果。



# 第六十六章

## 特拉斯卡拉的大统领希科腾加前来议和

科尔特斯同蒙特苏马的使者谈完话，正想休息（因为他还在发烧，头一天刚服过泻药），忽然有人前来禀报，说希科腾加统领带着许多酋长和首领到了，来人都披着白红两色斗篷（确切地说，斗篷一半红，一半白，这是他们的标记和号衣）；希科滕加十分谦恭，陪同他来的首领有五十之众。

他一到科尔特斯的住处，便朝科尔特斯行了大礼，并命随从点燃许多玷玘脂。科尔特斯十分亲切地要他坐在自己身边。希科滕加说，他的父亲，还有马塞埃斯卡西以及特拉斯卡拉全体酋长和臣民派他前来，请求科尔特斯同他们友好，说他们要归顺我们的国王，并为兴兵攻打我们一事请罪。他说他们所以动刀兵，是因为不清楚我们是什么人，误认为我们是他们的对头蒙特苏马派来的人，因为蒙特苏马常常施展诡计侵入他们的地域大肆抢掠，所以以为又是蒙特苏马前来侵犯，便奋起保卫他们的臣民和家园，他们实在是不得已才打仗的。他说，他们十分贫穷，既无黄金、白银，也无宝石、棉布，甚至没有食盐，因为蒙特苏马不准他们到外地去找盐；他们的祖辈曾有过一些黄金或宝石，可都陆陆续续地给了蒙特苏马，以求得暂时的和平和停战，否则蒙特苏马会将他们全部消灭；这都是很久以前的事了，现在他们什么也拿不出来，所以他恳请科尔特斯原谅，他们实在是因为太穷，所以无法拿出更多的东西，并非不想给他。他讲了许多抱怨蒙特苏马及其盟友的话，指责蒙特苏马及其盟友跟他们作对，不断攻打他们，不过他们每次都能击败那些人，这次他们也想击败我们，为此一连三次集中起全部兵力，但是未能将我们打败，因为我们是无法战胜的；现在他们了解了我们是什么人，便想做我们的朋友，臣服于伟大的堂卡洛斯国王，因为他们相信有我们和他们站在一起，他们男女老少都能获得保护，再也不用担心狡诈的墨西哥人来犯。他还以全特拉斯卡拉的名义说了

许多表示要为我们效力的话。

这个希科滕加身材高大，虎背熊腰，长脸盘儿，很粗犷，满脸麻点；年约三十五岁，相貌很威严。

科尔特斯彬彬有礼地向他表示感谢，对他优礼有加，说他接受他们为我们国王的臣民和我们的朋友。希科滕加随即请我们前去特拉斯卡拉城，因为所有的酋长、长者和祭司都殷切地等待我们前去。

科尔特斯答道，他真想马上就去，但他正同蒙特苏马王的人谈判，等打发掉蒙特苏马的使者，他就动身。

科尔特斯随即收起笑容，以严厉的口吻谈起他们不分昼夜向我们发动进攻一事，说既然事情已经发生，无可挽回，也就原谅了他们，但是他们应该清楚，我们现在同意讲和，他们不得三心二意，变化无常，如果他们重开战争，他就要消灭他们，毁掉他们的城池，到那时，就别指望再谈什么议和，我们只能兵戎相见。希科滕加以及陪同他的那些首领们，一听此话，使异口同声答道，讲和是真诚的，他们决不食言，为此他们甘愿留下充当人质。

科尔特斯又同希科滕加和那些首领们谈了些别的事情，然后给了他们一些绿色和蓝色的玻璃珠子，一部分给希科滕加，另一些带给他父亲以及其他酋长，让他们传话说他很快就会去特拉斯卡拉城。

在整个谈话过程中，墨西哥的使者们一直在场，他们见我们和特拉斯卡拉人议和很不痛快，因为他们十分清楚，这不会给他们带来任何好处。希科滕加刚一告辞，蒙特苏马的使者们便似笑非笑地问科尔特斯，是否相信希科滕加一伙人代表全体特拉斯卡拉人所作的许诺，说那是骗局，叫我们不要相信，因为那些人所说的全是骗人的鬼话，他们这么做是要诱使我们进特拉斯卡拉城，以便万无一失地攻打我们，把我们全部消灭；他们要我们切勿忘记那些人曾经三番五次出动全部兵力向我们进攻，说那些人因未能得逞，反而被我们打死打伤许多人，才来假意求和，图谋报仇。

科尔特斯做出无所畏惧的样子答道，他看不出墨西哥人的担心有什么道理，如若事情果真像他们说的那样，那倒正合他的心意，他正好可以严惩那些人，将他们消灭；他说不管那些人是夜里来还是白天来，不管是在田野上打还是在城里打，他都不怕，为了看看情况到底怎样，他倒非要去特拉斯卡拉城不可。

墨西哥的使者见科尔特斯决心已定，便请求他在营地等六天，因为他们想派两人回去向蒙特苏马禀报，六天之内就可把蒙特苏马的回话带来。科尔特斯同意他们的要求，因为一方面他正在发烧（我前面已经说过）；另一方面，那些使者对他讲那番话时，尽管他故意做出不在乎的样子，但还是考虑万一真是这样该怎么办，因为那番话确实值得深思，所以想再等一等，看看讲和之事是否真的可靠。



话说科尔特斯见特拉斯卡拉人前来议和，又见从比利亚里卡德拉维拉克鲁斯镇到特拉斯卡拉一路上所有的村落都同我们友好、结盟，便给胡安·德·埃斯卡兰特写了一封信。前面我已说过，胡安·德·埃斯卡兰特留在比利亚里卡修建城堡，统领留在那儿的六十名年老或有病的兵士。科尔特斯在信中告诉那些留下的人，我们靠了我主耶稣的恩典在进入特拉斯卡拉地域之后，大小战斗无不获胜，特拉斯卡拉人现在也来求和了。科尔特斯要大家感谢上苍，还要他们始终不忘关照我们的朋友托托纳卡人。他让胡安·德·埃斯卡兰特去他的房间把埋在一个做有记号的角落里的两坛酒取出，火速送来，同时把从古巴岛带来的圣饼也送些来，因为我们所带的圣饼已告罄。

据说他们读了这封信非常高兴；埃斯卡兰特在回信中详述了比利亚里卡的情况，并派人把信和我们所要的东西迅速送来。

在那些日子里，我们在营地里立了个又高又漂亮的十字架，科尔特斯要苏姆潘辛戈村和住在我们营地附近的印第安人把十字架刷白、立好。

话说我们的新朋友——特拉斯卡拉的酋长们——见我们迟迟不进他们的城，就带着鸡和仙人掌果（当时正值收仙人掌果的季节）来到我们驻地；他们带来各自家中储存的食物，亲热地送给我们，而且不要任何报偿，再三请求科尔特斯立即同他们一道去特拉斯卡拉城。由于我们答应了墨西哥人在那里等候六天，便在特拉斯卡拉人面前婉言推托。

六天时间已到，从墨西哥来了六个地位很高的首领，带来蒙特苏马王送的一份厚礼：价值三千多金比索的各式各样的精致首饰和两百匹用羽毛交织并有许多花纹的精美棉布。他们奉上礼物，对科尔特斯说，蒙特苏马王对我们的好运甚为高兴，并恳请他万勿随特拉斯卡拉人去特拉斯卡拉城，也不要轻信那些人，因为那些人是想诱我们进城，以便抢劫我们的金银和衣物，说特拉斯卡拉人贫穷之极，连块像样的棉布都没有，他们若知道蒙特苏马把我们当作朋友，送给我们那些金饰和布匹，一定会千方百计把这些东西夺到手。

科尔特斯满心喜悦地收下礼物，说他非常感谢，以后一定要回敬蒙特苏马王，说他一旦发觉特拉斯卡拉人果真像蒙特苏马派人来提醒他的那样图谋不轨，一定予以严惩，将那些人统统消灭，不过，他确信特拉斯卡拉人不会干那种事，所以还是想亲自去看看他们在干什么。

双方话未讲完，特拉斯卡拉的一群使者来到我们营地告诉科尔特斯，特拉斯卡拉城的全体老酋长已来到我们营地附近，要进入营房拜见科尔特斯和我们大家，以便带我们前去特拉斯卡拉城。科尔特斯见此情形，忙请墨西哥的使者等候三天，再去向他们的主人禀报，因为他马上要同特拉斯卡拉人谈判、议和，墨西哥使者们表示可以等候。

# 第六十七章
## 特拉斯卡拉的老酋长们来到我们营地

特拉斯卡拉的老酋长们见我们迟迟不进城，便决定亲自出来请我们，他们有的坐滑竿，有的叫人抬着、背着，有的步行。他们就是我前面提到过的马塞埃斯卡西、老希科滕加、瓜豪洛辛、奇奇梅卡特克莱以及托波扬科的特卡帕内卡。随他们同来的还有一大群首领。他们向科尔特斯行了大礼，又朝我们行了三个礼，然后焚玷玘脂，双手伏地，吻了吻地。老希科滕加随即对科尔特斯讲了下面一番话：“马林切，我们已经一再派人请求您原谅我们向你们开战，并向您说明，我们是为抗击蒙特苏马这个恶人及其军队才攻打你们的，因为我们错把你们当成了蒙特苏马的同伙和盟友，如果我们那时能像现在这样了解真相，我敢说我们不仅要箪食壶浆地去大路迎接你们，而且还要把大路洒扫干净，甚至到你们停船的海边去迎接你们。既然你们已经原谅了我们，我和全体酋长此刻就请求你们同我们一道去特拉斯卡拉城，我们将罄我们所有款待你们。马林切大人，您听我说，请您放下别的事，马上就跟我们走吧，因为我们担心那些墨西哥人可能向您进谗言，因为他们一向编造诽谤我们的谎言，请万勿听信他们的话，因为他们只会欺骗，我们认为，你们不到我们的城里来，就是因为他们从中作梗。”

科尔特斯笑吟吟地答道，他在很多年以前，早在我们到此地之前很久，就已知道他们是好人，所以对他们攻打我们，颇感惊异。他又说墨西哥人这时正等着他给蒙特苏马回话。他对特拉斯卡拉人不断向我们提供食物和其他方便表示感谢，说以后一定为他们出力来报答他们，还说他本来早就要去他们的城市，只是无人给我们扛炮。

他们一听此话，不免喜形于色，忙说：“啊，难道就是为了这个您不能去吗？您怎么不早说呢？”没过半个小时，他们就召来五百多个印第安脚夫。第二天一大早，我们便按平时队形（炮兵、骑兵、火枪手、弩弓手依次列队），浩浩荡荡地朝特拉斯卡拉城进发了。

科尔特斯先前已向蒙特苏马的使者们说好，请他们和我们一道前往特拉斯卡拉城，看看我们和特拉斯卡拉人的战事究竟如何结局，再让他们从那儿返回墨西哥城，由于他们表示害怕特拉斯卡拉人，科尔特斯答应让他们住在他的营帐里，以免受辱。

按下这头不表。我想先说明一下，在我们经过的所有村落以及知道我们消息的村落里，人们何以称科尔特斯为马林切，因为以后凡是涉及同印第安人的谈话（不论是在这个地区还是在墨西哥），我都把科尔特斯称作马林切，只在其他场合仍称他科尔特斯。人们所以这样称呼他，是因为我们的通译堂玛里娜总在科尔特斯左右，特别是有来使或酋长们来和谈的时候，堂玛里娜总是用墨西哥土语同他们说话，因此人们称科尔特斯为堂玛里娜的统帅，后来便简称为“马林切”[①]了。

我还要补充一句，就是自我们进入特拉斯卡拉地界到进入特拉斯卡拉城，前后经历二十四天之久。我们来到特拉斯卡拉城的日子是 1519 年 9 月 23 日。

# 第六十八章

## 我们进入特拉斯卡拉城

酋长们见我们的辎重开始运往特拉斯卡拉城，便先走一步，回城去吩咐做好一切准备来迎接我们并把我们下榻的地方装饰起来。待我们来到离城四分之一西班牙里的地方，那些先回去的酋长已领着各自的子侄和首领们按不同的家族、派系在那里列队恭候（特拉斯卡拉共有四个宗族，若再算上托波扬科的酋长特卡帕内

① 应是“玛林津”，为“玛里娜”的昵称。

卡的那一支，一共是五个）。从他们管辖的各个村落也都有人前来迎接，他们穿着不同的号衣，由于缺少棉布，号衣是剑麻制的，但都很精美，花饰和图案都很漂亮。

各地的祭司们也来了。由于当地用来供偶像、举行祭祀的大庙宇很多，祭司也多。这些条司们端着燃着炭火的香炉，焚香熏我们；其中有的身穿类似法衣的长长的白袍，戴着像牧师使用的那种兜帽；他们的头发很长，粘成一团，若不剪断就无法扯开，头发上满是血，血从耳朵淌出，因为那天刚割了祭神。他们一见到我们，立即低下头以示恭敬。他们留有很长的指甲。我们听说那些祭司非常虔诚，过着圣洁的生活。

许多首领来到科尔特斯跟前，簇拥着他进入城内。我们一进城，只见街两旁和屋顶上挤满出来观看我们的印第安人，男男女女满脸喜色。他们拿出二十几个用当地各种颜色的玫瑰花扎成的香气扑鼻的大花球，分别献给科尔特斯以及他们认为是官长的兵士，特别是那些骑着马的兵士。



我们来到几个宽敞的院子，那是为我们安排的住处。老希科滕加和马塞埃斯卡西拉着科尔特斯的手，把他让进屋里。屋子里已经为我们摆下了他们使用的那种铺着席子和剑麻床单的小床。随我们一道来的森波亚尔和霍科特兰的朋友们被安置在离我们不远的地方。

科尔特斯吩咐把蒙特苏马的使者安排在他的近处。尽管我们清楚地看到这里的人对我们一片诚意，非常友好，但仍像往常那样保持警惕，没有半点儿放松。

好像是一个负责布置探子、哨兵、侦察兵的指挥官对科尔特斯说:“看来他们很友善,咱们不必像往常派这么多岗哨,也不必过于小心了。”科尔特斯回答:“你们听着,先生们,你们说的这些我清楚,但我们必须保持我们的好习惯,必须时刻做好准备。尽管他们很友好,我们也不能轻信他们的和好表示,相反,我们应当假设他们想跟我们打仗,甚至马上要杀向我们,因为许多指挥官正是由于轻信、放松了警惕而遭到惨败。我们人这么少,尤其要当心,再说,蒙特苏马还专门派人告诫过我们,哪怕他是虚情假意,用假话骗我们,我们也不能放松警惕。”

老希科滕加和马塞埃斯卡西对科尔特斯大为恼火,通过我们的通译对科尔特斯说:“马林切,您还把我们视作敌人,我们看到您的一举一动都表明您不相信我们,也不相信我们之间的和解。我们对您说这话,因为我们看到你们戒备森严,进城时像是要迎战我们的队伍那样步步小心;马林切,我们认为您这样做,是因为墨西哥人私下向您进了谗言,使您与我们不和。您可不要听信他们的话,您已经到了我们这儿,您要什么,我们会尽力满足,我们可以把我们自己和我们的子女奉献给您,甚至为您去死,不管您提出让谁当人质,我们都同意。”

他们这番恳切的话,使科尔特斯和我们大家大为吃惊,科尔特斯答道,他相信他们的话,只要看到他们的良好意愿就够了,无需什么人质;说到我们戒备森严,那是我们历来的习惯,请他们不要误会;他感谢他们的好客,并说以后一定回报。

他们刚谈完,又来了一些首领,带来许许多多的鸡、玉米饼、仙人掌果和当地产的菜蔬,营地里顿时给养充足,我们在那里的二十天里,一直都是如此。

# 第六十九章
## 我们当着许多酋长的面做弥撒

一天早晨，科尔特斯吩咐布置祭坛做弥撒，因为我们已经有了酒和圣饼。这次弥撒由胡安·迪亚斯教士主持，因为那位施恩会的神父发着烧，形销骨立。做弥撒时，马塞埃斯卡西、老希科滕加等酋长们都在场。

弥撒仪式完毕，科尔特斯回到他的住处，我们这些常伴随左右的兵士以及那两位老酋长也随他一道进去。老希科滕加对科尔特斯说，他们想献给他一份礼物，科尔特斯非常亲切地回答说什么时候都行。

于是他们铺了几张席子，席子上铺一块布，然后拿出六七件小小的金器，一些不值钱的玉石和几捆剑麻织物（所有这些东西都很粗糙，值不了二十比索）。那些酋长拿出这些东西的时候，陪着笑脸说："马林切，我们深知这点东西实在微薄，您一定不屑一顾。我们已经派人向您说明，我们很穷，既没有金银也没有珍宝，我们之所以落到这种地步，都是因为那些阴险、背信弃义的墨西哥人和他们的主子蒙特苏马的缘故，为了请求他们停战，我们向他们求和，他们乘机把我们拥有的一切敲诈一空。请不要计较我们的礼薄，务必收下，因为那是永远忠于您的朋友和仆人的一份心意。"他们同时又送来许多食物。

科尔特斯高兴地收下这些东西，对他们说，因为是他们送的，而且是那样诚心诚意，所以他分外珍视，真比收到一屋子沙金还高兴。他说他把这些东西当作重礼收下，还对他们做了许多亲热的表示。

酋长们似乎做出了决定，要把他们最漂亮的待嫁的女儿或侄女们献给我们。老希科滕加对科尔特斯说："马林切，为了让您看到我们多么热爱你们，多么希望你们事事称心，我们愿把女儿给你们，让她们做你们的妻子，和你们生儿育女，因为我们愿意同你们这些如此善良、勇敢的人结为兄弟。我有一个很美的女儿尚未婚配，我愿把她给您。"马塞埃斯卡西以及其他酋长也异口同声地表示要把各自的女儿带来，让我们娶她们为妻。他们还讲了许多亲热的话，整整一天，无论是马塞埃斯卡西还是老希科滕加都没从科尔特斯身边离开一步。希科滕加由于年迈已经失明，便用手去摸科尔特斯的头、胡须、脸和全身。

对于献女子一事，科尔特斯回答说，他本人和我们大家都很感谢，以后一定为他们出力来报答他们。当时施恩会的神父也在场，科尔特斯对他说："神父大人，我看现在是个好机会，可以试着劝说这些酋长放弃他们的偶像，不再用人祭祀，因为他们非常惧怕墨西哥人，所以我们要他们干什么他们都会同意。"神父回答："很好，不过，得等他们把女儿们带来时再说，那时您就向他们表示不愿接受他们的女儿，除非他们答应不再用人祭祀。如果这办法奏效，那最好；若是不行，我们就只好该怎么办就怎么办了。"于是我们决定第二天再说。

# 第七十章

## 酋长们向科尔特斯和我们献女

第二天，那几个老酋长带来五个印第安女子，全是漂亮的姑娘，可以说是印第安人中的美女，打扮得也很俊俏。她们都是酋长的女儿，各自带着一名随身婢女。希科滕加对科尔特斯说："马林切，这个是我的女儿，还没出嫁，是个黄花闺女，您娶她吧。"姑娘把手伸给科尔特斯，其余的几个把手伸给指挥官们。

科尔特斯向他表示感谢，并和颜悦色地说，他收下那些姑娘，把她们当作他的人，不过暂时还得让她们跟着她们的父亲。酋长们问我们为什么不马上跟她们成亲。科尔特斯回答说，我们首先得遵从我们所信奉的天主和派遣我们来的国王的旨意，就是要他们抛弃他们的偶像，不再杀人祭神或做其他蠢事，要他们信我们信奉的天主，因为那才是唯一的真正的神。科尔特斯还谈了许多有关我们圣教的其他的事情，讲得的确非常好，加上我们的通译堂娜玛里娜和阿吉拉尔已很谙练，所以对他们解释得十分清楚。我们又拿出怀抱可爱儿子的圣母像给他们看，对他们说，如果他们想做我们的兄弟，成为我们真正的朋友，使我们更乐意照他们所说的那样娶他们的女儿为妻，就应立即抛弃那些邪恶的偶像，信奉我们崇奉的天主。如果这样做，他们便会得到许多好处，不仅身体康健，风调雨顺，而且一切都将兴旺发达，死后灵魂还可以升入天堂，永享天福。如若他们还像以往那样祭祀那些偶像，他们就会被它们带进地狱，永远被烈火烧烤，因为那些偶像就是魔鬼。

他们听了这番话后答道："马林切，先前我们已经听您谈过这些，我们也完全相信你们的天主和这位尊敬的夫人都非常慈善。也许以后我们会更加理解其中的好处。不过，您看，您现在是在我们的家园，我们世世代代一直把那些神使当作神明来供奉和祭祀，您怎么能叫我们舍弃它们呢？即使我们这些老人为博得您的欢心愿意这么做，我们的祭司、臣民和儿孙们也会起来反对我们的。特别是因为我们的祭司已经问过我们的主神，神让我们不要忘记用人祭祀，也不得忘记我们先前的规矩，否则，整个地区都会被饥饿、瘟疫和战争所毁灭。"他们就这样回答我们，让我们再不要谈及此事，因为即便杀了他们，他们也不会放弃用人祭祀的做法。

我们看到他们毫无惧色地作了这样明确的答复，施恩会的神父——一个很聪明的神学家——便说："大人，您不要再在这件事上同他们多费口舌了，我们不应强迫他们信奉基督，在他们充分了解我们的圣教之前，我也不希望我们像在森波亚尔那样捣毁他们的偶像。我们从一个神堂搬出偶像，他们马上就把那些偶像移到另外的神堂里去，这样做于事无补。还是让他们逐渐体会我们的训诫是神圣和有益的，这样，他们以后便会理解我们对他们的忠告。"还有三位绅士也向科尔特斯进言，他们是佩德罗·德·阿尔瓦拉多、胡安·贝拉斯克斯·德·莱昂和弗朗西斯科·德·卢戈。他们说："神父的话十分在理，您已经尽到了责任，现在就不要再同这些酋长谈这件事了。"科尔特斯照他们说的做了。

我们很客气地向酋长们提出的唯一要求是，请他们立即腾出附近新建的一座庙宇，把偶像搬走，重新打扫、粉刷，以便放置十字架和圣母像。他们马上照办，我们就在那儿做了弥撒并给酋长们的女儿施了洗礼。

我们给已经失明的希科滕加的女儿起名叫堂娜路易莎，科尔特斯拉着她的手，把她交给佩德罗·德·阿尔瓦拉多，并对希科滕加说，他把他的女儿交给这位兄弟和指挥官，希望希科滕加理解其好意，因为佩德罗·德·阿尔瓦拉多将会很好地对待他的女儿。希科滕加对此表示满意。给马塞埃斯卡西的女儿或侄女起的名字是堂娜埃尔维拉，她长得很漂亮，科尔特斯好像把她给了胡安·贝拉斯克斯·德·莱昂。其余的几个也都起了洗礼名，每个名字前都冠以“堂娜”的尊称，科尔特斯把她们分别给了贡萨洛·德·桑多瓦尔，克里斯托瓦尔·德·奥利德和阿隆索·德·阿维拉。

仪式完毕，我们告诉他们为什么要立两个十字架，说是因为他们的偶像怕十字，所以我们无论到什么地方或在任何地方住宿，都要在路上立十字架。所有这些都使他们很高兴。

# 第七十一章

## 科尔特斯向马塞埃斯卡西和希科滕加打听有关墨西哥的事情

科尔特斯随后把那些酋长们叫到一边，向他们详细打听有关墨西哥的事情。希科滕加最了解情况，地位也最高，所以首先讲话；马塞埃斯卡西地位也很高，不时插进来补充几句。

希科滕加说，蒙特苏马有庞大的作战部队，每当他要攻占一个大的城池或入侵一个地区，就投入十五万人作战，他们和墨西哥人打了一百多年，很熟悉墨西哥人的打法。科尔特斯问道："既然如你们所说，他们每次出动这么多兵力攻打你们，为什么始终没有降伏你们呢？"他们答道，墨西哥人虽然常常将他们击溃，打死他们的人并掳走许多人去做牺牲，但他们也能打死、俘虏不少敌军。而且墨西哥人前来攻打时，总会走漏风声，他们一旦得到消息，就聚集起全部兵力，并依靠韦霍辛戈人的援助，进行自卫和反击。由于被蒙特苏马占领和统治的所有地方和城镇的人，都仇视墨西哥人，从这些地方被拉来作战的兵士都无心打仗，还常给他们通风报信，所以他们能尽力应战，保住自己的家园。不断给他们造成危害的倒是邻近的一个很大的城池，这个城叫乔卢拉，离他们那儿有一天的路程，该城的人全是大奸贼，蒙特苏马常常偷偷地把兵士布置在那个城里，由于城离得近，便可在夜里发动袭击。

马塞埃斯卡西补充说，蒙特苏马不仅可以从城里发出大军，还在各个地区屯有重兵，所有那些地区都向蒙特苏马纳贡：金银、羽毛、宝石、棉麻织物和供祭祀用或当佣人的印第安男女。蒙特苏马极为显赫，要什么有什么，住的房子里满是金银财宝和各种宝石，全都是从不甘心向他纳贡的人那儿用武力抢夺来的；天下所有的宝物无不被他占有。他们接着讲了蒙特苏马家中的种种排场，若详加叙述，真是三天三夜也讲不完。简而言之，他们介绍了全部细节，如蒙特苏马有几个女人，他和哪几个正式婚配等等。

随后他们讲到墨西哥城何等坚固，那城筑于湖上（他们描述了湖的形状和水的深浅），只有几条堤道可以通往城内，每条堤道有几个口子,上面架有木桥,进出城都要从这些桥上通过,一旦把桥吊起,就无法从桥的这头走到另一头,也就无法进入城内;城里大部分房屋建于湖上,如无吊桥或小船,房屋之间便不能相通,每幢房子的屋顶上都有平台,平台上修有壁障,可供作战用;城里用的淡水自一个叫查普尔特佩克的源头流来,那里离城大约半西班牙里,水沿着一些建筑物流至一处,再用小船运到城内沿街出售。

他们还描述了墨西哥人使用的兵器——一种带叉的长箭,用皮条发射,什么武器都抵挡不住;说墨西哥武士中有许多好箭手,也有一些矛枪手(矛枪的枪头是一柄燧石打造的长刀,比折刀还锋利);武士们手持圆盾,身穿棉甲;还有一些投射石弹的投石手;其他人或持锋利的长矛,或挥舞用两手抡的砍刀。他们还拿来大幅的剑麻布,上面画着同墨西哥人交战的场面。

由于我们的统帅和我们大家对酋长们讲的情况早有耳闻,所以我们打断了他们的谈话,让他们谈些更深入的内容,如:他们怎么会到这个地区定居?是从哪里迁移来的?为什么他们离墨西哥这么近却与墨西哥人如此不同,而且彼此结为仇敌?他们说,听他们祖辈讲,以前他们这一族人当中,有过许多非常魁梧、骨骼极大的男女,由于这些人很坏、很粗野,其他人便和他们开战把他们杀了,剩下的也都死光了。为了让我们了解那些人的身材有多么大,他们拿来那些人留下的一根骸骨,那是一根很粗的大腿骨,和普通人的身高一样长。我亲自比了一下,那骨头——从膝盖到胯部——同我整个人一般长,而我的身材算是适中的。他们又拿来一些相同的骨头,不过因埋在土里日久,已经糟了。我们见到那些大骨头都大吃一惊,确信那里的确有过巨人。我们的统帅科尔特斯说，最好把那块大骨头送回卡斯蒂利亚呈给国王陛下看看，后来我们果然让最先派回的代表们带去了。

那些酋长还说，他们从先辈处得知，一个他们非常敬奉的偶像曾告诉他们，将来会有人从遥远的日出处到这里来统治他们，成为他们的主宰；如果偶像指的就是我们，那他们会很高兴，因为我们是这么勇敢又这么善良。他们在打算议和的时候，就是想到了偶像先前讲过的这些话，也正因为如此，他们要把女儿嫁给我们，让她们与我们生下后代，好为他们抵御墨西哥人。

我们听他们讲完这话，个个惊愕不已，琢磨着他们讲的是否确有其事。科尔特斯回答他们说，我们的确是从日出处来的，我们的国王陛下正是在得知了他们的消息之后，派我们来与他们交好；他说他祈求天主给我们恩典，借助我们之手，使他们得救。我们大家跟着齐呼："但愿如此！"

我本想就此打住，可我们在这个地区还经历了别的事情，而这些事非讲不可。我们在特拉斯卡拉的时节，正巧赶上离韦霍辛戈不远的一座火山喷发，那次喷发比以往任何一次都厉害，我们的统帅科尔特斯和我们大家都从未见过那一场面，所以一个个惊愕不已。

我们有位指挥官，名叫迭戈·德·奥尔达斯，他极想前去看个究竟，便请求统帅准其上山；统帅批准了他的要求，还发出了正式的命令。他带领我们的两个兵士和几个韦霍辛戈的印第安首领前去。那几个首领吓唬他说，谁也无法靠近那座波波卡特佩克火山，走到半道，就忍受不了那样剧烈的地动和从火山喷发出来的烈火、石块、灰烬；还说他们只能爬到供奉波波卡特佩克神使的那个神庙，再往上他们就不敢攀登了。

可是迭戈·德·奥尔达斯带领那两个伙伴继续登山，同去的印第安人不敢上，便都留在山下了。奥尔达斯和那两个兵士事后对我们说，他们刚上山，火山就喷出熊熊烈火、大量灰烬和几乎烧焦的很轻的石块，火山所在的整座大山都在颤抖，他们停下不动，等了一个小时，见那阵火喷过，不再冒烟尘之后，才一直爬到火山口；火山口很圆、很大，总有四分之一西班牙里那么宽，从山顶眺望，整个墨西哥城连同那个大湖和湖上的大小村落全部呈现在眼前：这座火山距墨西哥城大约十二三西班牙里。

奥尔达斯饱览了墨西哥的城镇之后，万分惊喜，带着两个同伴返回特拉斯卡拉。韦霍辛戈和特拉斯卡拉的印第安人都把他当成勇士。当他们三人向科尔特斯统帅和我们大家讲述这段经历时，我们全都十分惊奇，因为当时不比现在，如今我们知道什么是火山，不少西班牙人及方济各会的修士还登上了火山口，可那时我们真是闻所未闻。后来迭戈·德·奥尔达斯回到卡斯蒂利亚，还为此要求陛下授予纹章，如今纹章在他的一个侄子手里，那个侄子就住在普埃布拉。

后来，我们在这个地区住下以后，就再也没有见那座火山像那次那样喷发，发出那样的轰鸣了。此后一些年里，那火山甚至不再爆发，直到 1539 年，才重又喷出烈火、石块和灰烬。

我们在特拉斯卡拉城还发现了一些木栅栏围成的房子，里面关着一些印第安男女，喂肥之后供人食用或杀了来祭神。我们把这些牢房拆毁，放出关在里面的囚犯。这些可怜的印第安人哪儿也不敢去，只得跟着我们，这才得以逃生。

从此以后，我们每到一个村镇，我们的统帅命令我们做的头一件事，便是打开这种牢房，放走囚禁在里面的人；在所有这些地区，这种牢房几乎各村都有。科尔特斯和我们大家见到如此残酷的事情，即向特拉斯卡拉的酋长表示极大的愤慨，科尔特斯对他们怒加斥责。他们答应以后不再残害、食用印第安人了，可他们的那些保证毫无用处，因为只要我们一转身，他们便照旧干那种残忍的勾当。

# 第七十二章

## 埃尔南多·科尔特斯统帅与我们全体官兵商量向墨西哥进发

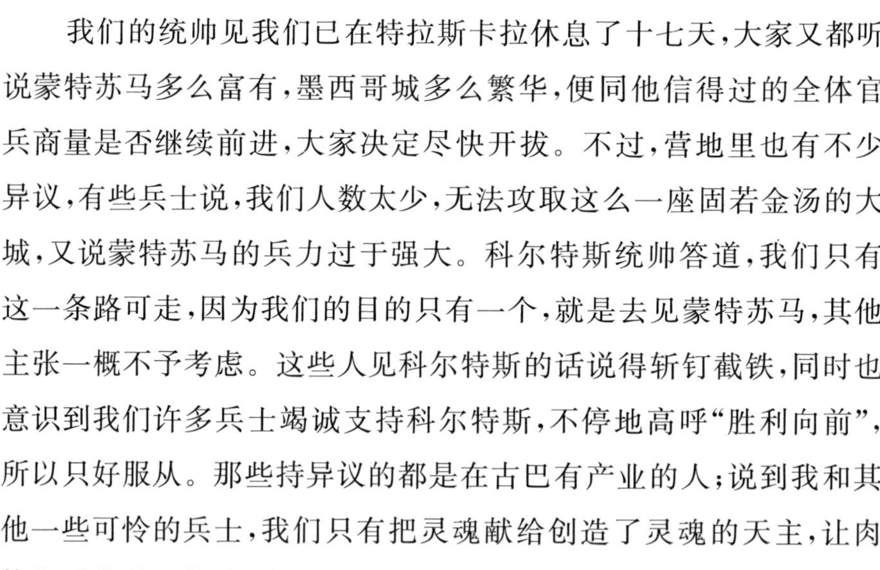

我们的统帅见我们已在特拉斯卡拉休息了十七天，大家又都听说蒙特苏马多么富有，墨西哥城多么繁华，便同他信得过的全体官兵商量是否继续前进，大家决定尽快开拔。不过，营地里也有不少异议，有些兵士说，我们人数太少，无法攻取这么一座固若金汤的大城，又说蒙特苏马的兵力过于强大。科尔特斯统帅答道，我们只有这一条路可走，因为我们的目的只有一个，就是去见蒙特苏马，其他主张一概不予考虑。这些人见科尔特斯的话说得斩钉截铁，同时也意识到我们许多兵士竭诚支持科尔特斯，不停地高呼“胜利向前”，所以只好服从。那些持异议的都是在古巴有产业的人；说到我和其他一些可怜的兵士，我们只有把灵魂献给创造了灵魂的天主，让肉体饱受劳苦和伤痛，直至为我们的天主和国王陛下效忠而死。

特拉斯卡拉的酋长希科滕加和马塞埃斯卡西见我们真的想去

墨西哥，不免感到痛心，便始终不离科尔特斯左右，劝他打消这个念头，不要轻信蒙特苏马和墨西哥人，不要听那些人故作谦恭的花言巧语，也不要被那些人表示的敬意、作出的许诺和送来的礼物所迷惑，因为那些人包藏着祸心，转眼之间就会把送出的东西夺回去；他们叫科尔特斯日日夜夜提防墨西哥人，因为只要我们稍一疏忽，墨西哥人就会向我们发起进攻，又劝我们一旦同墨西哥人打起仗来，就要把那些人斩尽杀绝，不能饶那些人性命，免得年少年壮的再拿起武器，年纪大的再出主意。他们还给了科尔特斯许多别的忠告。

我们的统帅对他们的一番忠言表示感谢，为了向他们表示亲热，还送给老希科滕加、马塞埃斯卡西和其他酋长不少礼品，又把蒙特苏马先前送来的细棉布拿出许多转送给他们，劝他们最好同墨西哥人议和以便建立友谊，也好得到盐、棉布及其他商品。

希科滕加回答说，议和是不可能的，因为对墨西哥人的仇恨牢牢地扎在他们心中；墨西哥人十分阴险，一定会在议和的幌子下，对他们干出更加卑鄙的勾当，因为墨西哥人说话从来不算数；他们让科尔特斯不要再提与墨西哥人议和之事，并再次请求他多加小心，不要落入那些十恶不赦的坏人的手里。

我们正在商量走哪条路去墨西哥，和我们在一起的蒙特苏马派来给我们当向导的使者说，最方便、最平坦的路是从乔卢拉城穿行，那儿全是蒙特苏马王的臣民，一定会为我们出力，我们都觉得去乔卢拉城很好。

可是特拉斯卡拉的酋长们见我们要走墨西哥人指点的路，甚为忧虑，再次进行劝说，要我们无论如何也要取道韦霍辛戈，因为那儿的人与他们沾亲，是我们的朋友，让我们不要走乔卢拉城，因为蒙特苏马经常在乔卢拉城设下阴险的圈套。

不管他们怎样劝说，叫我们不要进乔卢拉城，我们的统帅在和我们大家仔细研究之后，还是决定取道乔卢拉城，一是因为都说乔卢拉城是座大城，筑有很高的城墙和高大的神庙，坐落在大平原之中，远远望去，真好似我们旧卡斯蒂利亚的巴利阿多里德城，其次是因为该城附近有许多大村镇，给养充足，而且我们的特拉斯卡拉的朋友近在咫尺；我们很想到那儿看看有何良策可以不动刀兵就进墨西哥城，因为墨西哥人兵力强大，着实令人生畏，若是我们天主不像先前那样再降恩典，给我们帮助和勇气，我们要想用别的方法进入墨西哥城是不可能的。

我们经过反复商议，还是决定取道乔卢拉城。科尔特斯随即命令那些使者去对该城的人说，为什么离我们这么近都不派人来见我们并向我们表示敬意，说我们是我们伟大的国王陛下的使者，受国王陛下派遣前来拯救他们的灵魂，他们应该前来拜见我们。同时要全城的酋长和祭司立即来见我们，归顺我们的国王陛下，否则，他将认为他们不怀好意。



# 第七十三章

## 蒙特苏马王派四个首领送来金子和布匹

科尔特斯同我们大家以及特拉斯卡拉的酋长们正在商议有关

出发和军事上的事，有人向他禀报，蒙特苏马的四个使者——全都是首领——带着礼物进城了。

科尔特斯命人把他们叫来，他们一见科尔特斯，忙向他和我们在场的兵士施大礼，献上带来的礼物：制成各种形状的贵重金饰，价值足有两千比索，还有十捆用羽毛交织的精美棉布。科尔特斯笑吟吟地收下了。接着，那几位使者便以他们的主人蒙特苏马的名义说，他对我们在那些贫穷、不懂礼仪的人中逗留那么多日子，感到惊异，因为那些人都是不法之徒，不守信义，抢劫成性，连当奴隶都不配，只要我们稍一疏忽，不管是白天或黑夜，他们都会杀掉我们，抢走我们的财物。他要求我们马上去墨西哥城，说他一定罄其所有馈赠我们，尽管那样做仍不能如其所愿，尽到对我们应尽的礼数；又说虽然城内一切食物均需从外面运来，他将命人尽可能充分地供应我们。

蒙特苏马的意图是促使我们离开特拉斯卡拉，因为他已获悉我们同特拉斯卡拉人结为盟友，特拉斯卡拉人为了表示同我们亲近，还把女儿给了“马林切”。墨西哥人明白我们同特拉斯卡拉人结盟对他们不会有任何好处，所以便以金子和礼物作诱饵，让我们到他们的地盘上去，至少也要使我们离开特拉斯卡拉。

再回过头来说说那些使者的情形。特拉斯卡拉人很熟悉他们，告知我们的统帅，他们都是掌管许多村落和臣民的首领，蒙特苏马常派他们处理要事。科尔特斯向使者们道谢，又对他们作出许多关切和亲热的表示，说他将立即去见蒙特苏马王，并请他们留下和我们一起多待几天。

科尔特斯决定从我们的指挥官当中选出两位特别能干的人前去拜见蒙特苏马王，同时察看大墨西哥城的情形及其强大的兵力和城防。于是选中了佩德罗·德·阿尔瓦拉多和贝尔纳迪诺·巴斯克斯·德·塔皮亚前去，并让送礼物来的四个使者留下作为人质，蒙特苏马王先前派来的一直和我们在一起的几个使者陪同两位指挥官前往。我们见科尔特斯冒险行事，派那两位骑士去碰运气，便劝他道，只为察看墨西哥城的虚实，就这样派两个人去，实在不妥，应该尽快派人把他们召回来。科尔特斯于是写了一封信，要他们立即返回。正巧贝尔纳迪诺·巴斯克斯·德·塔皮亚在半路上染病发起了高烧，他们一见到科尔特斯的信就从原路回来了。

和他们同去的使者将此事禀报了蒙特苏马，蒙特苏马问起打算去墨西哥城的那两个神使的长相和身材，问他们是不是指挥官。这几个使者好像回答说，佩德罗·德·阿尔瓦拉多不论长相还是身材都十分英俊，犹如太阳一般，而且是个指挥官；还把画下来的阿尔瓦拉多的像呈给蒙特苏马看。从那时起，那些人便叫他托纳蒂奥[①]，意为“太阳”或“太阳之子”，并一直这样称呼他。使者们又说贝尔纳迪诺·巴斯克斯·德·塔皮亚身体健壮，仪表堂堂，也是一位指挥官。蒙特苏马对他们二人半路折回深感遗憾。

① 应为“托纳蒂乌”。

# 第七十四章
## 乔卢拉人派来四个身份不高的印第安人为他们没来特拉斯卡拉作解释

前面我已经说过，我们的统帅派人去乔卢拉，要该城的酋长们来特拉斯卡拉城会见我们。他们得知科尔特斯的意旨，认为还是派四个身份不高的印第安人前来辩白一番为好，诡称他们有病无法前来。这四个印第安人既没带来食物也没献其他礼物，只带来这么一句干巴巴的话。

这几个使者前来进见时，正好特拉斯卡拉的酋长们也在场，他们便对我们的统帅说，乔卢拉人派那么几个小人物来，纯粹是为了戏弄他和我们大家。于是科尔特斯立即把那四个人打发回去，同时又派四个森波亚尔印第安人前去通知乔卢拉人派主事的人来，由于乔卢拉距特拉斯卡拉有五西班牙里的路程，所以要他们在三天之内到达，如若不来，就把他们当敌人看待；他们来后，他将向他们宣讲一些事情，这对拯救他们的灵魂很有好处，还要教会他们过体面生活的礼数，并把他们视作朋友和兄弟，就像对他们的近邻特拉斯卡拉人一样；如若他们不肯如此行事，不接受我们的情谊，我们就会使他们不得太平。

乔卢拉人听到这话，赶忙答道，他们不能到特拉斯卡拉来，因为特拉斯卡拉人是他们的敌人，他们知道特拉斯卡拉人讲了他们和蒙特苏马王不少坏话，因此他们要我们离开特拉斯卡拉地界，到乔卢拉城去，那时如果他们再不按规矩办事，我们可以把他们当作敌人随意处置。我们的统帅认为他们言之有理，便决计前去乔卢拉城。

特拉斯卡拉的酋长见我们执意要去乔卢拉，就对科尔特斯说："我们是您的朋友，并一再劝您提防乔卢拉人和蒙特苏马的兵力，可您还是相信墨西哥人，而不相信我们的话。尽管如此，为了更好地效忠于您，我们将备好一万兵士随您同去。"

科尔特斯对此深表感谢。他与我们大家商议，认为我们既然想与乔卢拉人交好，就不宜带那么多武士前去，以带一千名武士为妥，所以他只向特拉斯卡拉人要了一千人，让其余的武士留在自己家里。

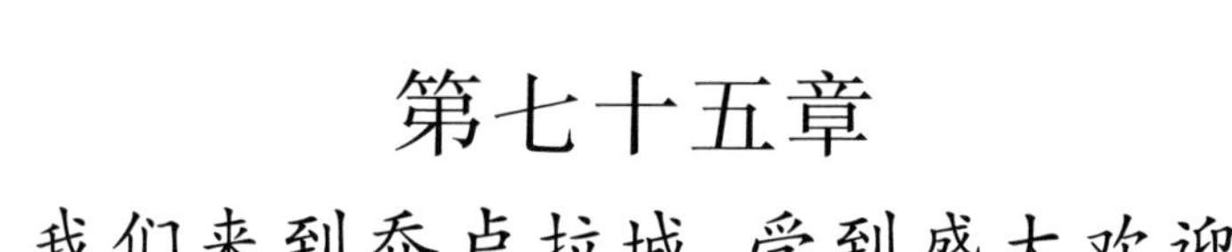

# 第七十五章
## 我们来到乔卢拉城，受到盛大欢迎

一天上午[①]，我们上路朝乔卢拉城进发。我们队列严整，正像我前面反复讲述的那样，每当我们开赴可能遇到动乱或战争的地方，我们都尽可能严加防备。当天晚上，我们在一条河[②]的河边宿

① 即1519年10月中旬的一天。

② 即阿托亚克河。

营，搭起一些草棚和营帐。这条河距乔卢拉城约一西班牙里路程，如今河上修起了一座石桥。就在当晚，乔卢拉的酋长们派几个首领当使者，前来欢迎我们进入他们的地界，同时送来鸡、玉米饼等食物；他们说，天亮以后，全体酋长和祭司都要来迎接我们，并请我们原谅他们没有立即前来。科尔特斯向他们表示感谢，一则感谢他们送来了食物，二则感谢他们所作的亲善表示。

那天夜里我们宿营时，派出许多岗哨和侦察兵。天一放亮，我们立即向乔卢拉城进发。临近该城时，酋长和祭司们以及许多印第安人出城迎接我们，他们大都穿着布衣，就像摩尔人[①]穿的紧身长衫。他们十分友好，祭司们端着香炉，把我们的统帅和我们这些在统帅左右的兵士逐一熏过。那些祭司和首领见到和我们一道来的特拉斯卡拉的印第安人，就让堂娜玛里娜对统帅说，他们的仇敌这样拿着武器进入他们的城池不妥。我们的统帅理解其意，便命令官兵及辎重停下，等我们全体聚集在一起，无人走动时，他说："诸位，我认为在进入乔卢拉城之前，最好先用好话试探一下这些酋长和祭司的真意，他们现在向我们抱怨我们的这些特拉斯卡拉朋友，而他们的话也很在理，我想先用好话向他们说明我们来此城的目的。诸位，你们已经听特拉斯卡拉人说过，乔卢拉人动辄闹事，因此最好能使他们自愿地臣服国王陛下。我认为还是这样更为稳妥。"

他随即要堂娜玛里娜把酋长和祭司们叫来（他当时骑着马，我们都在他左右），于是来了三个首领和两个祭司，他们对科尔特斯

① 指十三至十五世纪统治西班牙的伊斯兰教民族。——译者

说："马林切，我们没去特拉斯卡拉拜见您，给您送食物，请勿怪罪，因为并非我们无此心愿，而是因为马塞埃斯卡西、希科滕加和所有的特拉斯卡拉人都是我们的敌人，他们讲了我们和我们的主人蒙特苏马王许多坏话。这还不够，他们现在居然仗着您的力量，明目张胆地手持武器企图进入我们的城池。"他们请求科尔特斯命特拉斯卡拉人回自己的家去，至少也要留在野外，不能像这样进他们的城池；对我们进入他们的城池，他们表示非常欢迎。

统帅认为他们的话有理，便命令佩德罗·德·阿尔瓦拉多和克里斯托瓦尔·德·奥利德总领让特拉斯卡拉人就地安营，只让驮炮的脚夫和森波亚尔的朋友们随我们一道入城，并向特拉斯卡拉人解释下此命令的原因，说是那些酋长和祭司惧怕他们，等我们过了乔卢拉前往墨西哥城时，再派人来叫他们，请他们不要动气。

乔卢拉人见科尔特斯如此吩咐，放下心来，科尔特斯便对他们讲了下面的一番话，说我们的君王威震四海，臣属于国王陛下的王公和酋长不计其数，我们作为其臣民，受命来到这片疆土，明白晓谕不要敬奉偶像，不要用活人祭祀，也不能食人肉，干鸡奸之类的勾当；说我们是要去墨西哥城见蒙特苏马王，而乔卢拉城乃是必经之地，所以我们来到他们的城池，一则因为无其他近路可走，同时也为了同他们结为兄弟；还说许多大酋长都已归顺了我们的国王陛下，他们最好也能作出同样的表示。

他们答道，我们还没进入他们的地域，怎么就要命令他们摒弃他们的神明，这一点他们无法办到，至于说要归顺我们说的那位国王，他们倒很乐意。于是他们当场表示臣服（当时无公证人作证）。事毕，我们开始入城。出来观看我们的人非常之多，街道两旁和屋顶上都站满了人，这并不奇怪，因为他们从未见过我们这样的人，也从未见过马匹。他们把我们引到一些很大的大厅里住宿。我们和森波亚尔的朋友们以及搬运辎重的特拉斯卡拉人一同住在里面。那一天和第二天，乔卢拉人都给我们送来十分丰盛的饭菜。

# 第七十六章

## 蒙特苏马定计在乔卢拉城杀掉我们

乔卢拉人就像前面说的那样隆重而诚心诚意地接待了我们。可是后来，好像是蒙特苏马又派人向那几个和我们在一起的使者传达命令，要他们与乔卢拉人密商，由他派出一支全副武装的两万人的队伍，悄悄进城，和乔卢拉人合力向我们发动进攻，然后日夜将我们围困，尽可能把我们生擒，押解到墨西哥城。为此他向乔卢拉人作出许多许诺，还送来不少珠宝和布匹以及一面金鼓。他要乔卢拉城的祭司们抓起我们二十个人，杀了来祭他们的偶像。

一切安排就绪，蒙特苏马立即派来武士，一部分部署在离乔卢拉城半西班牙里的草棚和密林里，另一部分埋伏在城里，所有武士全都带着兵器，待命发起进攻；屋顶上筑起壁垒，街上挖好坑，给马匹设置障碍，还在一些房子里备下许多投枪以及皮条和绳子，以便捆绑我们，好解往墨西哥城。不过，我们天主胜他们一筹，因为事态的发展与他们的计划正好相反。

我们住下之后的头两天，他们用好吃好喝款待我们。我们虽然看到他们很友好，但还是按我们的良好习惯，始终不放松警惕。到了第三天，他们既不给我们送饭，酋长或祭司也都不露面，即便有印第安人来，也离我们远远的，不到我们跟前来，还窃笑着，似乎在嘲弄我们。

我们的统帅见此情景，便让通译堂娜玛里娜和阿吉拉尔叫在场的蒙特苏马王的使者命令酋长们派人送饭来。可是那些人只给我们送来了水和柴，送这些东西来的几个老头儿说是没有玉米。

就在那天，又来了几个蒙特苏马的使者，他们和先来的几个使者一起来找科尔特斯，非常放肆地对他说，他们的主人派他们来传话，要我们别去墨西哥城，因为蒙特苏马没有食物可供我们，并说讨得回话后要立即返回墨西哥城。

科尔斯特见此情形，认为他们的话很不对头，便用软话回答那些使者，说像蒙特苏马这样伟大的君王主意变得这么快，他感到十分吃惊，他请那些使者暂不要回墨西哥城，因为他次日便要动身前去拜见蒙特苏马王，听从蒙特苏马王的差遣。我记得科尔特斯甚至还送给他们几串珠子。使者们说可以等候。

接着，我们的统帅把我们召集到一起，说："我看这些人很是反常。我们必须严加防备，他们一定在策划阴谋。"随后，科尔特斯派人去叫那个为首的酋长（名字我已记不清了），要他亲自前来或者派几位主事的人来。那个酋长回答说身体有病，无法前来。

我们的统帅见此情景，便命人去我们住处近旁的一座大庙里找两个祭司，用好话劝说他们到我们这里来，因为那座庙里有许多祭司。我们客客气气地找来了两个祭司，科尔特斯命人给他们每人一块绿宝石（他们把这种石头看得像翡翠一样珍贵），然后用亲切的话语向他们打听，酋长、首领和其他所有祭司为何这样惶恐，为何他派人去请，他们都不肯来。

那两位祭司当中，有一位似乎是所有祭司的首领，统管城里所有的庙宇，就好像是我们的主教，人们都对他毕恭毕敬。他说，他们是祭司，所以不怕我们；说既然酋长和首领们不肯来，那他就去叫他们；他相信，只要他去对那些人讲，他们不会不听，一定立刻前来。

科尔特斯便说请他去一趟，并让他的同伴留下等他回来。那个祭司去找酋长和首领们，那些人果然立刻随他前来科尔特斯的住处。科尔特斯通过我们的通译问他们为何惊慌，为何不向我们提供食物，说如果是因为我们在他们的城里使他们为难，我们想第二天一早就出发，前往墨西哥城面见蒙特苏马王。科尔特斯要他们备好脚夫搬运辎重和“特普斯克”（他们称大炮为“特普斯克”），还要他们马上送饭来。那些酋长一听，张口结舌，忙说他们去弄饭；可是又说，他们的主人蒙特苏马已命人传过命令，不得给我们饭吃，也不想让我们继续前进。

正说到这儿，来了三个和我们结盟的森波亚尔印第安人，他们悄悄报告科尔特斯，他们在我们住处附近的街道上发现有挖好的用木板和泥土覆盖的陷坑，若不仔细观察，很难发现；他们移开坑上面的东西之后，发现坑里满是锋利的尖桩，只要马一跑，掉下去就没有命；他们还发现屋顶上堆满石块并筑起了土坯工事，这绝不是什么好兆头，因为在另一条街上他们还发现用粗大的木头垒的路障。

就在这当儿，又来了八个印第安人，都是留在城外没让入城的特拉斯卡拉人。他们对科尔特斯说："马林切，您要当心，这个城的情况不妙，因为我们已经得知，他们今天晚上杀了七个人（其中五个是小孩），用来祭祀他们的偶像——战神，以保佑他们战胜你们；我们还发现他们已把所有家什、女人和小孩转移到别处去了。"科尔特斯听他们讲完，立即打发他们回到他们的统领那里去，并要他们随时作好准备，等候我们的命令；然后他又回过头来，叫乔卢拉的酋长、祭司以及首领们不要惊慌，要他们记住他们已归顺我们，不要言而无信，否则他一定严加惩处；说他已对他们说过，我们想第二天一早就走，所以要求乔卢拉城也像特拉斯卡拉那样，向我们提供两千武士随同我们前去，因为我们路上用得着。

他们答道可以派人，并请科尔特斯准许他们立即去安排。他们满心欢喜地走了，因为他们相信，有他们向我们提供的这么多武士，加上蒙特苏马派来的已经隐藏在密林和草棚里的队伍，我们不是被打死就是被生擒，万难逃脱，因为马匹没法奔跑，而且他们已经通知蒙特苏马的部队筑好工事和路障，只留一条窄道，我们绝对无法通过。他们还通知蒙特苏马的人我们第二天出发，叫他们一定要作好一切准备；说他们将给我们提供两千名武士，乘我们不备，可以两边夹击，将我们生擒。他们让蒙特苏马的部队绝对放心，因为他们已经祭过战神，战神已答应让他们取胜。



话说我们的统帅为了了解他们的全部打算和行动，便让堂娜玛里娜给那两个和他谈过话的祭司再送去一些绿宝石，因为那两个人没有顾虑；又让她用好言好语告诉他们，马林切想再同他们谈谈，然后把他们带来。

堂娜玛里娜去了，她很会办这种事，经她一说，再把礼一送，两个祭司马上就跟她来了。科尔特斯让他们把知道的一切都讲出来，说他们既是神的祭司和首领，就不该讲假话，况且，他们讲的一切都不会透露出去，因为我们明天就走，又说他还要再送他们许多布匹。

他们说实际情况是，自打他们的蒙特苏马王知道我们要去他的城池之后，天天都在犹豫，拿不定主意，时而派人传令说，如果我们要去，一定要好好对待我们，并领我们去墨西哥城，时而又派人说他不愿意我们去墨西哥城；现在他们最敬奉的特斯卡特普卡神和维奇洛沃斯神，又建议蒙特苏马设法在乔卢拉把我们杀掉或者活捉之后解往墨西哥城。他们说蒙特苏马前一天已派来两万武士，其中一半埋伏在城内，另外一半藏在不远的山谷里，这些武士已经知道我们明天上路，并得到通知筑好路障，而且知道乔卢拉人要向我们提供两千武士，双方已经商量好把我们一举全歼，只留下我们二十个人好杀了来祭乔卢拉城的偶像。

科尔特斯命人拿出一些精美的布匹送给他们，并要他们切勿说出此事，如果说出去，不等我们从墨西哥城回来，他们就没命了；说他明天一早就出发，要他们按他说的把所有的酋长找来，他要同那些人谈谈。

当晚，科尔特斯同我们商议对策，因他手下有不少大智大勇的官兵。正如在这种情况下常见的那样，商议时众说纷纭，一些人说最好改道，走韦霍辛戈；另一些人则说无论如何要设法同他们讲和；我们这部分人的意见是，如果像这样背信弃义的举动我们都听之任之，不予惩处，以后我们无论到什么地方，印第安人都会以恶劣的办法对待我们，既然我们已经进了城，城里又有充足的粮草，就应向他们开战，因为在他们的城里打，比起在野外打更能使他们吃到苦头；又说我们应该马上就让城外的特拉斯卡拉人作好准备。大家一致认为后面这个主张好。我们决定这么办：既然科尔特斯说过第二天走，我们就佯装打点行装（其实没什么好打点的），然后在我们住处那几个有高围栅的大院子里集合，在那儿向印第安人开仗——那是他们应得的惩罚；对于蒙特苏马派来的使者，我们暂时同他们周旋，就说是那些奸诈的乔卢拉人想暗算我们，然后再把罪责推到他们的主人蒙特苏马和他们的头上，因为他们是蒙特苏马的使者，不过我们并不相信蒙特苏马会下这种命令，所以请他们躲到屋子里去，不要再同乔卢拉人接触，免得使我们疑心他们与乔卢拉人合谋暗算我们，说我们还想让他们带领我们去墨西哥城。

他们回答说，无论是他们还是蒙特苏马，对此事一无所知。我们则不管他们愿意与否，派兵把他们看管起来，不让他们擅自离开，以免蒙特苏马得知我们已了解是他下的命令。

当晚我们枕戈待旦，加意防范，马不卸鞍，加岗加哨，因为我们确信墨西哥和乔卢拉的军队那天晚上定会向我们发起进攻。

有一个印第安老太婆——一个酋长的老婆，知道他们的全部密谋，她偷偷找到了我们的通译堂娜玛里娜，因她看到堂娜玛里娜年轻、漂亮又很富有，就和她搭讪，劝她如果想逃命，就跟她一道去她家，因为不是那天晚上，就是第二天，他们一定会把我们统统杀掉；说是蒙特苏马王已经命令乔卢拉城的人与墨西哥人进行夹击，使我们无一逃生或者把我们俘获，押往墨西哥城，她说她因为了解内情，又出于对堂娜玛里娜的怜悯，才前来相告，要堂娜玛里娜收拾全部行李，跟她回家，她要把堂娜玛里娜嫁给她的儿子，也就是陪老太婆前来的那个小伙子的哥哥。

堂娜玛里娜听得明白，她做什么事都极精明，便对老太婆说："啊！我的老妈妈，您告诉我这件事，我真是感恩不尽！我巴不得马上跟您走，只是没有可靠的人帮我把这么多布匹和金首饰带走。老妈妈，请您千万和您的儿子再等一等，我们今天夜里走，您看这会儿那些神使到处设了岗，会发觉我们的。"老太婆相信了堂娜玛里娜的话，便留下来和她闲谈。她问老太婆他们将如何杀我们，这一切又是何时、何地策划的。老太婆说的情况与那两位祭司说的完全相同。堂娜玛里娜又问："这事既然这么秘密，您怎么会知道呢？"老太婆答道，是她丈夫告诉她的，她的丈夫是乔卢拉城一个族的统领；因为是统领，所以这会儿正跟他麾下的武士在一起，率领部众去山谷同蒙特苏马王的部队会合；她想他们是要等我们从那儿经过的时候，把我们杀掉。老太婆说她三天前就知道这一密谋，因为墨西哥人派人给她丈夫送来一面金鼓，并给另外三个首领送了一些精美的布匹和金首饰，要他们将我们生擒，交给他们的主人蒙特苏马。

堂娜玛里娜听毕，仍装模作样地与老太婆周旋，说："啊！您说您的儿子——您要我嫁的那人——是个首领，真让我高兴极了！咱们谈的时间够长了，我可不愿意让人发觉我们。老妈妈，我看您就在这儿等着我，我先把我的家当一点一点拿出来，因为我没法儿一次全拿出来，您和您的儿子，也就是我的兄弟，在这儿看着，随后咱们就可以走了。"老太婆信以为真，便和她儿子坐下来安心等候。堂娜玛里娜则赶忙来到统帅的住处，把那个印第安老太婆的事一五一十地报告给他，他立即下令把老太婆捉来见他，再次询问有关密谋的情况。老太婆所述与两位祭司说的毫无二致。统帅派人把老太婆看管起来，以免她走掉。

天亮以后，酋长、祭司和武士们那种急不可耐的样子真够瞧的！他们大声嬉笑，高兴得不得了，真像是我们已经落入他们的陷阱、钻进他们布下的天罗地网一般！他们派来的印第安武士超过我们提出的数量，那么大的院子都无法容纳——虽然时隔多年，我仍然记得很清楚。

乔卢拉人大清早便带着武士们来了，不过我们早已做好准备，按我们的计划行事。手持剑和盾的兵士把守院子的大门口，不放一个印第安武士出去。我们的统帅骑在马上，由许多兵士护卫着。他见酋长、祭司和武士这么早就都来了，便说："这些卑鄙的家伙急着要让我们去山谷，好把我们杀掉吃我们的肉哇！不过，天主会保佑我们的！"他随即打听那两个向我们泄露秘密的祭司在哪儿，人们告诉他，那两人在大门外同一些想进院子的酋长在一起。科尔特斯让我们的通译阿吉拉尔叫那两人回家去，说我们此刻不需要他们。科尔特斯作此安排，是为了不使他们死于我们的刀下，因为他们为我们做过好事，不能对他们恩将仇报。

科尔特斯骑在马上，把堂娜玛里娜带在身旁，开始质问那些酋长，我们没招惹他们，他们头一天晚上为什么想杀死我们；我们不过向他们宣讲了我们的圣教，而一路上，我们凡经过一个村子都如此行事，再说，我们也从未逼迫过他们；除此之外，我们有哪句话、哪件事冒犯了他们，使得他们要以那种背信弃义的举动来对待我们；他们为什么要在大庙旁的房子里备下许多极粗的长箭、皮条和绳索；三天来，他们在街上筑路障、挖陷阱，在屋顶上筑工事，是何

居心；他们把妇孺、财物转移到城外想干什么；他们的狼子野心真是昭然若揭，因为他们甚至不向我们提供食物，只拿些水和柴糊弄我们，说什么没有玉米了。他说他完全了解，他们在不远的山谷里埋伏了许多军队，以为我们去墨西哥城时必得经过那里，所以同那些夜里与他们会合的大批武士商量好要向我们下毒手；说我们来此是为了把他们当作兄弟并告诉他们我们天主及国王的意旨，可是作为回报，他们居然准备好大锅、盐、辣椒和番茄，想杀死我们后吃我们的肉！如果他们真想这么干，就该像他们的邻人特拉斯卡拉人那样，堂堂正正地在野外向我们开战，也算他们是真正的、勇敢的武士！他清楚地知道，他们已经商量好，甚至还向战神许过愿，一定要杀我们二十个人来祭神，并在三天前的晚上，已经用七个印第安人祭神，求神保佑他们获胜，神也答应了，不过他们的神既凶恶又不灵验，过去和现在都没有法力对付我们，他们所策划和进行的全部卑鄙、歹毒的勾当，到头来只能使他们自己遭殃。

堂娜玛里娜清清楚楚地把这番话讲给他们听，祭司、酋长和首领们一听，忙回答说，科尔特斯说的都是实情，不过那是蒙特苏马的使者向他们传达的他们君王的命令，怪不得他们。

于是，科尔特斯说，遵照我们国王的法令，这样的阴谋必须严加惩处，他们这些人罪不容诛。他当即下令放一枪，那是我们事先定好的信号，接着我们朝他们一阵猛杀，杀得他们一辈子都不会忘记，许多人当场毙命，他们那些假神的许诺并没能帮他们的忙。没过两个小时，我们留在城外的朋友特拉斯卡拉人赶来了，他们在街上猛杀猛砍，因为乔卢拉人在街上部署了队伍拦阻他们入城，不过很快就被他们打得落荒而逃。特拉斯卡拉人在城里到处抢劫、抓人，我们想拦都拦不住。

第二天，从特拉斯卡拉各村又来了几支队伍，在乔卢拉大杀大抢，因为特拉斯卡拉人非常仇恨乔卢拉人。科尔特斯和我们其他指挥官以及兵士们见此情景，对乔卢拉人动了恻隐之心，决计制止特拉斯卡拉人，不准他们再进行破坏。

科尔特斯命令克里斯托瓦尔·德·奥利德把特拉斯卡拉的统领们全都找来。他们很快赶到，科尔特斯命令他们集合各自的队伍，回到城外。他们照办了，于是，只剩下森波亚尔人和我们留在城内。

这时又来了几个乔卢拉的酋长和祭司，据他们自己说，他们所在的城区没有卷入阴谋，因为乔卢拉城很大，各城区自成一帮一派；他们央求科尔特斯和我们大家说，密谋者既已付出生命的代价，我们就饶了他们的罪过吧。接着，那两个向我们透露了秘密的对我们友好的祭司，以及那个想当堂娜玛里娜的婆婆的统领老婆，也来请求科尔特斯宽恕那些人。



他们向科尔特斯求情时，科尔特斯做出怒不可遏的样子，派人把软禁在我们驻地的蒙特苏马的使者叫来；他说乔卢拉城真该夷为平地，不过出于对他们的君王蒙特苏马的尊敬，他就原谅了那些人，但从此往后，那些人必须弃恶从善，不得再干此类事情，否则就把他们全部消灭。

随后，科尔特斯派人把在城外的特拉斯卡拉人的酋长们召来，让他们把掳去的男女放还，因为他们给乔卢拉人造成的损失够多的了。特拉斯卡拉人起先不肯放人，说他们一直受乔卢拉人的算计，乔卢拉人理该受到更大惩罚，最后他们还是遵从了科尔特斯的命令，放了许多人，不过他们这一次捞足了金子、布匹、棉花、盐和奴隶。

科尔特斯还要特拉斯卡拉人同乔卢拉人交好，据我后来所知，他们从此再也没闹翻。科尔特斯同时命令乔卢拉的祭司和酋长们让人们回城居住并重开集市，不用担心害怕，因为不会有人骚扰他们。

他们回答需要五天时间才能使人们返回城内，因为城里的人几乎全都逃进山里去了；他们还说要让科尔特斯给他们任命一个酋长，因为原先指挥他们的那个酋长也死在院子里了。科尔特斯问谁是那个酋长的继承人，他们说是酋长的一个弟弟，科尔特斯随即指定他担任酋长，直到下达新的命令。

科尔特斯见人们已回城安居，集市也恢复正常，便派人把祭司、统领和首领们全召集起来，十分透彻地向他们宣讲有关我们圣教的事，要他们清楚他们是上了那些偶像的当，说那些偶像很不灵验，不讲真话，他们应该记住，五天前他们杀了七个人祭那些神时，那些神曾保证让他们获胜，可那纯属谎言，又说那些偶像让祭司和他们干的全是坏事，所以他要求他们立即把偶像打翻、砸碎，如果他们不愿动手，那我们就去把偶像搬开，还要他们在村口设一个基座并用石灰刷白，好让我们立一个十字架。

关于十字架的事，他们马上照办；不过拆偶像一事，他们嘴上说要办，可尽管科尔特斯一再催促，他们仍一味拖延。于是施恩会的神父劝科尔特斯说，在他们更好地理解我们所讲的事情并见到我们进入墨西哥城的结果之前，一上来就想拆他们的偶像是徒劳的，以后我们再决定应如何行事，眼下既已对他们讲了道又立了十字架，也就足够了。

乔卢拉城位于一片平原之中，周围有许多村落，如特佩亚卡、特拉斯卡拉、查尔科、特卡马查尔科、韦霍辛戈等，此外，还有许多小村落，因为实在太多，就不一一列举了。那里盛产玉米、蔬菜、辣椒，满地都是龙舌兰，可以用来酿酒。那里还出产非常好的陶器，花纹各异，有红、褐、白三种颜色；是墨西哥以及邻近所有地区的陶器供应地。

当时乔卢拉城里有许多高塔，全是他们供奉偶像的庙宇，其中最大的那个庙宇比墨西哥城的神庙还高（墨西哥的那个庙宇极其华丽、宏伟）；庙里有举行祭礼的院子。据我们所知，庙宇里供着一个非常重要的神，神的名字我已记不清了[①]，他们崇奉此神，远近的人都像我们行九日祭那样前来祭拜，询问各自的财运。

蒙特苏马先前派来的队伍都布置在乔卢拉城附近的密林中，他们修筑了路障和窄道拦阻马匹通过。一听说情况有变，他们匆忙赶回墨西哥城，向蒙特苏马报告发生的事情。尽管他们去得快，可蒙特苏马已经从一直和我们在一起的两个首领那儿得到了有关消息，因为这两个人早就飞快地跑回去禀报了。我们非常确切地了解到，蒙特苏马得知发生的事后，极为痛心和恼火，立即杀了几个印第安人祭他们的战神维奇洛沃斯，求它指明应该设法阻止我们还是放我们进入墨西哥城；我们甚至了解到，他还同十个最主要的祭司一连两天闭门祷告、祭祀，并从神那儿得到了回答，神指示他派出使者就乔卢拉发生的事请求我们原谅，并做出友好的表示，让我们进入墨西哥城，待我们进城之后，只要断我们的食物和水，或吊起任何一座桥，就能把我们置于死地；一旦向我们开战，一天



① 即羽毛蛇神克特萨尔科亚特尔。

之内就能把我们统统杀光，然后便可以用我们来祭祀指引他们的维奇洛沃斯神和他们的地狱之神——特斯卡特普卡神了；他们则可将我们的大腿、小腿和手臂饱餐一顿，再把余下的五脏、躯干喂那些养在笼子里的各种蛇和豹（我在适当的时候还要细说蛇和豹的事）。

严惩乔卢拉人一事迅即传遍新西班牙各地，我们先前已有勇士的名声，经过波通昌、塔巴斯科、辛加帕辛加和特拉斯卡拉几次大战，印第安人把我们称作神使，乔卢拉之战后，他们更以为我们未卜先知，说一切算计我们的阴谋都瞒不过我们；于是，印第安人都向我们表示亲善。

我想有关乔卢拉的叙述一定使性急的读者不耐烦了。我本想就此打住，不过，在接着往下讲之前，我必须再提一提我们在乔卢拉城发现的那些宽木条的笼子，笼子里关满大人和小孩，养肥之后用来祭神、食肉。我们砸开这些牢笼，科尔特斯要囚禁在里面的人都回到各自的家园，并用威胁的口气命令乔卢拉城的酋长、统领和祭司们不得再那样囚禁印第安人，也不准吃人肉；他们满口答应，可是并不照办，所以他们的保证没有丝毫作用。



# 第七十七章

## 我们派使者传话给蒙特苏马

我们在乔卢拉城过了十四天，无事可做；见人们已回城安居，集市恢复，乔卢拉人和特拉斯卡拉人也已和好，我们又立了十字架并宣扬了有关我们圣教的事情，又见蒙特苏马不断派密探偷偷进入我们驻地刺探我们的意图，看我们会不会继续前进，前往墨西哥城，而且通过那两个在我们身边的使者，把一切都打探得清清楚楚，我们的统帅便决定找几个他信得过的指挥官和兵士商议对策，这几个人有勇有谋，他每次采取行动之前，总要征求他们的意见。

大家商议后决定派人前去婉转地对蒙特苏马说，我们受我们国王陛下的差遣，远涉重洋，千里迢迢而来，就是为了见到他，告诉他一些对他极为有益的话；说我们正往他的城池进发，是他的使者带领我们取道乔卢拉城，因为据他们说该城居民均是他蒙特苏马的臣民；我们进乔卢拉城的最初两天，他们给予我们极好的接待，但到了第三天，他们却策划阴谋，妄图杀害我们；不过，我们具有特殊的能力，可以立即察觉任何针对我们的阴谋诡计及罪恶勾当，因此我们惩处了一些企图干此类勾当的家伙，由于我们知道他们是他的臣民，为了表示对他本人和对我们之间的友情的尊重，我们没有毁掉该城，杀死所有图谋不轨的人。最令人遗憾的是，祭司和酋长们都说，他们那么干是受他和他的使者的指使。我们从未相信此话，因为像他这样伟大的君王绝不会下此命令，特别是他自称是我们的朋友。不过既然他信奉的神使他生出同我们交战这样糟糕的念头，我们根据他的人品推测，他一定会在野外同我们交手；可是无论在城里打，还是在野外打，无论是白天打，还是夜晚打，我们都奉陪，因为不管是什么人，只要想和我们打，都会被我们消灭；不过，我们把他蒙特苏马当作好朋友，想见见他，和他谈谈，所以将立即前往他的城池，把我们国王陛下的旨意详详细细地向他转达。

蒙特苏马听罢这番话，知道我们并未把乔卢拉一事完全归咎于他。我们听说，蒙特苏马再次同他的祭司们一起斋戒、祭神，求神重新指明要不要放我们进城，是不是仍然维持先前对他们表示的旨意。

他得到的回答仍和前次一样，即先让我们进城，然后在城里杀掉我们。他的统领和祭司们还劝告他说，他若拦阻我们进城，我们就会在他管辖的村镇与他开战，而特拉斯卡拉人、托托纳卡山区的人以及其他与我们交好的人都会帮助我们，因此还是维奇洛沃斯神给他们出的主意最好、最保险，可以避免这些不利之处。

# 第七十八章

## 蒙特苏马送来黄金作为礼物

蒙特苏马再次得到维奇洛沃斯神的指引并听取了祭司和统领们的劝告，又听到我们的人转达的有关友情而又十分严厉的话，又惊又惧。他经过再三考虑，决定派出六名首领送来一份礼物，全是各色各样的金饰，据估计，价值大约两千比索，此外还送来若干捆织有许多花纹的精美布匹。

这六个人带着礼物来到科尔特斯面前，双手伏地，照他们的习惯行过大礼，说："马林切，我们的主人蒙特苏马王送您这份礼品，请您收下，并请接受他对您和您的弟兄们的无比热爱。"他们又说蒙特苏马对乔卢拉人给科尔特斯制造的麻烦感到痛心，希望科尔特斯对他们严加惩处，因为他们很坏，信口雌黄，居然把他们想干的坏事加到他和他的使者们头上；他请我们坚信，他是我们的朋友，并请我们在我们认为合适的时候前往他的城池；说因为我们如此英勇，又是我们所说的那位至高无上的国王的使者，所以他愿给我们以最高的礼遇，虽说他无食物供应我们，一切给养均需从别处运来（因为各个村镇都建在湖中），他无法将一切都安排得十分周到，不过，他将尽可能使我们得到最好的礼遇，并已命令我们将要经过的各村，提供我们所需要的一切东西。

科尔特斯借助我们的通译明白了他们的话，欣喜地收下那些礼物，拥抱了来使，并命人送给他们一些花色水钻。他十分亲切地致了答词，要求来送礼的人留下三个给我们当向导，另外三个把回话带给他们的主人，通知他我们即将上路。

特拉斯卡拉的大酋长们一听我们要动身，很是难过，忙派人来向科尔特斯说，他们已再三劝他小心从事，切莫进入那座森严壁垒的城市，那里兵多将广，随时都会向我们开战，恐怕我们无法生还；又说为了表示对我们的好意，他们愿意派强将率领一万武士，带着路上所需粮草随我们同去。

科尔特斯对他们的好意深表感谢，又说率领如此众多的武士进入墨西哥城不妥，况且他们又是墨西哥人的死对头；还说他只需要一千人搬运“特普斯克”（大炮）等辎重和修筑道路，他们果然立即派给我们一千人。

我们正准备出发时，随我们一道来的森波亚尔的酋长和统领们来见科尔特斯。这些人一直跟随我们，忠心耿耿地为我们效力，这时，他们说想回森波亚尔，不愿从乔卢拉再往墨西哥去，因为他们确信到了墨西哥，他们和我们都会送命，蒙特苏马王一定会下令杀掉他们，因为他们都是森波亚尔最主要的首领，是他们决定不再顺从蒙特苏马，不向他纳贡并囚禁了他派来的收税官。

科尔特斯见他们如此坚决地请求准许他们回去，便叫他们不要怕，说他们绝不会受到损害，只要有我们在，谁敢冒犯他们和我们？他请他们改变想法，留下来和我们在一起，还保证一定让他们发财。可是，不管科尔特斯如何请求，堂娜玛里娜如何亲热地向他们解释，他们就是不肯留下，执意要回去。

科尔特斯见此情景，便说："天主绝不会让我们强迫这些曾经尽力为我们效劳的印第安人跟我们走的。"于是他叫人拿出许多精美的布匹，分送给他们每个人，还给森波亚尔的那个胖酋长——我们的朋友——捎去两捆布匹，分别送与他和他的侄子奎斯科。

# 第七十九章

## 我们上路朝墨西哥城进发

我们从乔卢拉城出发时，像往常一样队列整齐。当天，我们来到坐落在一个小山冈上的一片村舍，那村子属韦霍辛戈人管辖，好像叫作伊斯卡尔潘村，离乔卢拉有四西班牙里。

由于韦霍辛戈离那儿很近，所属各村的酋长和祭司立即前来我们的驻地，因为他们是特拉斯卡拉的盟友。坐落在火山山腰上的毗邻的一些小村落也派人前来。他们送来食物和一些不大值钱的金饰，对科尔特斯说，礼虽薄而情义重，请他一定收下。

他们劝告科尔特斯不要去墨西哥城，因为该城固若金汤，兵力强大，我们会冒很大风险。他们要科尔特斯注意，我们一路前去，一登上那个山间隘口，就会见到两条很宽的路，一条通向一个名叫查尔科的村镇，另一条通向塔马纳尔科镇[①]，两个地方都隶属墨西哥。其中一条路清扫得十分干净，好让我们从那里走；另外一条路则被伐倒的许多大树和巨大的松木堵塞，人和马均无法通过。墨西哥人以为我们一定会走那条通畅的路，所以就在那条路往下不远的地方切断了通道，筑起路障和工事，许多墨西哥武士埋伏在那里准备杀害我们。他们劝我们切莫走那条通畅的路，而应走那条拦有树木的路，说他们可以为我们提供许多人力去清除障碍，再者有特拉斯卡拉人与我们同行，大家可以一道搬掉那些树木。

科尔特斯非常高兴地收下他们的礼物，并对他们的提醒表示感谢，说靠着天主保佑，他一定沿着他们劝他走的那条路继续前进。



第二天，我们一大早便出发了，将近中午时分，我们登上隘口，果然看到有两条路，与韦霍辛戈人说的不差分毫。我们在那儿停留了片刻，琢磨着韦霍辛戈人警告我们的有关墨西哥人的伏兵和有路障切断通道的话。

科尔特斯命人把和我们同行的蒙特苏马的使者传来，问他们那两条路何以如此不同，一条清扫得干干净净，另外一条堆满新伐的大树。他们答道那是为了让我们走那条通畅的路，那条路通往一个名叫查尔科的村镇，我们会在那儿受到热烈欢迎，因为那儿是

① 应为“特拉尔马纳尔科”。

蒙特苏马的疆土;又说另一条路所以用树木堵死,是让我们不要从那儿走,因为那条路很难通行,而且要绕个圈子才能到墨西哥城,那条路通往的镇子也不如查尔科大。科尔特斯听罢却说,他打算走那条堵塞的路。我们排着整齐的队列开始上山,先由我们的朋友搬开那些粗大的树木,然后我们从清出的路上十分费力地通过;时至今日,路旁还可见到当时搬开的一些大树。

我们登上山顶时,天下起雪来,地上白茫茫的一片。我们开始下山,来到一片类似小客店的房子过夜,那儿本是印第安商贩歇脚的地方。我们饱餐了一顿,但觉得很冷。当夜,我们布置了岗哨、巡逻兵和侦察兵。

次日我们继续前进,到做大弥撒时,来到一个镇子,我在上面已经说过,这个镇子名叫塔马纳尔科[①]。我们在那儿得到很好的接待,他们提供了充足的食物。

我们到来的消息在许多村落传开,查尔科人首先前来,然后奇马洛亚坎、梅卡梅卡和阿卡辛戈——那是个有许多独木船的港口——等地的人也都来了,同来的还有许多小村子的人,村名我都记不得了。他们合送我们一份礼物,有金子、两捆布匹和八个印第安女子;金子约值一百五十比索。他们说:"马林切,请收下我们送您的礼物,请您从今以后永远把我们当作您的朋友。"

科尔特斯高高兴兴地收下礼物,答应无论他们有什么需要,他都尽力帮助。科尔特斯见许多村子的人聚在一起,便叫施恩会的教士向他们宣讲我们的神圣教义,劝他们抛弃他们的偶像。他们

① 系作者笔误,应为"阿梅卡梅卡"。

听了之后都说讲得好，不过又表示得等等再说。我们还向他们说明我们的国王何等威严，我们是受其派遣为锄强扶弱而来。

那些村镇的人一听这话，都背着墨西哥使者偷偷地向我们诉说蒙特苏马及其收税官的种种不是，说那些人洗劫他们的财产，掳掠他们的妻女（长得好的都被霸占了，还当着众人甚至她们丈夫的面强奸她们），强迫他们像奴隶一样干活，迫使他们由旱路、水路搬运木料、石头、木柴、玉米，种玉米或服其他徭役，霸占他们的土地作举行祭礼的场所，如此等等，不可胜数，怎奈事过多年，现已无法一一记述了。

科尔特斯好言好语劝慰他们，通过堂娜玛里娜把意思讲得十分清楚，说他暂时无法替他们伸张正义，要他们再忍受一下，他以后一定解救他们。科尔特斯又悄悄命令他们派两个首领，领着我们的四个特拉斯卡拉朋友，去察看韦霍辛戈人劝我们不要走的那条通畅的路，看看是不是筑起了路障或工事，有没有墨西哥人的伏兵。



酋长们答道："马林切，不用去看了，因为现在路已清理得十分平坦，可是您要知道，六天前他们为了阻止您通过，切断了通道，还派了许多伏兵。我们知道蒙特苏马的战神维奇洛沃斯要他放你们过去，等你们进入墨西哥城以后，再在城里把你们杀掉。所以，我们认为你们最好留在我们这儿，我们一定尽可能好好招待你们，你们切莫去墨西哥城，因为我们知道墨西哥城城防坚固、兵员众多，你们万难生还。"

科尔特斯和颜悦色地对他们说，除了我们信奉的天主外，无论是墨西哥人或是其他人都无法杀死我们；说我们想马上就向蒙特苏马本人和他的全体酋长、祭司宣讲天主的意旨，所以打算即刻出发，并请他们派二十个首领随我们同去；还说他愿为他们做许多好事，进入墨西哥城之后，就替他们主持公道，使蒙特苏马和他的收税官再不像他们所说的那样对他们横行霸道。那几个村镇的人个个喜笑颜开，连声称好，并立即给我们派了二十个印第安人。

# 第八十章

## 伟大的蒙特苏马又向我们派来几个使者，带来黄金及若干布匹作为礼物

我们正要动身向墨西哥城进发，蒙特苏马派遣的四个墨西哥首领来见科尔特斯，带来黄金及若干布匹。他们按他们的习惯行礼之后说道："马林切，这份礼物是我们伟大的蒙特苏马王送给你的。王说，你从远方长途跋涉来看他，他很不安；他还说，上次已派人对你说过，他要交你很多金银和宝石，进贡给你们的国王，还要送给你和你带来的神使；他还要你不要去墨西哥城。他现在再请求你，务必不要往前走，哪儿来还回哪儿去；他答应送很多金银和宝石到港口去献给你们的国王，还要给你四包金子，给你的弟兄们每人一包。你要进城可不行，他的全体臣民都已拿起武器，不让你们进去。"他们还推托说，没有大路通往城里，仅有一条窄道，更没有可供我们吃的粮食，还说了许多难处，让我们不要前往。

科尔特斯听了口信，尽管心中不快，仍然拥抱了几个使者，显得十分亲热。他收下礼物时对使者说，蒙特苏马王自认为是我们的朋友，又是个十分了不起的君王，竟如此反复无常：一会儿这么说，过一会儿又派人传达相反的命令，他觉得很吃惊。蒙特苏马说要把金子送给我们国王陛下和我们全体，此话颇令人感激，可现在他派人送来的口信，日后准会使他付出代价。我们现在与他的城池近在咫尺，怎能不执行我们国王陛下的圣命，打原路回去，难道他觉得这样合适吗？如果蒙特苏马王派使者到一位跟他同样了不起的国王那里去，快到那位国王的住所了，那国王不听他们说明来意，二话不说便打发他们回去；他们回来禀报了这样的情况，他除了把他们看作胆小鬼和窝囊废，难道还会给他们什么恩典吗？我们的国王陛下必定也会这样看待我们的。所以，我们无论如何也要到他的城池去，他往后不要再找借口派人来谈此事了，因为我必须见他，必须对他解释前来的全部目的，而且只能与他本人谈。等他听了我们的话，他仍然觉得我们待在他的城里不合适，我们一定哪儿来还回哪儿去。至于他说城里粮食不多，无法供养我们，我们这些人倒是吃一丁点东西也能活下去，我们现在正朝他的城池进发，他还是欢迎我们为好。

打发走那几个使者，我们便上路朝墨西哥城进发。韦霍辛戈和查尔科两地的人告诉过我们，蒙特苏马问过他的神明和祭司，是让我们进墨西哥城，还是跟我们作战，祭司们答道，他们的维奇洛沃斯神说让我们进城，在城里一定能杀死我们；是人都怕死，所以我们一直放心不下。那片疆土上人口众多，因此我们每日只走极短的路程；我们一面指望天主和仁慈圣母的恩典，一面商量用什么方法方能进城，我们心怀希望，想到耶稣基督既然保佑我们度过了以往的种种危险，也定会保佑我们战胜墨西哥的兵力。

我们在一个叫作伊斯塔帕拉滕戈的村落宿营，该村的房屋一半在水上，一半在旱地上，附近有一座小山冈，现在那里有一家客栈，我们在那里饱餐了一顿晚饭。

此事按下不表，我再说说蒙特苏马。当他的使者返回时，他听到了科尔特斯让他们带回的答复，立刻决定派特斯库科的酋长——他的一个名叫卡卡马津的侄子，隆重欢迎科尔特斯和我们全体。我们的探子来报告说，路上来了一大群友好的墨西哥人，看上去都穿着很讲究的棉布衣服。这当口儿天色尚早，我们本来要出发了，科尔特斯却命令我们待在住处，等他去看个究竟。

这时来了四个首领，他们向科尔特斯行过大礼，便对他说，特斯库科的酋长——蒙特苏马的侄子卡卡马津——快到了，要我们等他到来。不久他就到了，我们从未见过哪个墨西哥酋长比他更气派、更威风，因为他是坐一顶非常华丽的轿子来的，轿子上装饰着绿色羽毛，还有许多金银线刺绣和镶在精致的金凸饰上的宝石。抬轿子的是八名首领，据说都是村落的酋长。

到科尔特斯住处近旁，他们才把卡卡马津搀出轿子，为他打扫地面，把他要经过的地方的禾秆都挪开。他们来到我们统帅面前，向他施过大礼，卡卡马津便对他说：“马林切，我和这几位首领特意前来为你效劳，为你和你的伙伴供应一切需要物品，还要安顿你们到你们的家——就是我们的城池——里去。这是我们伟大的蒙特苏马王命令我们办的。他说,请你们原谅他没有亲自办理由我们来办的事,因为他病了,而不是对你们缺乏善意。”

我们统帅和我们大家见那几个首领,尤其是蒙特苏马的侄子,如此排场和威风,都认为这件事非同小可。我们彼此谈到,这个首领都如此神气,不知蒙特苏马会怎么样呢?

卡卡马津说完,科尔特斯便拥抱他及所有的首领,还大大奉承他们一番。科尔特斯送予卡卡马津三颗叫做玛格丽塔的宝石,这种宝石里边有许多彩色斑纹;还送蓝色水钻给其余的首领。他向他们道谢,还说蒙特苏马王每日为我们做的好事,我们总有一天要报答。

交谈一结束,我们马上动身。那几个首领来时带来许多随行人员,当地许多村落的人也跑出来观看我们,因此大路全给挤满了。



第二天一早我们来到堤道,继续朝埃斯塔帕拉帕[①]前进。见到水上有许多城镇,旱地上也有许多大城镇,而且那条通墨西哥城的堤道又直又平,我们非常惊奇,都说这些分布在水上的石砌的巨大宝塔、神庙和房屋,简直像《阿马迪斯骑士传》[②]里描写的那些被施过魔法的东西。我们有些兵士说,他们见到的景象仿佛是梦境,我把这些记下来不足为奇,因为我们看到的是见所未见,闻所未闻,连做梦也没梦过的东西;许多值得赞美的东西,我真不知如何描述才好。来到埃斯塔帕拉帕附近时,我们见到另

① 应是“伊斯塔帕拉帕”。

② 是十六世纪时西班牙广为流传的幻想骑士小说。

外两个出来迎接我们的酋长的排场，他们是该村酋长科阿德拉瓦卡[①]和库卢阿坎的酋长，都是蒙特苏马的近亲。我们进入埃斯塔帕拉帕城时，他们让我们住宿的房子跟宫殿一样，十分宽敞，建造精良，石工是最上等的，木料用的是雪松木和其他优质芳香木，院子和房间都很宽大，令人赞叹，还张挂着棉布帷幔。

我们仔细看完这些，就到果园和花园去，园里十分好看，在里边散步也很惬意，各种树木让我们大饱眼福，而且这些树各有各的香味。路旁种满鲜花，有很多果树和当地的玫瑰花，还有一口注满清泉的池塘。另有一派奇观：很大的独木船可以通过开凿的水道，从湖上一直划进园里。所有的建筑物都是用各种石块砌成的，经精心粉刷，显得十分美观，上面还画了许多画，令人赞叹不已。有各种各样的鸟儿，纷纷飞临池塘。

眼看着这些景致，我不相信世上还会有像这块土地那样的新世界，因为当时尚未发现秘鲁，连想也想不到它的存在。如今，这块土地上有过的一切都已消失，一件完好的东西都没有了。

下面我要说说这个城镇以及库尤阿坎的酋长们送来的一件黄金制作的礼物，这礼物值两千比索以上，科尔特斯对他们连声道谢，做了许多亲热的表示，还通过我们的通译对他们说明我们的圣教，并对他们宣布我们国王陛下的至高无上的权力。

当时这里是个很大的城镇，城内房屋一半建在旱地上，一半建在水上；如今，这地方全干涸了，往常是湖泊的地方都已种上庄稼。

① 应是“奎特拉瓦克”。

现在变化之大，若非当年亲眼所见，准会说眼下种玉米的地方从前绝不可能遍地是水。

# 第八十一章

## 伟大的蒙特苏马盛大而隆重地迎接我们

第二天[①]，我们一早离开埃斯塔帕拉帕，那些显赫的酋长一路相送。我们沿堤道前行，这条堤道宽八步，不偏不斜直通墨西哥城。路面虽然宽阔，人却多得几乎挤不下，有些是进墨西哥城的，有些是从城里出来的，来观看我们的印第安人多得使我们无法通过。宝塔和神庙上站满人，湖上各处来的小船上也站满人，这毫不足怪，因为他们从未见过马，也没见过我们这样的人。

那地方不但旱地上有许多城镇，湖上也有许多城镇，湖上到处是小船，堤道上每隔一段距离便有桥，规模宏伟的墨西哥城就在前边；眼见这些令人惊叹不已的情景，我们不知说什么好，不知展现眼前的是否真实。我们兵士不足四百人，而韦霍辛戈、特拉斯卡拉和塔马纳尔科等地的人对我们说的话及提出的警告，我们仍牢记在心；还有其他许多人，也都警告我们勿进墨西哥城，进去准会遭毒手。好奇的读者，请看我写的这些是否值得大加赞赏呢？世上哪有过如此勇敢的人！

① 1519 年 11 月 8 日。

我们继续沿堤道前进，走到一条通往库尤阿坎的小堤道处。库尤阿坎是另一个城镇，有几座形如塔楼的神庙。这时来了许多首领和酋长，身披考究的斗篷，服饰十分华丽，而且各不相同；他们挤满了堤道。这些酋长是蒙特苏马派来迎接我们的，他们来到科尔特斯面前，用他们的语言致了欢迎词，还打着表示友好的手势，就是用手触地，然后吻那只手沾上的泥土。这一来，我们在那里停了很久。

特斯库科的酋长卡卡马津和埃斯塔帕拉帕的酋长、塔库巴的酋长、库尤阿坎的酋长一同趋前去迎接蒙特苏马。这时蒙特苏马坐一顶考究的轿子走近了，随行的有其他显赫的首领及一些统领部落的酋长。

我们走到离墨西哥城不远处，见有几座小塔，蒙特苏马在那里下轿。那几个显赫的酋长搀着他的胳膊，扶他到一顶华丽得令人称奇的华盖底下；这华盖色如翠绿羽毛，用金银线绣了许多花纹，还有珍珠和绿宝石从华盖的边饰上垂下来，见了令人赞叹。



蒙特苏马身穿十分华贵的服装，脚上穿一双叫作科塔拉[①]的鞋子，鞋底是金的，鞋面镶贵重的宝石。搀他胳膊的四个酋长身穿各自的华贵服装，看来在路上已经做了进见他们君王的准备，身上已不是迎接我们时穿的那种服装了。

除了这四个酋长，另有四个显赫的酋长举着华盖，还有许多酋长走在蒙特苏马前头，把他要走的地面打扫干净，铺上布，因为他是不踩地上的。除了搀扶蒙特苏马的他那四个亲戚和子侄之外，

① 这种鞋墨西哥叫卡克特利，是一种皮凉鞋；这里作者用了古巴叫法。

所有这些酋长连想都不敢想去看他的脸，只是毕恭毕敬地低着头。

科尔特斯听说蒙特苏马来了，一看见他便从马上下来；等科尔特斯走到他面前，他们互相行了大礼。蒙特苏马向科尔特斯表示欢迎，我们的科尔特斯通过堂娜玛里娜祝他身体健康。我仿佛看到，科尔特斯同走在身旁的通译堂娜玛里娜一起走上前去向蒙特苏马伸出右手，他不愿意握，却把自己的手伸给科尔特斯。

这时，科尔特斯拿出一串带来的水钻项链(我前面说过，这种水钻叫作玛格丽塔，里边有许多彩色斑纹，用加麝香的金线穿成串儿，所以有香味)，把它挂到蒙特苏马的脖子上去；科尔特斯挂好项链正想拥抱他，几个跟随蒙特苏马的显赫酋长伸手阻止他上前拥抱，因为他们认为这是对蒙特苏马的亵渎。

科尔特斯随即通过通译堂娜玛里娜对蒙特苏马说，他为有幸见到一位伟大君王而由衷高兴，还说蒙特苏马亲自来迎接他，以及给予他多次恩典，他都感到莫大光荣。

于是蒙特苏马对他说了一些别的客套话，便吩咐搀扶他胳膊的两个侄子——特斯库科酋长和库尤阿坎酋长——陪送我们去安排住宿。蒙特苏马本人同随行的另外两个亲戚——科阿德拉瓦卡和塔库巴酋长——回城，随同他的一大帮酋长和首领也都跟着回去了。

他们跟随君王回城时，我们都看着他们，只见他们全都低头看地，不敢看他们的君王，紧挨着墙，毕恭毕敬地尾随在后。这一来，等我们进墨西哥城时，街上就没有那么多人了。

但是我要告诉你们，当时有无数男女老少出来观看我们，街上、屋顶平台上和河渠里的小船上，到处是人。此情此景给我留下深刻印象，现在当我记述上述事情时，一切都历历在目，宛若昨日刚刚经历一般。回首往事，都是我们的圣主耶稣基督给予我们恩典与勇气，使我们敢大胆进入那样一个城池，而且多次把我们从死亡危险中拯救出来，这些情况我以后再叙。我非常感谢耶稣基督，他让我得到那种机会，使我能把这些情况记载下来，虽然我未能做得像应该做得那么好。

闲话少叙，因为事实可以为我说的一切作证。现在我回头说说进墨西哥城的情景。他们领我们到一座大宅院住宿，这里有足够我们全体住宿的房间。这座宅院过去为蒙特苏马的父亲所有，他叫阿哈亚卡[①]。当时蒙特苏马在这里设有几间供奉神像的大神堂，还有一间存放金器和金饰的极秘密的内室，这些财宝是他从父亲手里继承的，他从来不加触动。他们领我们住在这座宅院里，是因为他们不但把我们叫作神使，也把我们当作神使，于是就让我们同神像待在一起。不管什么缘故，他们确实领我们到那里去了；那里有很大的大厅和房间，他们为我们统帅准备了宽敞的客厅和挂许多帷幔的房间，给我们每人睡的床是一张席子上加帐子，即使是最有身份的首领也没有床，因为他们根本不用床。所有这些房屋都用石灰粉刷得十分精美，打刷得干干净净，还用树枝装饰。

我们一到，便进入一个宽敞的院子，等候在院里的蒙特苏马拉起我们统帅的手，带他到给他居住的房间和客厅去，那里已按他们的习惯装饰得十分富丽堂皇。蒙特苏马手拿一条做工十分精美的、贵重的金虾项链，亲自挂到我们统帅科尔特斯的脖子上去；蒙

---

① 应为“阿哈亚卡特尔”。文中所说的宅院位于现今塔库巴街和虔诚山街一带。

特苏马的统领们见他给科尔特斯如此重赏，都很惊讶。

戴好项链，科尔特斯通过通译向蒙特苏马道谢，他便说："马林切，你和你的弟兄们到自己家了。请休息吧。"说毕便返回不远处他的宫殿去[①]。

我们按分队分房间，我们的大炮朝着合适的方位，全体官兵都接到相应的命令，骑兵同我们全体兵士都保持高度警惕。印第安人按他们的好意和习惯，给我们准备一顿极丰盛的饭食，我们很快便吃完了。

这便是我们幸运而又勇敢地进入墨西哥特努斯蒂坦[②]的情况，那天是公元 1519 年 11 月 8 日。一切都要感谢我主耶稣基督，如果还有该说的事我没说到，请你们原谅，因为至今我都不知如何才能说得更好。

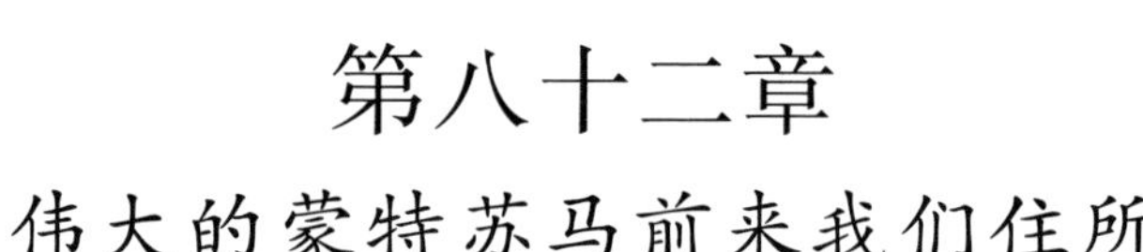

# 第八十二章

## 伟大的蒙特苏马前来我们住所

蒙特苏马就餐过后，得知我们统帅和我们大家也早已吃过饭，便大事炫耀地带一大帮首领——全是他的亲戚——前来我们住所。科尔特斯听说他来，便到大厅中间迎接，他拉住科尔特斯的

---

① 在今日墨西哥国家宫所在地。

② 应作"特诺契蒂特兰"，是墨西哥城的阿斯特卡语名字。

手。他们搬来几把按他们样式做的椅子，十分华丽，上面用金箔镶很多图案。蒙特苏马要我们统帅坐下，于是他们二人各自就座。

接着，蒙特苏马开始一篇十分精彩的演说。他说，像科尔特斯统帅以及我们大家这样英勇的骑士来到他的家和他的王国，他非常高兴。他说，两年前得到消息，说另外有位统帅前来波通昌；去年又有人带消息来，说又有一位统帅率领四条船来；他一直想见他们，而现在他有幸同我们在一起，便可以为我们效劳，并把他所有的一切都交给我们。他说，我们一定是他的祖先好久以前说过的那种人，他们说过，从日出处来的人们要主宰这片疆土；他说，那种人准是我们，因为我们在波通昌和塔巴斯科等地以及同特拉斯卡拉人作战时，表现很英勇；他说，每次战斗都有人将真情实况绘成图画给他送来。

科尔特斯通过始终跟随左右的通译，尤其是通过堂娜玛里娜，对蒙特苏马说，他和我们大家不知如何报答每天从他那里得到的莫大恩典；科尔特斯说，我们确是来自日出处，是一位伟大君王的臣子和仆人，他叫堂卡洛斯国王，很多了不起的王公都听命于他。科尔特斯还说，堂卡洛斯国王知道他的消息，而且知道他是个了不起的君王，便派我们前来看望他，要求他们跟我们国王以及我们大家一样成为基督徒，这样他和他的臣民的灵魂将会得救。科尔特斯说，往后要进一步向他说明他该怎么办，何以我们信仰唯一真正的神，这神是谁，还有许多其他正经事，就像我们在沙丘时科尔特斯对他派遣的使者滕迪莱、皮塔尔皮托克和金塔尔博尔说过的那样。

会谈一结束，蒙特苏马便将早已准备好的黄金制作的各种贵重饰物送给我们统帅，还送给各指挥官每人一些黄金制作的小物件和三捆羽毛织成的华丽布匹；对于我们全体兵士，他也每人给两捆布匹。他这么做显得很开心，完全像个慷慨的君王。

在分发东西时，他问科尔特斯，我们是否全是我们伟大国王的兄弟和臣子；科尔特斯回答是，说我们都是友爱的兄弟，是杰出的人物，也是我们国王陛下的仆人。蒙特苏马同科尔特斯还客客气气地谈了别的话，但这是他第一次来看望我们，为了不致使对方厌烦，他们没有再谈下去。

蒙特苏马嘱咐他的管家，按照我们的生活方式和习惯，供应我们需要的一切，那就是玉米和研磨石，还让印第安妇女为我们做面饼、杀鸡、摘水果，还给马匹很多草料。他很有礼貌地向我们统帅和我们大家告辞，我们同他一起走到大街上。科尔特斯吩咐我们说，在没有很好熟悉情况之前，我们大家不要离开住处太远。

# 第八十三章

## 第二天我们统帅前去看望蒙特苏马王

第二天，科尔特斯决定前去蒙特苏马王宫。他先派人去探明蒙特苏马在做什么，并且让蒙特苏马知道我们要去。他带去四个指挥官——佩德罗·德·阿尔瓦拉多、胡安·贝拉斯克斯·德·莱昂、迭戈·德·奥尔达斯和贡萨洛·德·桑多瓦尔，还带去我们五名兵士。

蒙特苏马得知我们来到，便到大厅中央迎接，簇拥他周围的全是他的子侄，因为其他酋长除非商讨要事，均不能进入他待的地方。他对科尔特斯十分尊敬，科尔特斯对他也一样，彼此手拉着手；他让科尔特斯坐在他宝座右边，还让我们大家都坐到他命人搬来的椅子上。

科尔特斯通过堂娜玛里娜和阿吉拉尔两名通译，开始与蒙特苏马谈话。科尔特斯说，能来看望像蒙特苏马这样伟大的君王，而且同这位君王谈话，他和我们大家都很高兴，因为他经过长途跋涉，已经完成了我们伟大的国王陛下交他的命令。他还要以天主名义对蒙特苏马王说话；这些话，蒙特苏马王一定早已从滕迪莱、皮塔尔皮托克和金塔尔博尔口中听到过，因为他派他们到沙丘送给我们黄金做的太阳和月亮时，我们已对他们说过。当时我们说，我们是基督徒，信奉一个真正的神；我们还说，他们当作神的那些东西根本不是神，而是魔鬼，是很坏的东西；这种东西非但外表坏，其行动更坏。蒙特苏马的使者们见过的那种十字架，只要我们在一处立起，魔鬼便不敢出现，因它们害怕十字架，由此可知它们多么坏，多么不灵验。只要时间一久，他们定能见到这种情况。现在，他请求蒙特苏马专心听他要讲的话。然后他便详详细细告诉蒙特苏马创世的经过，以及我们何以都是弟兄，都是一个叫亚当的父亲和一个叫夏娃的母亲的儿女；他接着告诉蒙特苏马，我们伟大的国王——他们的兄弟——为他们灵魂的堕落感到多么难过，因为他们那些偶像正把许多灵魂带到烈火熊熊的地狱里去；我们的国王派我们来纠正这种情况，让他们不要崇拜那些偶像，不要再用

男女印第安人祭神，因为我们都是兄弟，也不要鸡奸和抢夺。他还告诉蒙特苏马，往后我们的国王陛下要派一些人来，这些人在我们中间过神圣的生活，比我们更好，他们将让你们明白这些道理。我们现在来，只是把此事通知他蒙特苏马，请求他照我们的办。

蒙特苏马像是要作答时，科尔特斯立刻停止谈话，对跟他去的我们大家说道："这是第一次接触，谈这些就成了。"蒙特苏马答道："马林切大人，你说的话和你的道理我早已明白，就是你们以前在沙丘对我的臣仆说过的三位神明和十字架，以及你们沿途经过那些村镇时宣扬的东西。你说的那些事，我们一件也没回答，因为我们从来崇拜我们的神明，认为他们都很好。你们的神　定也很好，现在你们最好还是别再跟我们谈他们。创世的说法我们很久很久以前就相信了，所以我们才确信，你们是我们祖先对我们说过的要从日出处来的人。对你们那位伟大的国王，我是有亏欠的，我要把我有的东西给他，因为我说过，足足两年以前，我听说有几位统帅坐船从你们现在来的地方来过，他们说他们是你们那位伟大国王的臣仆。我想知道，你们是否是一回事。"

科尔特斯对他说是，说我们都是弟兄，都是我们国王的仆人，那些人来探明路线、海域和港口，他们把一切探明，我们才能像现在这样，在他们之后前来。蒙特苏马指的是弗朗西斯科·埃尔南德斯·德·科尔多瓦和格里哈尔瓦的远征，那是我们的第一次远征；他还说，从那时起，他便希望来客中会有人到他的王国和城镇来，他一定要把他们当贵客招待。现在，他们的神明已经使他实现了这个良好的心愿，因为我们已经住进他的家(也可以叫作我们的家)，他让我们在那里休息玩乐，说他们会好好招待我们。他说，从前他几次派人去通知，不让我们进他的城，但那绝不是他的意图，而是因为他的臣子们害怕，有人对他们说，我们发射霹雳和闪电，又用我们的马匹踩死很多印第安人，还说我们都是骁勇的“天神”以及其他一些幼稚可笑的事情。

现在他已看到我们本人，知道我们都是有血有肉的、很有见识的人，他还知道我们十分勇敢，因此不管人家怎样说，他对我们是很尊重的，他要把自己有的东西分给我们。

科尔特斯和我们大家都回答道，我们很感谢他的慷慨心意。蒙特苏马谈起话来完全像个伟大的君王，他始终很高兴，这时微笑着说：“马林切，我知道得一清二楚，特拉斯卡拉人和你们是很要好的朋友，他们告诉你我是神或神使，还说我家里的东西全是金银和宝石做的。我明白，你们是聪明人，决不会相信这种说法，一定会把他们所说当作开玩笑。马林切大人，现在你见到了，我与你们同是血肉之躯，我的房屋和宫殿是用石块、木材与石灰建造的。说我是个了得的国王，那倒是实话；说我有祖先留下的财富，我确实有；可是，他们告诉你那些关于我的胡话和谎言却是没有的事，你也该看作开玩笑，跟我一样，把你们的霹雳和闪电看作开玩笑。”

科尔特斯也微笑着回答蒙特苏马说，敌对的人总要说他们怀恨的人的坏话及不真实的事；他还说，他已经看到，在这片疆土上不可能找到另一位更杰出的君王了，我们的国王一再听人提起蒙特苏马的名字，不是没有道理的。

在交谈间，蒙特苏马暗暗吩咐一个大酋长（陪伴他的子侄之一），命他们的管家拿来一些金器，这些东西看来一定是早就预备好要送给科尔特斯的，还拿来十捆精美布匹。他把金器和布匹分给科尔特斯和四位指挥官，给我们兵士每人两条金项链(每条约值十比索)，还给两捆布。他当时给我们的全部金器，价值超过一千比索，而他给这些东西时却很高兴，完全像个伟大而英勇的君王。

因时间已过中午，为了不使他感到厌烦，科尔特斯对他说："蒙特苏马王，您总是给我们许多许多东西，使我们每天都得到恩典。现在该是阁下用餐的时间了。"蒙特苏马答道，我们去看望他，倒是他得了恩惠。

这样，我们礼貌周到地辞别他，回我们的住处去。我们边走边谈，说他处处显得温和、有礼貌，我们也该在各方面尊敬他，在他面前应脱帽。我们确实这样做了。

# 第八十四章

## 蒙特苏马王的举止与为人，以及他是个何等伟大的君王

伟大的蒙特苏马年近四十，身材高而匀称，身体瘦削，肤色不十分黑，是印第安人本来的色调。他的头发留得不长，刚刚盖过耳朵；胡子不浓，黑黑的，精心拾掇过，显得疏朗有致。脸略长，看上去很快活，眼睛很秀气，看人时显得他这个人十分和蔼亲切，但在必要时也会显得很严肃。他很整洁，每天下午洗一次澡。他有很多情妇，都是酋长们的女儿，但是只有两个显赫的女酋长是他的合法妻子；他同她们作乐非常谨慎小心，除了服侍他的个别人之外没

人能知道。他丝毫不干鸡奸的勾当。穿过一次的衣服,需隔三四天再穿。在紧靠他的房间的好几个房间里,有两百多个首领当他的卫士;这些人不是谁都可以同他说话,只有个别人可以,而且去同他说话时必须脱掉华贵的斗篷,换上不那么值钱的斗篷,可必须是干净的。他们进屋须裸足,眼睛须看地上,不得看他的脸,对他行三个礼,在走到他跟前以前边行礼边说:"王,我的王,我伟大的王。"

他们说完要说的话,蒙特苏马三言两语便把他们打发走。他们告退时不得背朝着他,而要面对他,低头看地上,直到退出房间,方可转身。我还看到另一种情况:一些大酋长从很远的地方前来,让蒙特苏马裁断争论或谈买卖,当他们到达蒙特苏马住处时,都须裸足,披上寒酸的斗篷,不得直接进宫,而须在宫门一侧绕道而行,因为突然进宫会被当作不尊敬的表现。

在饮食方面,他的厨师们须按他们的习惯,给他做出三十多种菜,并在菜下边放置小陶炉,这样菜就凉不了。给蒙特苏马吃的菜,他们每次要做约三百盘,给卫士们吃的还须做一千盘。进餐时,蒙特苏马有时同手下的首领和管家一起出来,他们向他指明哪道菜烧得最好,是用什么鸟和食物做的;他们还告诉他应吃哪道菜。不过,他很少出来看,出来也只是为了消遣。

听说他们时常煮童子肉给他吃,由于菜的花样很多,用的原料也很多,所以我们看不出是人肉还是别的东西,他们每天都给他做鸡、火鸡、野鸡、松鸡、鹌鹑、家鸭、野鸭、鹿、野猪、芦鸡、鸽子、家兔和野兔,以及当地出产的各种鸟和其他东西,多得我一下子都叫不过名字来。我们看到的便是如此;不过我知道,自从我们统帅指责他用人祭神和吃人肉之后，他确实下令不要再给他做这样的美味食品了。

现在我们来看看就餐时人们如何侍候他。如果天冷，他们便给他燃起一堆用一种树皮烧的炭火，这种炭火不冒烟，散发出这种树皮的馥郁香气；为了不使炭火过热，弄得他不舒服，他们在火堆前边挡上一块镶金偶像的板子。他坐的是一张华美的柔软矮椅，桌子也很矮，同椅子一样华美。桌上铺着白桌布，还放几块白布做的略呈长形的餐巾。四个俏丽、整洁的妇女用一种叫做“希卡尔”的很深的水罐，端水来侍候他洗手，还在下边放上盘子似的器皿接水；然后递上毛巾。另外两个妇女给他端来玉米面饼。

他一开始进餐，他们便在他前边围上一副描金的木制围屏，免得别人看见他进食，此时那四个妇女便退到一旁，换上四个德高望重的首领站在他身边，他时不时同他们说话，询问事情；把自己尝过认为最好的菜，赏给这些老首领每人一盘，当作给他们的莫大恩典。据说，这些老人都是他的近亲、顾问和审判官，他赏给他们的菜，他们都恭恭敬敬地站着吃，不敢看他的脸。

给蒙特苏马盛食物的器皿全是乔卢拉产的陶器，不是红色的便是深褐色的。他进餐时，大厅内侍在他近旁的卫士绝不敢高声说话。他们给他送来当地产的各色水果，但他仅略尝几种。他们时不时用精致的金杯给他端来可可做的饮料。据说喝这种饮料是为了壮阳，我们当时并不知晓；我所见的是他们送来五十来罐可可饮料，上面一层泡沫，那几个妇女毕恭毕敬地伺候他喝。

有时在进餐时刻，叫来一些很丑陋的印第安驼子，身材矮小，身体弯得像对折在一起，那是些给蒙特苏马凑趣的角色；在场的还有印第安小丑;他们对他说风趣话;另外一些人唱歌给他听,跳舞给他看,因他喜欢娱乐,爱听歌曲。他命人把吃剩的饭菜和整罐的可可饮料赏予他们。

仍是那四个妇女撤走桌布,又恭恭敬敬伺候蒙特苏马洗手。他同那四个老首领谈过他感兴趣的事情,他们便怀着对他的莫大敬意告退,然后他便休息去了。蒙特苏马就餐之后,他的全体卫士及众多仆人才进食,在我看来他们吃的菜肴约有一千盘,带泡沫的可可饮料两千罐,尚有无数水果。为供养这些女人、侍女、主食厨师及做可可饮料的人,他的花销必定相当可观。

说毕他家中的花销与饮食,我再谈谈那些管家、司库、食品饮料贮藏室,谈谈那些存放玉米的仓房的看管人。我认为该写的事情很多,而且每件事情都可以写很多,所以我不知应从何写起,只是对一切都安排得如此井然有序、如此丰富而感到惊奇。有件事我忘记了,最好回头补叙一下。我已说了蒙特苏马就餐时的情景,当时还有两个绝色女子伺候,给他送来加了蛋及其他滋补品的玉米面饼;这种面饼极白,放在罩着洁净餐巾的盘子里端来。她们还给他送来别种面饼,状如长形小面包,是用他种滋补品揉制的;尚有一种饼,当地叫做帕乔尔饼,外形像薄脆饼。

蒙特苏马餐桌上还有三根斑斓的金色管子,管内装着混有烟草的香胶。他用餐毕,看过跳舞,听完唱歌,桌面也撤了,便对着一根管子抽烟,只是抽得很少,抽毕便睡下。

我记得,他当时的大管家是个大酋长,我们叫他塔皮亚。向蒙特苏马缴纳的贡税,均由他记到用他们叫做阿马尔的那种纸订成的账本上去,这种账本装满一所大房子。账本与账目同我们要说的事不相干，就此打住，还是说说蒙特苏马两所放满各种武器的房屋的情况吧。屋内许多武器都很考究，镶嵌着黄金与宝石；屋内有大大小小的圆盾，有石刃木斧；还有一种用双手抡的砍刀，上面镶着燧石刀片，比我们的剑还锋利。还有比我们更长的矛，矛上装有一米六的长刀，还镶着很多刀片；这种刀片砍在小木盾或圆盾上不会弹起来，而且非常锋利，真能像剃刀那样用来剃发。

房屋内尚有精良的弓箭，有双尖与单尖长矛，有鹿角镞长箭，有许多投石器及手工磨制的石弹。还有一种大盾牌，制造巧妙，不打仗时可以向上卷起，省得碍手碍脚；战斗时一旦需要，把盾牌放下来，周身都能挡住。

房屋内还有许多絮棉花的铠甲，外面缀有杂色羽毛，十分华美，像是用以识别的标记；尚有几种用木头和头骨制作的盔帽，盔帽表面也用羽毛装饰得十分精美；还有其他各式铠甲，为了避免啰唆，我就不说了。他们手艺精良的工匠始终在忙于制作，他们还有专管盔甲的管家。

武器库房按下不表，来说说养禽房。我要先说鸟的种类，因为养禽房里从巨鹰到很小的鹰，从躯体巨大的鸟到色彩斑斓的极小的小鸟，无所不有；那里还有取绿羽毛用的那种珍禽。长这种羽毛的鸟，大小与西班牙的喜鹊相仿，当地叫作格查尔鸟。还有一种鸟，羽毛有绿、红、白、黄、蓝五色，不知道叫什么。养禽房内尚有多种不同颜色的鹦鹉，多得无法记住名字；还有一种羽毛很美的鸭子及另一种样子相仿的大些的鸭子；在适合拔毛的季节，他们便拔下这些鸟的羽毛，然后让羽毛再长出来。所有我说过的那些鸟，都饲养在那所养禽房里，在孵蛋时，负责养禽的印第安男女会在抱窝的鸟儿下边放上蛋，清扫鸟窝，给鸟儿喂食，每种鸟喂的食物各不相同。

那所房屋里有一口很大的清水池塘，池塘内有另一种鸟，腿很长，整个身子连翅膀及尾巴全是红的。我不知道这种鸟叫什么，不过古巴岛有一种类似的鸟，叫伊皮里斯鸟。那口池塘内还有其他许多种鸟，始终待在水里。

我还要说说另一所放置很多偶像的大房子，据说那些偶像是他们的凶神，同凶神在一起的是各种害兽——有豹和两种狮子，一种外形像狼的动物和狐狸，还有另外几种小害兽；所有这些害兽都用肉喂养。那所大房子里大量喂养这些野兽，他们拿鹿、家禽、狗及其他猎物喂这些野兽，我听说，拿来喂食的还有祭过神的印第安人的尸体。前面我已说过，他们要拿一个可怜的印第安人祭神时，便用燧石刀剖开此人的胸膛，迅速取出心和血，献给他们所要祭祀的偶像。祭祀完毕，他们砍下牺牲者的四肢与头颅，在庆典和宴会上吃掉四肢，把头颅挂在梁上，身体他们不吃，而是拿去喂害兽。

那所可憎的房屋内还有很多蝰蛇与毒蛇，蛇尾都有一种铃铛似的会响的东西。这些是所有蝰蛇中最毒的，他们把这种蝰蛇养在放很多羽毛的罐子和大坛子里，蝰蛇就在里边下卵，繁殖后代。他们拿祭神的印第安人的尸体和他们饲养的狗的肉喂蛇；我们撤离墨西哥城时被他们杀了大约八百五十名兵士，他们用这些被害者喂养那些害兽和毒蛇，喂了好些日子，这绝非虚妄，下面我还要提到。他们把毒蛇和害兽献给凶神，让它们与凶神做伴。

我现在说说豹和狮子的咆哮，胡狼、狐狸的嗥叫和蛇发出的嘶嘶声是多么瘆人，那声音叫人听了寒毛直竖，像是到了地狱。

我接下去说说蒙特苏马的手艺高超的各种工匠。先说玉石匠、金银匠和各种铸造工，我们西班牙手艺高强的金银匠也应佩服他们，距墨西哥城一西班牙里处有个叫做埃斯卡普萨尔科[①]的村落，村里这一类工匠不仅人数多，而且手艺精妙。磨制宝石和绿宝石(这种宝石像翡翠)的，是另外的许多手艺精湛的师傅。还有一些缀羽毛、绘画和雕刻的高明工匠，手艺都十分精巧，从我们现在看到的他们制作的东西，便可想见他们当时劳作的情景。眼下墨西哥城里有三个印第安人，在雕刻和绘画行业里算得是佼佼者，名叫马科斯·德·阿基诺、胡安·德·拉·克鲁斯和克雷斯皮略，他们仿佛是古代著名的阿佩莱斯[②]和当代的米开朗琪罗[③]或贝鲁格特[④]，完全可以与他们媲美。



我接下去说说做编织工与缝纫工的印第安妇女，她们为蒙特苏马缝制了大量织有羽毛的精美服装。羽毛大多从北方叫做科塔斯坦的滨海地区的一些村镇运来，这些村镇离圣胡安德乌卢阿很近。

在蒙特苏马家，所有成为他的情妇的首领女儿们，总是穿着精美的服装，很多墨西哥平民的女儿却过着很像修女的幽闭的生活，她们也做编织活，全部用的是羽毛。这些“修女”都住在雄伟的维奇洛沃斯神庙附近的房子里，他们的父母信奉这个神明或另一个

① 应为“阿斯卡波查尔科”。

② 阿佩莱斯(Apelles)，公元前四世纪的古希腊著名画家。——译者

③ 米开朗琪罗(Michelangelo Buonarroti，1475—1564)，意大利文艺复兴时期的雕塑家、画家、建筑师和诗人。——译者

④ 贝鲁格特(Pedro Berruguete，1440—1504)，西班牙著名画家。——译者

女身偶像(据说这是她们的婚姻守护神),出嫁前父母把她们关在这些房子里,然后把她们从那里接出去嫁人。

蒙特苏马有很多舞蹈者,有的舞蹈者脚上绑着高跷,另一些舞蹈者跳舞时腾空跃起,有的舞蹈者像是跳丑角舞的,专为博他一笑。所有这些舞蹈者住了整整一个城区,他们只干这个行当。

我再说说那些石匠、泥瓦匠和木匠,他们都为蒙特苏马盖房,蒙特苏马想要多少房子就有多少房子。

我还要谈谈种植着种类繁多的花卉和芳香树的花园,园内和谐的布局与小径,贮满清水的大小池塘(清水从池塘一端流入,从另一端流走),园中的浴场,栖息树上的各种小鸟,以及园中各种有用的药草。这些花园都由很多园丁照料,园中的浴场、小径、厕所以及用膳并唱歌跳舞的处所,都用石块砌成,还抹了石灰。在这些花园里跟在别处一样,有许多可看的东西,无不显示蒙特苏马的显赫权势,我们怎么看也看不够。

# 第八十五章

## 我们的统帅出去观览墨西哥城

我们到墨西哥城已经四天,科尔特斯同我们大家只在房子和花园里走动,谁也没离开过住所,统帅对我们说最好到广场去,去观览雄伟的维奇洛沃斯神庙,并说他将派人去告诉蒙特苏马,取得他的同意。为此他派赫罗尼莫·德·阿吉拉尔和堂娜玛里娜前去，随他们去的尚有我们统帅的侍童奥特吉利亚，他已能听懂一点印第安话。蒙特苏马得知此事，便派人来说他很欢迎我们去；另一方面，他又担心我们会干出亵渎他们偶像的事来，决定也亲自带他的众多首领去。

他坐那顶华丽的轿子从王宫出来，一直坐到半路上。他在神庙附近由大首领们搀扶着手臂从轿子上下来，因为他认为坐轿子到供奉偶像的神庙去，是对神明的大不敬。一些臣服的酋长走在他前边，高举两根权杖般的棍杖，这是蒙特苏马出行的标记；当他坐在轿内时，他带一根半截黄金半截木头的棍子，像权杖那样举着。他就这样由众多祭司伴随着往前走，登上雄伟的神庙，燃起熏香，对维奇洛沃斯神进行礼拜仪式。

蒙特苏马业已前行，这里按下不表。我回过头说说科尔特斯以及我们官兵们。由于我们不论白天黑夜都习惯于全副武装，所以当我们去见蒙特苏马时，他见我们这副样子，也就并不奇怪。我说这一点，是因为我们的统帅和其余有马的全部人员都骑马前往塔特卢尔科广场[①]，我们大部分兵士也都装备得十分齐全。蒙特苏马派了很多酋长来陪伴我们。

广场上平民和商人熙来攘往，一切井然有序，我们见了大为惊奇，因为从未见过那种情景。陪同我们的那些首领一路指点。各种商品分开出售，绝不相混，而且都有固定的摊位。我们从金银、宝石摊看起，然后看羽毛、布匹、刺绣品摊，最后看出售印第安男女奴隶的摊位。那么多奴隶被带到市场来卖，正如葡萄牙人从几内

① 应为“特拉特洛尔科广场”，即今天的圣地亚哥特拉特洛尔科广场。

亚贩进黑人那样，为了不让奴隶逃跑，他们用锁链把奴隶的脖子拴在长棍子上，也有些奴隶没拴在一起。

市场上还有商贩出售粗布、棉花和搓成的线；也有人出售可可；整个新西班牙出售的商品，这里样样皆有，而且陈列得有条有理，与我的家乡梅迪纳德尔坎波相仿，那里举行集市时，也像这样每条街都出售一种商品。市场的一头出售龙舌兰布以及也是用龙舌兰制作的绳子和当地人穿的科塔拉鞋，还出售煮熟的龙舌兰甜根，还有其他以龙舌兰为原料的小物品；市场的另一头则出售豹皮、狮皮、水獭皮、胡狼皮、鹿皮和其他兽皮，还有獾皮、山猫皮，这些皮有的鞣制过，有的没有鞣制。别处尚有其他商品出售。

在另一地点，有人出售菜豆、鼠尾草及其他蔬菜和药草。我们又去广场的指定地点，看了出售鸡、火鸡、家兔、野兔、野鸭、小狗以及诸如此类东西的摊点。此外，在广场上的另一个地点还有妇女出售水果、熟食、玉米糊和禽类杂碎。然后，是出售做成千百种形状的各种陶瓷器皿的商贩，出售的器皿由大瓮到小水罐应有尽有，都陈列在各自的地点；还有人出售蜂蜜、皮糖和做得像蜜饯一样的甜食。然后是出售木材、木板、小孩床、梁木、砧板和长凳的商贩，他们都各有自己的陈列地点。



我们还观看了那些出售松明及其他类似物品的摊点。还应提到一件事（提到此事并无不恭之意）：靠近市场的河滩上，还出售装满好多条独木船的人粪。这种东西是用来造盐或鞣皮的，据说缺它皮就鞣不好。我明白，有些先生肯定会觉得此事可笑，但事实确是如此。

我何以要费如许笔墨介绍广场上出售的货物呢？因为我想详

细介绍一切货物，不愿一笔带过。广场上，在同一处摊点出售当地叫阿马尔的纸张，装满烟草的有香胶香味的芦管，黄色油膏以及同类物品。广场的柱廊里出售大量胭脂虫。很多商贩出售药草及其他商品。广场上有几所房屋，有三个法官在屋里判案，还有若干值勤法警似的人物负责检查商品。

我还漏了说说出售盐和燧石刀的商贩，以及他们如何把石块制成刀子。那里还有渔妇和出售小蒸饼的商贩，这种饼是用一种水藻做的；他们从大湖里捞来水藻，使之凝结，然后做成这种有干酪味儿的蒸饼。那里也出售黄铜斧头、铜和锡、加拉巴木果壳碗和色彩鲜艳的木罐子。我介绍广场上出售的各种商品，似应告一段落了，因商品种类繁富，广场上人山人海，且又集中于柱廊一带，想在两天内看遍问遍所有的东西，根本办不到。

我们随后到大神庙去。我们走近神庙前的开阔庭院，但尚未走出广场时，便看见那里也有许多商贩，据说他们是把矿里挖的金砂运来出售的商贩。他们把金砂装在当地一种灰雁的细羽翮内，羽翮呈白色，从外面便可看见管内的金砂。他们根据羽翮的长短粗细，可算出值多少布匹，值多少可可，或者可换几个奴隶，可换多少其他物品。

我们就这样离开广场来到大神庙所在之处，那里有开阔的院子和围墙。神庙前面大院子的范围，我觉得比萨拉曼卡[①]的广场还大，周围有两道石砌围墙，院内地面全用十分平滑的白色大石板铺成，没铺石板之处或抹灰，或磨光，全都十分干净，整个院子一尘

① 是西班牙萨拉曼卡省的首府，商业中心之一。——译者

不染。

我们来到大神庙近处，尚未踏上第一级台阶，正在台阶上方神庙内祭神的蒙特苏马，派六个祭司及两个首领来接我们的统帅，登上一百一十四级台阶时，他们想搀他的手臂，如同搀扶蒙特苏马王那样帮他走上去，以为他会走不动。但科尔特斯不愿他们靠近。

我们登上神庙顶部，来到上面的一个小广场，那里有块地方像看台，其上放着几块大石头，那些用以祭神的可怜的印第安人便是放于这样的石块上。那里有一尊像龙的巨像，还有几尊凶神像，当天被杀的印第安人的血还在流淌。我们走到那里时，蒙特苏马从大神庙顶部放置他们可憎的偶像的神堂内出来，有两个祭司跟随他；他们向科尔特斯及我们大家行过大礼之后，蒙特苏马对科尔特斯说："马林切大人，登上我们这座大神庙，你一定累了。"科尔特斯通过跟我们一起来的通译对蒙特苏马说，我们一点儿都不累。

蒙特苏马随即拉起科尔特斯的手，要科尔特斯去观看他宏大的城池，观看所有建在湖里的其他城池，以及湖周围旱地上的许多村镇。他还对科尔特斯说，如果广场他尚未看仔细，从神庙顶上可以看得更清楚。

那座可憎的大神庙很高，可谓高踞于周围一切之上，于是我们便在那里观览。我们看见通到墨西哥城的三条堤道：一条是四天前我们走过的伊斯塔帕拉帕堤道；一条是塔库巴堤道，后来在我们大溃败之夜，当新王科阿德拉瓦卡将我们赶出墨西哥城时，我们便是从这条堤道逃走的；另一条是特佩阿吉利亚堤道[1]。我们看见

---

① 即今天的瓜达卢佩堤道。

从查普尔特佩克流来供墨西哥城使用的清水;我们还看见三条堤道上每隔一段距离所架设的桥梁,堤道两侧的水便是经桥下流动的。我们看见大湖里的无数船只,有的运来粮食,有的运回各种商品。我们看到,这座大城池与建在湖上的所有其他城池的房屋之间,仅靠木吊桥或独木船交通。我们看见那些城池内像塔楼和城堡那样耸立的神庙和神堂,全粉刷得白晃晃的,令人赞叹不已;我们还看见平顶的房屋,看见堤道上像城堡那样的小塔和神庙。

后来,我们在饱览这一切并仔细思忖之后,重又观看了大广场和广场上熙熙攘攘的人群,他们有的在购买,有的在售卖,人声嘈杂,几里地以外都能听到。我们兵士中有些人到过世界上许多地方,到过君士坦丁堡,走遍意大利和罗马;他们说,面积如此宽广、布局如此合理、人众如此之多、管理得如此井然有序的市场,他们尚未见到过。

这些按下不表。却说我们的统帅对巴托洛梅·德·奥尔梅多修士说:“神父大人,我觉得最好试探一下蒙特苏马,看他是否允许在这里建造我们的教堂。”神父说,若能成功倒也不错,不过他认为此刻谈未必合适,因为他认为蒙特苏马这时候未必会同意此事。

我们的科尔特斯随即通过通译堂娜玛里挪对蒙特苏马说道:“您是最伟大的君王,对您表示再大的尊敬,您也当之无愧。我们很高兴观览您的城池。我们既已来到您的神庙,我请求您的恩典,允许我们看看你们的神明和神使。”蒙特苏马答道,他需先同他的大祭司们说。他与他们说过后,便让我们进入一座小塔及一个像大厅一样的房间,内有两个祭坛,天花板上安着精美的木板。两个祭坛上各有两尊巨人像,身躯高大,而且都很胖;右手的一尊据说是他们的战神维奇洛沃斯。这尊神像脸很宽，眼睛又丑陋又可怕；浑身粘满宝石、黄金与大小珍珠，是用当地生长的一种根制成浆糊粘的；神像全身包括头部都粘满这些东西，身上还缠绕几条金子和宝石做的巨蛇，一手持弓，一手拿几支箭。在这尊神像旁还有另一尊小偶像，据说是他的侍童，手持一根不长的矛枪和一面镶满金子和宝石的精美圆盾。维奇洛沃斯像的脖子上挂着一些印第安人的脸和一些像印第安人心脏的东西，这些东西是黄金做的，也有一些是银子做的，都镶有许多蓝宝石。

房间内放着几个焚香的火盆，这种香叫玷玬脂，当天献祭的三颗印第安人的心脏，同玷玬脂一起焚烧，他们刚用烟与玷玬脂祭过那尊神。神堂的几堵墙壁溅满血污，结成一层黑色硬皮；地面也如是，整个房间散发出一股恶臭。然后，我们去看维奇洛沃斯神像左手的那个祭坛，那里立着另一尊大神像，脸像熊脸，眼睛闪闪发亮，是用镜片般的东西镶成的，这种镜片般的东西他们叫做特斯卡特[①]；神像身上粘满宝石，与维奇洛沃斯像一样，因为据说他们是弟兄俩。这尊特斯卡特普卡像是地狱之神，掌管墨西哥人的灵魂；几个小鬼模样的像团团围住他的身子，这些小鬼都长有蛇似的尾巴。墙壁上厚厚的血迹凝结成一层硬皮，地上也全是血污，卡斯蒂利亚的屠宰场也没有如此难闻的臭味。神像前供着当日献祭的五颗心脏。

神庙的顶部还有一个木制神龛，制作得十分精美。神龛内供着一尊半人半鳄鱼像，浑身镶满宝右，一件斗篷罩住身体的一半。

① 应为“特斯卡尔特”。

据说，这尊神像全身粘满当地出产的各种种子，是播种与收获之神，但是名字我已记不起来了[1]。墙壁及祭坛上全是血迹，恶臭难闻，我们简直无法忍受到出去的时候。

那里有一面非常大的大鼓，敲起来声音悲凉，有如地狱里发出的响声，在二西班牙里以外的地方都能听到。据说鼓面蒙的是极大的蛇皮。在那个小平台上摆着许多看上去阴森可怖的东西——号角、小喇叭与大刀子，还有已烧焦的印第安人心脏（他们是以焚烧时腾起的烟熏他们那些偶像的）；而且一切都血迹斑斑，我真要诅咒这一切。由于那里臭得像屠宰场，我们恨不得立刻走开，不想再闻那种令人恶心的臭味，也不要再看那种丑恶的景象。

我们的统帅通过通译，似笑非笑地对蒙特苏马说："蒙特苏马王，我不明白像您这样伟大的君王和有智慧的人，何以没有想到，你们这些偶像不是什么神明，而是叫作魔鬼的坏东西。为了让您看到这一点，也为了让您的全体祭司都能看清，请您恩准我在这座塔的顶端安上一个我们的十字架，在你们供奉维奇洛沃斯神与特斯卡特普卡神的神堂内隔出一块地方来，给我们安放我们的圣母像（此像蒙特苏马已经见过），到那时您一定会看到，欺骗了你们的这些偶像何等害怕圣母像。"

蒙特苏马几乎发怒，同他一起的两个祭司也面露愠色，他答道："马林切大人，我如果知道你会说出如此诽谤的话来，我就不让你看我们的神明了。我们认为这些神明都非常好，他们保佑我们

---

① 可能名叫"特拉特库特利神"。

健康，给我们降雨，保我们风调雨顺，还让我们取得我们期望的胜利。所以我们膜拜他们，给他们献祭。我要求你们不要再说诽谤的话了。”

我们的统帅听他说这番话，而且面带怒色，便没有再跟他说下去，脸上堆笑对他说：“您和我们都该走了。”蒙特苏马说是该走了，但是他还须祈祷并补做献祭，以补偿自己的罪过（他们把罪过称为“塔塔库尔”）；因为他让我们登上他的大神庙，让我们观看他们的神明，才使他们的神明遭到诽谤，所以在走之前要去祈祷、拜神。科尔特斯对他说：“既然如此，请大人原谅。”说毕，我们走下一百一十四级台阶去，我们有些兵士患有暗疾和脓疮，下台阶使他们大腿作痛。

神堂的事到此打住。现在我要说说我所看到的神庙的形状与面积；如果我没有原原本本地说出它的样子，请不要见怪，因为当时我的注意力集中在其他事上，一心想着我们要做的事，即军事上的事，以及我们统帅命我做的事，而不是想着记述这些情况。现在言归正传。我认为整个大神庙约有当地六块极大的房基地那么大，从底部到顶上（顶上有一座供偶像的小塔），越往上越窄；从巍峨的神庙半中腰直至顶上，有五个凹面，形如敞开的没有护墙的箭楼。由于征服者使用的挂毯[①]上绘有许多这样的神庙（我的一块挂毯就有这种画），所以只要见过这种挂毯的人，便可推想其外形是什么样子。我听说过这么一件事（在建造那座大神庙的时代，此事广为流传）：当时墨西哥城的居民人人都



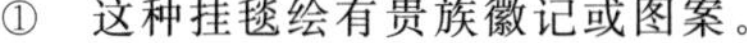

① 这种挂毯绘有贵族徽记或图案。

献出金、银、珍珠和宝石，扔在地基上；还在那块地基上杀了许多战争中抓来的印第安人作为牺牲，用他们的血浸透这块地基；还奉上当地出产的各种种子，为了使他们的神明保佑他们取得胜利、财富和丰收。

一些十分好奇的读者必定会问，既然神庙建造在一千多年前[①]，我们怎能知道那座大神庙的地基上曾经扔下金、银、珍贵的绿宝石及各种种子，而且浸透作为牺牲的印第安人的鲜血呢？我对这种问题的回答是，自从我们攻占了那座固若金汤的大城市，分了那些地皮之后，即打算在大神庙原址（也就是巍峨的神庙——维奇洛沃斯神庙的大部分地基上），为我们的守护神及指引者圣地亚哥修建教堂。为了加固而把地基挖开时，我们发现了大量的金、银、绿宝石、大大小小的珍珠及其他宝石。一个分得这块地基另一部分土地的墨西哥城居民，也发现了相同的物品；陛下财政部的官员们要求将这些物品作为捐税献给陛下。为此打过官司，事情始末我已记不清，只记得调查过墨西哥的酋长、首领以及当时仍然在世的瓜特穆斯[②]，他们说当年墨西哥城的全体居民，确实曾把珠宝等物扔到地基上去，他们的古书古画上均有记录，因此那些财宝便留供修建圣地亚哥教堂之用。

下面我要谈谈维奇洛沃斯神庙前边豪华的大院子，那里现在矗立着圣地亚哥教堂，那个地方叫作塔特卢尔科，因为当时人们都这么叫。我已说过，院子前面有两道围墙，院子内铺着石板

① 此处作者显系夸大其词，这座神庙的建筑年代不会早于十四世纪。

② 应是“夸乌特莫克”。

一样的白色石块，并加以粉刷、打磨，非常清洁，面积大概与萨拉曼卡的广场一般大小。距大神庙不远处还有一座小塔，也是供奉偶像的所在，简直是个地狱，因为一扇门上画有一张十分可怕的嘴，就是我们的画中常见的、据说是地狱里的嘴——一张露出巨大利牙用来吞吃灵魂的血盆大嘴。门旁还有魔鬼像和蛇像，不远处就是杀牲台，台子血迹斑斑，被烟熏得乌黑，血污在上面结了一层硬皮。屋内摆放许多锅和各种坛坛罐罐，都装着水，祭过神的可怜的印第安人的肉就放在这些锅里煮，然后祭司们就吃煮熟的肉；因为杀牲台旁就摆着许多大刀和木墩，像肉店里的切肉用具。在这所令人憎恶的屋子背后相当距离处，有几大堆柴火。不远处还有一口大水池，水从查普尔特佩克通过有遮盖的管道注入，不断灌满水池，又不断流走。我始终把这所房屋叫作地狱。

我们从院子前面走过，前往另一座神庙，那里有墨西哥一些大人物的陵墓，也有许多偶像，一切满都是血污和烟垢，还有别的门和各种可怕的像。那座神庙近旁是另一座神庙，堆满了码得整整齐齐的颅骨和腿骨，颅骨堆在一处，大腿骨另堆成几堆；这些骨头看得见却数不清，因为太多了，那里也有一些偶像。

在我所说的每所房屋或每座神庙和神堂里，都有身穿黑布长法衣的祭司，他们头戴多明我会修士那样的兜帽（也略像牧师帽），头发很长，用血黏结在一起，解也解不开，耳朵都割去祭了神。

我们往前走去，距颅骨堆不远处另有几座神庙，神庙内有另外一些难看的偶像和供品，据说那些偶像是印第安男子的婚姻守护神。偶像的事就说到这里，我只想再说说在那个大院子周围有许多不高的房屋，是祭司和照料偶像的印第安人的住处。大神庙内也有一口很大的水池，非常干净。这水池只供祭祀维奇洛沃斯神与特斯卡特普卡神使用，水是由查普尔特佩克通过有遮盖的管道注入的。

离那里不远处还有几所外观像寺庙的大房子，许多当地居民的闺女幽闭在房子里，过修女般的生活，直至出嫁之日。那里有两尊女身偶像，是印第安女子的婚姻守护神，她们给这两尊偶像献祭并举行仪式，祈求神明让她们缔结良缘。

我为这座塔特卢尔科大神庙及其院子费了不少笔墨，因为它是墨西哥全城最大的一座神庙。墨西哥城内庙宇极多，而且都很富丽堂皇（每四五个街区就有一座神庙及其偶像），由于数目太多，我不知道总数是多少。下面我要说的是，乔卢拉有座大神庙比墨西哥这座更高，有一百二十级台阶，据说乔卢拉的偶像很灵验，所以新西班牙各地都有人去朝拜，去祈求赦免罪恶，因此他们为这个偶像建造了十分富丽堂皇的庙宇，外观与墨西哥城那座不一样，只是院子也很大，也围着两道围墙。我还要说说特斯库科城的神庙，那座神庙也很高，有一百一十七级台阶，院子又宽又好，布局与其他神庙不同。有一点很可笑，即各省都有本省的偶像，而且一省一城的偶像，其他省、城都不用，于是乎偶像多得不可胜数，而且全需献祭。



后来，我们的统帅同我们大家因为走了很多路，看了形形色色的偶像和许多献祭用品，都感到疲乏，便回到我们的住处，蒙特苏马派来陪伴我们的首领和酋长，始终不离我们左右。

# 第八十六章
## 决定俘虏蒙特苏马

我们的统帅科尔特斯及施恩会修士见蒙特苏马不肯让我们在维奇洛沃斯神庙内立十字架，也不让在那里建造教堂，便决定要求蒙特苏马的管家派泥瓦工，在我们的住处建造一座教堂；因为自从我们进墨西哥城以来，每次做弥撒都要在桌上搭圣坛，事毕再拆除。

管家们说须禀告蒙特苏马。我们的统帅派人去禀告，蒙特苏马准许了，并吩咐供给一应需要的东西。过两日我们的教堂建成，神圣的十字架立在我们的住所前。我们每天都在那里做弥撒，直至葡萄酒用完。因为科尔特斯、几位指挥官及修士在特拉斯卡拉战斗时受过伤，我们用于做弥撒的葡萄酒用得很快。酒用完后，我们每天仍然在教堂内跪在圣坛与神像前祈祷：其一，因为这是基督徒必须做的，而且是一种良好习惯；其次，是要做给蒙特苏马及其统领们看，让他们看看我们虔诚地跪在十字架前，尤其是我们念诵万福玛利亚祈祷词的情景，这样他们也许会喜欢我们的弥撒。

我们在那几所房屋居住期间，因为我们有探究的习性，什么都想知道，所以当我们寻找一个最好、最合适的地方修圣坛时，我们之中的两个兵士(其一名叫阿隆索・亚涅斯的是细木工)在一面墙上看出一扇门的痕迹，那扇门已封死，堵上石灰，而且抹得很光溜。

我们早已听说，蒙特苏马在这所宅院里藏放着他父亲阿哈亚卡的财宝，便猜测必定是藏在这间几天前刚封死并抹上石灰的屋子里。亚涅斯把这种想法告诉胡安·贝拉斯克斯·德·莱昂和弗朗西斯科·德·卢戈，这两位指挥官又禀报了科尔特斯，于是我们便把那扇门悄悄打开了。

门一打开，科尔特斯同几位指挥官先进去，看到许多金饰、金板、金锭、绿宝石及其他大量财宝，他们都惊奇得说不出话来。

其他指挥官和兵士立刻都知道了此事，大家十分秘密地都进去观看那些财宝。我看了大为惊奇，因为当时我尚年轻，生平从未见过那么多财宝，认为世上绝不可能还有如此大量的财宝。全体官兵决定，房间里的任何东西我们绝不许去碰，而要立即砌上石块，照原样封门，抹上石灰；我们也不要谈论此事，等以后再说，免得被蒙特苏马知道。

财宝的事就说到这里。由于我们的官兵全都有胆有识，足智多谋，我们的主耶稣对我们更是事事指引（我们对此深信不疑），所以我们的四位指挥官，同十二名受统帅信赖的兵士（我是其中之一），在教堂里把科尔特斯拉到一旁，要他考虑我们所处的天罗地网和这座堡垒般的巨大城池，想一想那些桥梁和堤道，以及在我们所经过的村镇里人们对我们说过的话和提过的忠告。他们告诉我们，维奇洛沃斯神曾谕知蒙特苏马让我们进城，然后在城里杀死我们。我们对科尔特斯说，人是非常容易变心的，印第安人尤其如此，我们请他不要相信蒙特苏马对我们表示的善意和爱心，因为蒙特苏马随时随地都可能变，如果他想攻打我们，只要不供应我们粮食和水，随便吊起一座桥，我们便没救了；我们提醒他，蒙特苏马有众多的印第安武士为卫队，我们无法进攻他们或进行自卫，因为所有的房屋都在水上，而我们的朋友特拉斯卡拉人又能从何处进来援救我们？我们对他说，这些事必须好好斟酌，如果我们要保全性命，便应毫不迟延地俘虏蒙特苏马，绝不可拖到第二天才办；我们还说，蒙特苏马送给我们的全部黄金，以及我们见过的蒙特苏马的父亲阿哈亚卡的财宝，还有我们吃下的全部食物，无非都是吞下的毒饵，想到这些我们日夜难以成眠，也休息不了，倘若我们兵士中有人想不到这些，那他就是没头脑的畜生，被黄金弄得眼花缭乱，根本看不见眼前的死神。

科尔特斯听毕这些话，说道："骑士们，你们不要以为我在睡大觉，我也像你们一样担心，我想你们一定也看出来了。要在他自己的宫里，在他的卫队和武士的包围下俘虏这么个威重势大的君王，我们有多大力量实现如此大胆的行动呢？用何种方法或计谋才能把他弄到手，使他无法召唤他的武士立刻来袭击我们呢？"我们的指挥官胡安·贝拉斯克斯·德·莱昂、迭戈·德·奥尔达斯、贡萨洛·德·桑多瓦尔、佩德罗·德·阿尔瓦拉多答道，可以用几句好话把蒙特苏马从他的宫里骗出来，带到我们的住处，然后告诉他需让他当俘虏，如果他发火或者乱喊乱叫，便得送命。他们还说，如果科尔特斯不愿立即动手，那就请他准许他们去干；我们现在有两大危险，最好的、最合适的做法是俘虏蒙特苏马，而不是等他来攻打我们；一旦他打将起来，我们还有什么对付办法？

我们几个兵士也对科尔特斯说，我们觉得负责供应我们粮食的蒙特苏马的几个管家开始变得放肆起来，不像开头几天那样恭恭敬敬送粮食来了；我们的两个朋友——特拉斯卡拉的印第安

人——也暗暗对我们的通译赫罗尼莫·德·阿吉拉尔说，他们觉得近两天来墨西哥人对我们不怀好意。

我们就这样商量了足足一个小时，讨论是否要俘虏蒙特苏马，要采取什么方法。我们最后提出的建议，统帅认为很合适。我们决定第二天动手，反正无论如何也要俘虏蒙特苏马。当天夜里，我们整夜祈求天主指引我们，为了神圣的事业把此事办成。

我们商定后的第二天早上，两个特拉斯卡拉的印第安人从比利亚里卡十分秘密地带了两封信来。信中说，留在比利亚里卡任总监的胡安·德·埃斯卡兰特，以及他手下的六名兵士，在墨西哥人对他们发起的攻击中丧命，他的马被杀死，同他在一起的许多托托纳卡印第安人也都被杀害了。信中还说，山上的所有村镇和森波亚尔及其所属村镇都反了，当地人不供应他们粮食，也不在要塞内服役了。他们不知如何是好，因为以前他们被当作“神使”，现在托托纳卡人和墨西哥人看到他们打败，便威胁起他们来了，全不把他们放在眼里，他们一点儿也不知道如何对付这些人。

只有天主知道我们听到这个消息时有多难过。这是我们在新西班牙的第一次惨败。

# 第八十七章
## 软禁伟大的蒙特苏马

我们前一天决定俘虏蒙特苏马，当晚彻夜祈祷，祈求天主保佑我们成功，好让我们为他的神圣事业效力；第二天早上，我们商妥了应采取的方法。

科尔特斯亲自带领五位指挥官（即佩德罗·德·阿尔瓦拉多、贡萨洛·德·桑多瓦尔、胡安·贝拉斯克斯·德·莱昂、弗朗西斯科·德·卢戈和阿隆索·德·阿维拉）以及我们的通译堂娜玛里娜和阿吉拉尔前往。他命令我们全体做好充分准备，命令骑兵给马备好鞍并套上缰绳。

一切准备就绪，我们的统帅便派人通知蒙特苏马，说我们要前去他的宫里，这是我们的一贯做法，这样就不致因突然前去而引起他的惊慌。蒙特苏马大致上已经知道，科尔特斯为阿尔梅里亚[①]发生之事动怒，但他并不为此担心，便立刻表示欢迎。

科尔特斯进去，按惯例向蒙特苏马致敬之后，便通过我们的通译对他说："蒙特苏马王，您既然是英勇无比的君王，又自认为是我们的朋友，却下令在图斯潘附近海岸上您的统领，拿起武器攻击我的西班牙人，而且胆敢抢掠我们国王陛下保护下的村镇，并让这些村镇的男女印第安人做祭神的牺牲，还杀死了一个我们的西班牙人弟兄和一匹马，这一切真让我吃惊。"科尔特斯不想提起一回到比利亚里卡便死去的那个指挥官及六名兵士的事，因蒙特苏马还不知这一情况，同他们交战的那些印第安统领也不知道。科尔特斯还对蒙特苏马说："我把您当作好朋友，所以命令我的指挥官尽一切可能为您效力，给您帮助，可是您却没有这么做。乔卢拉发生的事也一样，你们的统领遵从您的命令，带着一大帮武士杀死我们

① 即瑙特拉，是埃斯卡兰特遭到攻击的地方。

的人。我因为非常敬重您，原谅了您那时所做的事，可是现在您的部属和统领越来越放肆了，他们暗地里说您要下令杀害我们。我不愿意为这些原因开战，也不愿意摧毁这座城池。如果您肯不吵不闹、默不作声地跟我们走，到我们的住处去，我准备原谅一切；在我们的住处您会同在自己家里一样，得到周到的伺候和照料。如果您出声叫喊，这几位指挥官立刻送你一命归天，我带他们来就是干这个的。”

蒙特苏马一听这番话，吓得呆若木鸡，答道他从未下令让他们拿起武器攻打我们；他说，他这就派人去把他的统领们召来，了解真相，还要惩罚他们。说着他立刻从胳膊和手腕上脱下维奇洛沃斯神的信物和标志，他只在发出重要命令时才这么做，这种命令一旦发出，便须立即执行。说到要俘虏他，并迫使他离开他的宫殿，他说他可不是听任他人对他这样发号施令的人，他也不愿意出去。科尔特斯对他说了极充分的道理，蒙特苏马的回答更有道理，说他不应离开自己的家。这样谈来谈去，花了半个多小时。

胡安·贝拉斯克斯·德·莱昂及其余几位指挥官急于要将蒙特苏马带出他的家，并将他软禁起来，见科尔特斯与他谈个没完，便有点恼怒地对科尔特斯说：“您费这么多话有什么用？咱们要不就俘虏他，要不就给他一剑。您再对他说一遍，如果他乱喊乱叫，我们就宰了他，因为我们得保全我们的性命，不这样我们就没命了。”胡安·贝拉斯克斯说这番话时嗓门略高，声音也有点儿怕人——他说话本来就这样；蒙特苏马见我们几位指挥官全都气呼呼的，便问堂娜玛里娜，他们那么大声都说些什么。堂娜玛里娜绝顶机灵，对他说：“蒙特苏马王，我劝您赶快悄悄跟他们到他们住所去，我知道他们会像对待一位伟大的君王那样尊敬您，不然的话，您就得死在这里。您到了他们的住所，就会知道真情了。”

于是蒙特苏马对科尔特斯说：“马林切大人，既然你们一定要这么办，你们就拿我的一个嫡出的儿子和两个女儿做人质吧，可不要让我受这样的耻辱。如果我手下的首领们见我被俘，他们会说什么呢？”科尔特斯说必须是他本人跟着走，别的办法都不行。科尔特斯说了许多理由，蒙特苏马终于说他愿意走了。

于是，科尔特斯和各位指挥官给了他许多安慰，求他不要生气，要他告诉他的统领和卫士们，他是自愿走的，因为他已从维奇洛沃斯神和照料这个神的祭司处得知，他跟我们在一起对他的健康有益，并能保住性命。

大家立即替他叫来他平日外出乘坐的华丽轿子，还叫来他的全体统领，他在他们陪同下来到我们的住处。我们派人日夜看守，尽可能伺候他并使他快乐，科尔特斯和我们大家都尽力为他提供一切，从未将他囚禁。全体墨西哥的重要首领以及他的几个侄子很快来看他，同他谈话，了解软禁他的原因，问他是否要他们向我们进攻。蒙特苏马回答他们说，他很高兴在我们这里住几天，他是自愿而不是被迫住在这里的；还说如果他要什么，他会告诉他们；他要他们及全城不要惊恐不安，也不要为他担心，因为维奇洛沃斯神认为他在这里很好，几位知道此事的祭司也这样说——他们已对神明禀告过此事了。

以上便是俘虏蒙特苏马的经过。他在被软禁的地方仍有人伺候，有女人，有洗澡的浴池，而且始终有二十名大首领、谋士及统领陪伴他。他在这里当俘虏，一点儿也没有难过的表示，远方的使者请他裁断争执，给他带来贡品，他还在这里处理各种重大问题。

蒙特苏马被俘情况就谈到这里。却说蒙特苏马派几个信使带上他的信物，去传杀害我们兵士的统领。那几个统领被押到他面前，他同他们说了什么，我不知道；只知道他把他们交科尔特斯惩办。他们的供词是蒙特苏马不在场时取的，按照他们供认，前面我提到的情况属实。他们供称，他们的蒙特苏马王曾下令他们进攻并收取贡品，还下令说，如有神使抵抗，也要攻打他们，或把他们杀死。

科尔特斯得到这一供词，便派人告知蒙特苏马，在这个事件上他是有罪的；他极力为自己辩解。我们的统帅派人告诉蒙特苏马，他相信供词；根据我国国王敕令，凡指使杀害他人的人，不管有无罪责都须处死，因此他是罪有应得；可是由于他喜欢蒙特苏马，一心为他好，所以即使蒙特苏马确有罪过，科尔特斯他宁愿自己为此受处罚，也不让蒙特苏马受惩处。科尔特斯派人把这些话告诉蒙特苏马，他听了非常害怕。

科尔特斯没有再费唇舌，便判处那几个统领死刑，要在蒙特苏马的王宫前烧死他们，死刑马上执行。为避免执行火刑时发生阻碍，科尔特斯下令给蒙特苏马戴上镣铐。给他戴镣铐时他大为生气，如果说以前他已感到害怕，那么从此他更害怕了。

执行火刑后，科尔特斯同五位指挥官一起到蒙特苏马的住处，亲自为他去掉镣铐，对他说了无数亲切的话，立刻使他怒气全消。科尔特斯对他说，他不仅把蒙特苏马当兄弟看待，而且对他比兄弟还要亲；还说，他是那么多城镇和地区的主人和君王，只要科尔特斯做得到，往后一定要使他成为更多疆土——那些他未能征服和不屈从于他的地方——的主人；还说，如果他要到自己的王宫去，就准许他去。

科尔特斯是通过我们的通译说这番话的，话声未落，只见蒙特苏马眼里已是泪如泉涌。蒙特苏马彬彬有礼地向他深表感激。但是，蒙特苏马心中十分明白，科尔特斯说的话全是口惠，眼下自己还是被软禁在这里较为稳妥，因为他手下首领很多，他的子侄和亲戚天天来说，最好还是攻打我们，把他从软禁中救出，他们一见他出去了，也许就会诱使他这么干。可是，他不愿看到他的城池发生动乱，而他若不按他们的意志办，他们也许要拥立他人为王。他可以对他们说，他们的维奇洛沃斯神已谕示他，要他继续受软禁，这样便能打消他们的这些想法。其实，就我们所知，科尔斯特业已叫阿吉拉尔暗暗告诉蒙特苏马，即使马林切下令放他，我们其余的官兵也不会同意，这一点确有其事。

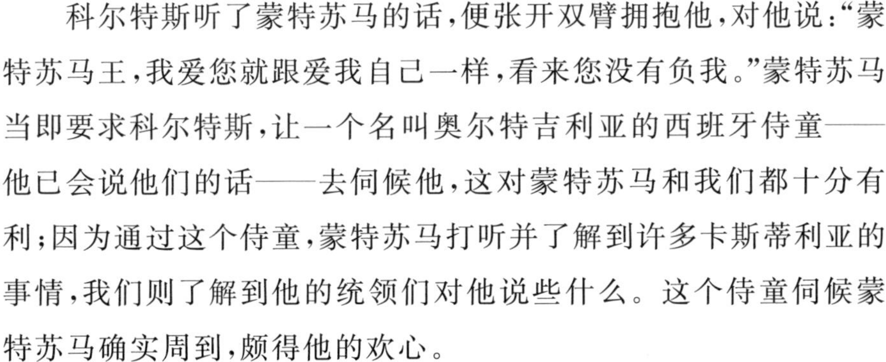

科尔特斯听了蒙特苏马的话，便张开双臂拥抱他，对他说："蒙特苏马王，我爱您就跟爱我自己一样，看来您没有负我。"蒙特苏马当即要求科尔特斯，让一个名叫奥尔特吉利亚的西班牙侍童——他已会说他们的话——去伺候他，这对蒙特苏马和我们都十分有利；因为通过这个侍童，蒙特苏马打听并了解到许多卡斯蒂利亚的事情，我们则了解到他的统领们对他说些什么。这个侍童伺候蒙特苏马确实周到，颇得他的欢心。

我们的大力奉承、对他的殷勤伺候以及我们大家同他的交谈，使蒙特苏马略为开心起来；我们，甚至科尔特斯本人，每次来到他面前，都要对他脱下盔甲上的软帽或头盔，而他对我们也十分谦恭有礼。这些我不多说了。

我来说一下蒙特苏马那几个被处以火刑的统领的名字。为首的叫克查尔波波卡[①]，其余两个一叫科阿特，一叫基奥伊特，还有一个我把名字给忘了。惩处这几个统领的消息传到新西班牙各地，印第安人害怕了，在那些杀害过我们兵士的沿海村镇里，那些仍在比利亚里卡的西班牙人，重又受到殷勤的对待。

# 第八十八章
## 科尔特斯派阿隆索·德·格拉多前往比利亚里卡任城防长官和指挥官，并委任贡萨洛·德·桑多瓦尔为总监

处决克查尔波波卡及其他统领并哄住蒙特苏马之后，我们的统帅决定派一名叫阿隆索·德·格拉多的兵士，到比利亚里卡去当城防长官，因为此人绝顶精明，能说会道，风度翩翩，既精于音乐，笔头也颇了得。

这个阿隆索·德·格拉多是始终反对科尔特斯进军墨西哥城、主张回比利亚里卡去的人物之一。特拉斯卡拉事件发生时，这些人物开过几次会，这个阿隆索·德·格拉多便是此事的策划者。如果他当军人也像他的风度那么出色，那他就好了。

科尔特斯对他的秉性有所了解，知道他不是英勇无畏的人，因

---

① 应是“夸乌波波卡”。

此派他担任此职务时，打趣地对他说："阿隆索·德·格拉多先生，这一来您的愿望可就实现了，您马上就要如愿到比利亚里卡去，将去督察要塞的修筑；您可要当心，不要像胡安·德·埃斯卡兰特那样去攻打他们，他们也会杀了您的。"他边说边向我们当时在场的兵士们递眼色，向我们暗示他说这话的用意，因为他了解阿隆索·德·格拉多，即使严令他去进攻，他也不会照办。

阿隆索·德·格拉多听了这番告诫，便请求科尔特斯授予他总监权限，像被印第安人杀害的胡安·德·埃斯卡兰特曾经掌有的那样。科尔特斯对他说，这个权限已授予贡萨洛·德·桑多瓦尔；还说，日后他不会得不到体面的官职，然后祝愿天主保佑他。科尔特斯嘱咐他要好生照料并尊重那里的西班牙居民，对于友好的印第安人千万不可伤害，也不可强要他们的东西；还嘱咐他派人告知两名留在比利亚里卡镇的铁匠，要他们把从撞碎的船上取下的铁和锚，打造成两根粗铁链，尽快送来；还嘱咐他加紧修筑要塞，立即铺好板条，上好瓦。

阿隆索·德·格拉多一到比利亚里卡，便对当地居民神气活现，要他们像伺候大老爷那样伺候他；对于三十多个友好村落，他派人去要金饰和印第安美女；要塞内的事务他毫不关心。

他把时间都花在大吃大喝和赌博上，比这更坏的是，他暗暗串联他的朋友，甚至并非朋友的人，想让迭戈·贝拉斯克斯从古巴到新西班牙大陆上来，还想让新西班牙的其他指挥官投到他麾下。

有人很快写信把这些情况报告在墨西哥城的科尔特斯。科尔特斯获悉这些情况后，悔恨自己不该委派格拉多这么个人，因为他早已知道此人心怀叵测。科尔特斯始终在考虑，古巴总督迭戈·

贝拉斯克斯总会从某一方面得知我们已向国王陛下派去自己的代表，再也不会为什么事情去找他了，他也许会派船队或指挥官来攻打我们。他认为最好派个可靠的人到比利亚里卡那个港口和要塞去，于是委派了贡萨洛·德·桑多瓦尔——胡安·德·埃斯卡兰特死后他已接任总监职。贡萨洛·德·桑多瓦尔带佩德罗·德·伊尔西奥同行。

于是佩德罗·德·伊尔西奥来到比利亚里卡，同贡萨洛·德·桑多瓦尔成了好朋友。这是因为，在乌雷尼亚伯爵府和堂佩德罗·希龙府当过听差的伊尔西奥，老是对贡萨洛·德·桑多瓦尔说起他原来主人的事情，桑多瓦尔是个好心肠的人，听了他说的故事大为高兴，便同他结下友谊，而且不断擢升他，直至使他当上指挥官。

若是放在今天这个时候，佩德罗·德·伊尔西奥说的那些不该说的话，就不会被当作风趣话，而要受到桑多瓦尔的责备，甚至要遭到宗教裁判所的惩罚了。

他人的事按下不表。却说贡萨洛·德·桑多瓦尔一到比利亚里卡，立即派几名印第安人将阿隆索·德·格拉多押往墨西哥城，因为这是科尔特斯的命令。城内居民非常欢迎贡萨洛·德·桑多瓦尔，因为他一发现有人生病，便尽力为他们供应所需物品，对他们非常爱护；对于友好村落，他公正对待，还尽力在各方面给予帮助；他还在要塞内督促钉板条、上瓦的工作，做一切应做的事情。

却说阿隆索·德·格拉多被押到墨西哥城之后，便想找科尔特斯谈话，可是科尔特斯不答应见他，下令用当时新造的木枷把他囚禁起来。我记得，造那个枷的木料有一股大蒜或葱头的气味。

格拉多涉世很深,又是个擅长要手腕的人,对科尔特斯信誓旦旦,说要做他的谦卑仆人,要事事忠于他。格拉多的一再表白,终于说动了科尔特斯,立刻把他放了。从此以后,我看到格拉多仍然颇得科尔特斯的欢心,不过他再没有对格拉多委以军事要务,而只让他管些适合他做的事。

说到这里,我还要交代一笔:科尔特斯派贡萨洛·德·桑多瓦尔去比利亚里卡当城防长官、指挥官和总监时,嘱咐他一到就派两名铁匠来,让他们带上全套风箱和工具,以及从我们撞碎的船上取下的铁和已经打造好的大铁链,还让桑多瓦尔送来船帆、索具、树脂和麻屑,带一架航行用罗盘,以及建造两条双桅船所需的一应船具,以便能在墨西哥城的湖里航行。桑多瓦尔很快把这些东西按科尔特斯的要求办妥了派人送来。

# 第八十九章

## 蒙特苏马王虽然身陷囹圄,科尔特斯以及我们全体兵士却始终款待他并让他开心

我们的统帅事事用心,看到蒙特苏马既已在俘,怕他因受软禁而心中不悦,每日祈祷(当时我们因没有酒,无法做弥撒)后都去同他闲谈,通常由四位指挥官随科尔特斯一同前往,他们是佩德罗·德·阿尔瓦拉多、胡安·贝拉斯克斯·德·莱昂和迭戈·德·奥

尔达斯。他们毕恭毕敬地探问蒙特苏马身体如何，问他有何吩咐，他们一定照办，劝他不要因受囚禁而感到不快。

蒙特苏马答道，他很乐意受囚禁，这是因为我们的神明给了我们这个权力，也因为他的维奇洛沃斯神允许他这样做。通过一次又一次的闲谈，他们使他充分明白我们的宗教信仰以及我们国王陛下的无上权威。

有时蒙特苏马同科尔特斯玩一种他们叫做托托洛克的游戏，这种游戏的玩法是从较远的地方，用几个金子做的光滑的小球，照准几个金圆盘扔过去，谁得了五分，谁就赢得金器或珠宝的赌注。我记得，替科尔特斯记分的是佩德罗·德·阿尔瓦拉多，替蒙特苏马记分的是他的一个侄子——一个大首领。佩德罗·德·阿尔瓦拉多总是给科尔特斯多记一分，蒙特苏马看见了，便开玩笑地笑着说，他不喜欢托纳蒂奥（他们都这样叫佩德罗·德·阿尔瓦拉多）给科尔特斯记分，因为他记分时做了很多“伊索索尔”（这是他们的土话，意为“作弊”），每次总多记一分。

科尔特斯同我们这些恰巧在那里看守的兵士，听到蒙特苏马说的话都笑得直不起腰来。现在说说我们听了那些话为何发笑。这是因为，佩德罗·德·阿尔瓦拉多虽然一表人才，举止潇洒，却有饶舌的毛病，而“伊索索尔”恰好与“饶舌”一词谐音，我们又都知道他这种品性，所以听了都大笑特笑。现在再说游戏的情景。要是科尔特斯赢了，他便把珠宝送给伺候蒙特苏马的那些侄子和亲信；要是蒙特苏马赢了，他便把珠宝分给我们这些看守他的兵士。他不只是玩游戏时分东西给我们，每天都要拿金子和布匹作礼物送给我们和负责看守的指挥官——当时的指挥官是胡安·贝拉斯克斯·德·莱昂，他始终对蒙特苏马很友好、很出力。

我记得值夜的卫兵中有一人，身材很高，体格健壮，而且力大无比，名叫特鲁希略，原是水手。他一进值夜房间就很不检点，说出来不怕对诸位读者不恭，他在那里干些下流事，被蒙特苏马听见，蒙特苏马是那片疆土上的英勇君王，见他这样，认为他没有教养，还认为他干这种事让他听见是对自己的不敬。蒙特苏马问侍童奥尔特吉利亚，那个没教养的下流坯是什么人。侍童说，这家伙是个老水手，不懂礼貌，也没受过教育；他还告诉蒙特苏马那里的每个兵士的秉性，谁是绅士，谁不是绅士，接着又告诉蒙特苏马许多他想知道的事情。

现在再说我们这个兵士特鲁希略。第二天，蒙特苏马叫他来，问他为何有那种品性，为何不尊重他本人，为何没有应有的礼貌。蒙特苏马要求他不再干那种事，还吩咐给他一件价值五比索的金饰。特鲁希略把蒙特苏马对他说的话只当耳边风，第二天夜里故意又干那种事，以为还会给他金子。蒙特苏马把这事告诉了负责看守的指挥官胡安·贝拉斯克斯；指挥官立刻换掉特鲁希略，不再让他值夜，还狠狠申斥了他一顿。

还有一名值夜看守蒙特苏马的兵士，名叫佩德罗·洛佩斯，是个出色的弩弓手，身体健壮，但此人不好捉摸；一天晚上，为换班的事跟一名看守争吵说："去他娘的这个狗东西！因为一连气给他值夜，我患了很重的胃病，快给折腾死了。"蒙特苏马听了这种话，感到很不自在。等科尔特斯来同他闲谈时，他把这件事告诉了科尔特斯。科尔特斯一听大为光火，尽管佩德罗·洛佩斯是个很好的兵士，还是下令在我们的住处鞭打他。

从此以后，全体看守蒙特苏马的兵士值夜时不用关照都很安静，规规矩矩，都知道对这位大酋长必须十分恭敬。他对我们大家都很熟悉，知道我们的名字，甚至知道我们的习性，他拿金饰送给我们大家，还送布匹和印第安美女给一些人。

当时我是个年轻的小伙子，每当轮到我看守或走到他跟前时总要脱下头盔，显得十分恭敬。侍童奥尔特吉利亚告诉过他，我在科尔特斯之前来新西班牙进行过两次远征；我又对奥尔特吉利亚说起，我想求蒙特苏马赐一个印第安美女给我。于是，蒙特苏马把我叫去，对我说："贝尔纳尔·迪亚斯·德尔·卡斯蒂略，有人告诉我你缺少布匹和金子；我今天就下令给你一个漂亮姑娘。你要好生待她，她是一位首领的女儿；他们还会给你金子和布匹。"我恭恭敬敬地回答他说，我要为他的大恩大德而吻他的手，还说我们的天主一定会保佑他兴旺发达。他好像问侍童我回答了什么，侍童把我回答的话告诉了他；蒙特苏马听了便对侍童说："我看贝尔纳尔·迪亚斯是个品行高贵的人。"于是他命令给我三个金锭和两捆布匹。

按下这些不表。却说每天早上，蒙特苏马做过祈祷、敬过偶像之后便吃早饭，他吃得很少，吃的不是肉，而是辣椒。然后，他花一个钟头听取远道来的酋长们提出的各种请求。

# 第九十章

## 科尔特斯下令建造两条双桅帆船供游湖之用

建造两条双桅帆船的全套器具运到之后，科尔特斯立刻告诉蒙特苏马，他要造两条小船以便在湖上游览；他还要求蒙特苏马，派他们的木匠带我们的造船师傅一起去伐木，我们的造船师傅一个叫马丁·洛佩斯，一个叫安德烈斯·努涅斯。伐栎木的地点离城四西班牙里，木料很快便运来，而且破成造船用的板材。因有许多印第安木匠，船迅速造好，船缝填塞了麻屑和树脂，装上索具，船帆也按需要的大小缝好；两条船还各装了一个船篷。这两条船很好、很轻快，像是花一个月工夫按模板建造的一般，因为马丁·洛佩斯是个非常出色的师傅。

蒙特苏马对科尔特斯说，他要到他们的神庙去举行献祭和祈祷仪式，这是对他们的神明必须做的。这样做也可以使他的统领和首领们——尤其是每天来对他说要解救他并攻打我们的他的几个子侄——相信他的话（他始终答复他们说，他喜欢同我们待在一起），并且相信他那样做是听了维奇洛沃斯神的谕示（他上次就已使他们相信了这一点）。

科尔特斯在准许他的要求时，要他千万当心，不要做会使自己丧命的事，说他要派官兵们去监视，看他是否变得放肆起来，或者胆敢叫他的统领和祭司来解救他并攻打我们，一旦发现他有什么变化，他的官兵们立刻就会把他捅死。科尔特斯还说很赞成他去，但是叫他不要用人祭神，因为这样做是严重违犯我们真正的神的教规的（我们的教规早已向他讲过），这里有我们的圣坛和圣母像，他可以向我们的圣母祈祷。

蒙特苏马说他决不用活人祭神；然后，像通常那样坐上他华丽的轿子，由一大帮显赫的酋长簇拥着走了。我们的四位指挥官——胡安·贝拉斯克斯·德·莱昂、佩德罗·德·阿尔瓦拉多、阿隆索·德·阿维拉和弗朗西斯科·德·卢戈——率一百五十名兵士跟随看守他，我们那位施恩会修士也跟去，若蒙特苏马用人祭神，他便劝阻。

我们一路前往维奇洛沃斯神庙，快到那座令人憎恶的神庙时，蒙特苏马命人把他从轿内搀出，他扶着他侄子和其他酋长的肩膀，一直步行到神庙。

他走到通往神堂的台阶高处时，等候在那里的许多祭司便伸手搀扶他登上台阶，头天夜里他们已经杀了祭神用的四个印第安人。尽管我们的统帅和施恩会修士一直劝阻他，他都没有听从，还是杀了大人和小孩来献祭。当时我们对他只能装聋作哑，因为墨西哥城及其他大城，在蒙特苏马的子侄们的鼓动下很不安定。

蒙特苏马进行献祭的时间不长，仪式一结束，我们便同他一起回到我们的住处，他心情十分愉快，立刻拿出金饰赠给我们这些同他一起去的兵士。

# 第九十一章
## 我们的两条双桅帆船下水，蒙特苏马王说他要出猎

两条双桅帆船建造完工后即行下水，全副索具与桅杆全部安装准备就绪，船上挂起国王与王国的旗帜，驾船的水手也都上了

船，他们荡桨扬帆在湖上航行，那船十分轻快。蒙特苏马得知此事，便对科尔特斯说，他要前往湖上列为禁地的多岩石的岛上狩猎，其他人都不敢去该岛狩猎，因为即使是最大的首领，去了也要被处死。科尔特斯对他说，十分赞成他去，但要他记住去祭神时对他说过的话，如果引起动乱，他就性命难保。科尔特斯还说，他可以坐那两条双桅帆船去，因为他们的独木船再大也没有那两条双桅帆船安稳。

蒙特苏马很高兴地坐那条最快的双桅帆船去，还让众多大小首领与他同船。另一条双桅帆船上坐满酋长和他自己的一个儿子。他让他的猎手们坐小划子和独木船去。

科尔特斯命胡安·贝拉斯克斯·德·莱昂（即看守指挥官）、佩德罗·德·阿尔瓦拉多、克里斯托瓦尔·德·奥利德和阿隆索·德·阿维拉带领两百名兵士随同蒙特苏马，交给他们看守蒙特苏马的重大任务。我提及的这几位指挥官都勇猛非凡，他们率兵士们上船，还带上四门铜炮、全部火药以及名叫梅萨和阿尔文加的两名炮手。船上支起一顶装饰华美的篷帐，以防天气变化，蒙特苏马及其首领们都待在篷帐内。



当时刮起凉风，水手们想让蒙特苏马开心，巧妙操纵船帆，使船行驶如飞，载着他的猎手与首领的小划子，尽管有很多划桨手，却远远落到后头去了。蒙特苏马极为开心，说所有这些帆啦、桨啦，真是了不起的技术。

到达不太远的那个小岛，蒙特苏马猎杀了所有他想猎获的鹿和野兔，便兴高采烈地回城。我们即将到达墨西哥城时，佩德罗·德·阿尔瓦拉多、胡安·贝拉斯克斯·德·莱昂以及其他指挥官下令开炮，蒙特苏马见了很开心。我们见他又慷慨又和气，便像当地对待君王那样对他毕恭毕敬，他对我们也同样尊敬。如果我要细谈蒙特苏马这个伟大君王的言行和品格，要细谈新西班牙及其他地方的所有首领对他的尊敬和效力，那是永远也说不完的；无论他吩咐要什么东西，他们都飞也似地给他送来。

一天，我们的三位指挥官和几名兵士正同蒙特苏马在一起，忽然一只鹞鹰因扑食鹌鹑，落到一处过道似的大厅里；在软禁蒙特苏马的宫殿附近，有许多温顺的鸽子和鹌鹑，那是蒙特苏马为表示他的气派，让负责清扫住处的印第安管家养在那里的。那只鹞鹰落下来逮住了猎物，被我们的指挥官看见，一位绰号“美男子”、名叫弗朗西斯科·德·绍塞多的指挥官说：“嘿，这鹞鹰太棒了，扑得多猛，飞得可真快！”我们这些兵士也说实在好，还说此地好些鸟都是极好的狩猎鸟。蒙特苏马见我们在谈论，便问他的侍童奥尔特吉利亚我们在谈什么；侍童告诉他，我们这些官兵在说那只飞来逮鸟的鹞非常好，如果我们也有这么一只，便让它站在手上，到野外放它去逮鸟，再大的鸟也会被弄死。蒙特苏马便说：“那么我叫他们马上把那只鹞鹰抓来，看看他们能不能把它训练到会狩猎。”因为他的恩典，我们都摘下头盔向他致敬。

他立刻命人去传他那些用囮子逮鸟的猎手，让他们把那只鹞鹰抓来，他们巧妙地逮那只鹰，一会儿工夫便把它带来，交给弗朗西斯科，还给他看了囮子。后来，除了狩猎我们还看到其他许多事，所以狩猎的事就此打住。

# 第九十二章
## 蒙特苏马王的子侄们争取其他首领的支持，以便来墨西哥城将蒙特苏马从软禁中救出

特斯库科是新西班牙仅次于墨西哥城的、最大的也是最主要的一个城池。该城首领卡卡马津得悉，他的伯父蒙特苏马已被软禁多日，我们正在尽可能控制一切；他甚至知道存放他祖父阿哈亚卡的大批财宝的房间，已被我们打开过，不过尚未拿走什么东西；他决定在我们得手之前召集特斯库科的全体首领（他的臣僚），还有科约阿坎的首领（蒙特苏马的侄子和卡卡马津的堂兄弟）、塔库巴的首领、伊斯塔帕拉帕的首领，以及另一位很了不起的酋长、马塔尔辛戈[①]的首领开会。这位酋长是蒙特苏马的近亲，据说又是墨西哥城和王国统治权的合法继承人，印第安人都认为他是个勇士。

正当卡卡马津与这些首领及墨西哥城的其他首领商讨何时率领他们的全部兵力前来攻打我们时，前面提及的那位被看作勇士的酋长（我不知道他的名字）说，如果把他本应合法继承的墨西哥的统治权交给他，他便带他所有的亲属和马塔尔辛戈全地区百姓

① 应为“马特拉津科”。

首先拿起武器前来，把我们从墨西哥城赶出去，不然便让我们全都死于非命。卡卡马津大概答道，墨西哥城的首领应由他来当，王位也非他莫属，因他是蒙特苏马的侄子；即使马塔尔辛戈的首领不愿前来，没有他和他的人参加，这一仗也必须打。卡卡马津让前面提及的那些村落和首领做好准备，商定了攻打墨西哥城的日期，并指望城内支持他的首领与他里应外合。

他们尚在商谈之际，蒙特苏马从他那个不同意卡卡马津企图的近亲处获悉详情。为把情况了解得更清楚，蒙特苏马派人把特斯库科城的全部酋长和首领召来，他们便把卡卡马津劝说他们并用礼物打动他们，让他们帮助他攻打我们并解救他伯父的情形，都告诉了蒙特苏马。蒙特苏马很清醒，不愿看到他的城池陷于战乱，于是随即把发生的事告知科尔特斯。即将发生动乱这件事，我们的统帅同我们大家都有所闻，只是没有蒙特苏马说得周详。

科尔特斯建议蒙特苏马将他的墨西哥武士交给我们，由我们去攻打特斯库科，我们一定可以俘获卡卡马津，或者捣毁特斯库科城及其周围地区。蒙特苏马认为这一建议不妥。科尔特斯便派人劝卡卡马津不要再挑动战争，不要自取灭亡；说他希望同卡卡马津交朋友，说不论卡卡马津需要什么，他都会尽力使之满意，还说了许多其他好话。

卡卡马津年少气盛，又找到许多同意并支持他打仗的人。于是，他派人告诉科尔特斯，他已听到科尔特斯派人来说的好话，不想再听了，除非科尔特斯亲自前来把要说的话说给他听。科尔特斯再次派人告诉他，要他当心，不要做损害我们国王陛下的事，不然便需付出生命的代价。卡卡马津答道，他不认识什么国王，也不想认识科尔特斯，因为科尔特斯用甜言蜜语和谎言囚禁了他的伯父。

我们的统帅得到这种答复，便去求蒙特苏马帮忙。蒙特苏马是个权势很大的君王，特斯库科城内许多大酋长和亲戚都听他调遣，这些人同态度傲慢、令人厌恶的卡卡马津不和；卡卡马津还有个弟弟也在墨西哥城，同蒙特苏马在一起，是个英武的小伙子，是继卡卡马津之后特斯库科王位的继承人，因怕他哥哥卡卡马津杀害，才逃出来。科尔特斯要求蒙特苏马同特斯库料的人一起商量个办法，把卡卡马津抓起来，或暗暗派人去召唤他，如果他来，便把他捉住，管制起来，叫他老老实实。至于因害怕哥哥而逃到蒙特苏马家侍奉蒙特苏马的那个侄子，可以在剥夺了卡卡马律的首领地位之后，将他选为首领。

蒙特苏马说立刻派人去叫卡卡马津；不过他认为卡卡马津大概不会来，如果不来，他便同特斯库科的统领和他的亲戚，想办法把卡卡马津捉起来。科尔特斯为此十分感谢蒙特苏马，对他说："蒙特苏马王，请你确实相信，如果你想回自己的王宫去，你可以自行掌握。自从我了解你对我亲善，我就很喜欢你了；如果我不是处于这样的境地，我一定立刻送你和你的全体贵族前往你的王宫，我之所以没有这样做，是因为我那些捉拿你的指挥官的缘故，他们不愿意我放走你；还因为你说过，为了避开动乱，你宁愿受囚禁；你的侄子们想利用动乱夺取墨西哥城的大权，把你赶下台去。"

蒙特苏马向科尔特斯道了谢，但他明白科尔特斯说的这些好话的意思，懂得他说这些话不是要释放他，而只是为了试探他的心意。蒙特苏马的侍童奥尔特吉利亚也对他说过，是我们的指挥官们劝科尔特斯囚禁他的，他可不要相信科尔特斯，没有那些指挥官的同意，科尔特斯是不会释放他的。所以他答道，他最好还是继续受囚禁，看看他的子侄们究竟要做出什么事情来；说他马上派人送信给卡卡马津，要卡卡马津来见他，他要劝卡卡马津同我们和好。他还派人告诉卡卡马津，不要为他的受囚禁担心，如果他想出来，早就可以出来了，马林切对他说过两次，他可以回自己的王宫去，是他自己为了遵从神明的意旨不愿意出去，神明要他受囚禁，如果他不服从立刻会死去。

蒙特苏马还将这番话派人告诉特斯库科的那些统领，说他正派人召唤他的侄子卡卡马津来和西班牙人和好，要他们当心，不要被这个年轻人弄昏了头，拿起武器反对我们。

卡卡马津同他的首领们一起商量对策，他气势汹汹，说要在四天之内把我们杀绝，说他伯父是胆小鬼，大家都劝过他伯父攻打我们，他伯父却不干。我们从查尔科山上下来时，他伯父在城内有许多卫队，却让我们进了城，像是知道我们必定会对他有什么好处似的；他伯父还把他们进贡的许多金子送给我们，我们却瞒着他伯父，打开存放他祖父阿哈亚卡的财宝的房间，最严重的是我们软禁了他伯父，还指使他伯父把他们的维奇洛沃斯神除掉，放上我们的神像。为了防止更糟的情况发生，也为了惩罚这类邪恶的行径，卡卡马津要求首领们帮助他，因为他说的这一切他们都亲眼看见，都知道蒙特苏马的那几个统领是如何被我们烧死的，他们除了团结一致攻打我们别无出路。

卡卡马津当时答应那些首领，如果他当上墨西哥城的统治者，便让他们当大首领；他送了很多金饰给他们，还对他们说，他已同他的堂兄弟们——库尤阿坎、伊斯塔帕拉帕、塔库巴等地的首领——以及其他亲戚商妥，他们一定会帮助他；他还说，在墨西哥城也有一些要人支持他，他何时想进城，他们都会放他进城并从城内接应。他说一些人可走堤道进城，其余的人乘大小独木船从湖上进城，不会有人出来抵挡，因为他伯父已被囚禁。他说他们不用害怕我们，因为他们都知道不久前他伯父的几个统领，就曾在阿尔梅利亚杀死了好多个神使和一匹马，他们都清楚明白地看见了那些神使的首级和那匹马的尸体。他说，他们只需一个小时便能把我们全部解决，他们可以好好庆祝一番，拿我们的尸体痛痛快快饱餐一顿。

据说，卡卡马津说完这番话，统领们你看我我看你，等待那几个在讨论战争事务方面经常领头说话的人出来说话；四五个这样的人说，没有得到他们蒙特苏马王的准许，他们怎可前去，怎可在他所在的地方——他的城里打仗；他们说，需先派人把此事告诉他，如果他准许，他们便心甘情愿跟卡卡马津同去，不然，他们可不想成为背叛他的人。

看来卡卡马津对那几个这样回答他的统领很恼火，便下令把其中三人逮起，参加这次会的还有他的另一些亲戚，他们都盼望打仗，便对他说，他们要帮助他直到战死。于是卡卡马律决定派人告知他伯父，说他居然派人来叫他卡卡马津，去跟如此侮辱他、把他囚禁起来的人交朋友，实在应该感到羞愧。卡卡马津说，我们定是巫师，用巫术摄走了蒙特苏马的高尚灵魂和力量，要不然，便是我们的神明和那个我们叫作保护神的伟大的卡斯蒂利亚妇女[①]，赋

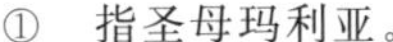

① 指圣母玛利亚。

予我们做那种事的力量，否则是做不到的。最后这一点他没有说错，大慈大悲的天主和至圣的圣母玛利亚确实在保佑我们。

闲话休提。却说卡卡马津派人来说，不管我们和他的伯父如何反对，他也要来与我们论理并杀死我们。蒙特苏马听到如此放肆的答复，勃然大怒，当即派人传来他的六位重要的统领，将自己的信物交他们，还赐给他们一些金饰，命他们前去特斯库科，暗暗把他的信物给一些因卡卡马津傲慢无礼而与之交恶的统领及亲戚看，让他们设法将卡卡马津及其追随者逮住，立即带来见他。

六位统领奉命前去，向特斯库科的人传达了蒙特苏马的命令；卡卡马津与众人不和，便在自己的府第被人逮住了，他当时正与追随者商讨作战事宜，同他一起被逮住的尚有五人。因特斯库科城就在大湖湖滨，他们备妥一条大独木船，在船上支起篷帐，把卡卡马津及其余五人装上去，由一大帮划桨手把船划到墨西哥城。

卡卡马津一下船，他们便让他坐上华丽的轿子，仍像对君王那样，恭恭敬敬把他送到蒙特苏马面前。看来卡卡马津同他伯父说话时，比以前更放肆；蒙特苏马得知他要自立为墨西哥城首领的计划——其他几个逮来的人将此事原原本本告诉了蒙特苏马，如果说以前他生卡卡马津的气，这时他气得更厉害了。蒙特苏马立即把卡卡马津送交我们统帅，让我们把卡卡马津囚禁起来，下令释放其余几个同时逮来的人。

科尔特斯前往蒙特苏马的住处，为他的莫大恩典向他致谢。蒙特苏马下令让那个在他身边的年轻人当特斯库科的首领，这个年轻人便是卡卡马津的弟弟，也是蒙特苏马的侄子。

为了把这件事办得隆重些，也为了要得到特斯库科城的一致赞同，蒙特苏马命令该城所有的重要首领都来见他，经过充分商讨，他们推举那个年轻人为那个大城的首领，取名堂卡洛斯。此事办完之后，所有的酋长和大小王子（蒙特苏马的子侄们）因见到或听说卡卡马津已被囚禁，明白蒙特苏马知道了他们参与废黜他并拥立卡卡马津为王的密谋，心中害怕，没有像往常那样去谒见他。科尔特斯怂恿蒙特苏马下令囚禁他们；蒙特苏马照他的意思，不出八天便将他们悉数擒拿，用大铁链拴起。我们统帅和我们大家为此非常高兴。列位好奇的读者都已看到，他们每日都想要我们的命，吃我们的肉，但是大慈大悲的天主与我们同在，时时拯救我们；那个好心肠的蒙特苏马也总是帮我们解决一切问题。

# 第九十三章

## 蒙特苏马王同当地许多酋长和首领一起向国王陛下称臣

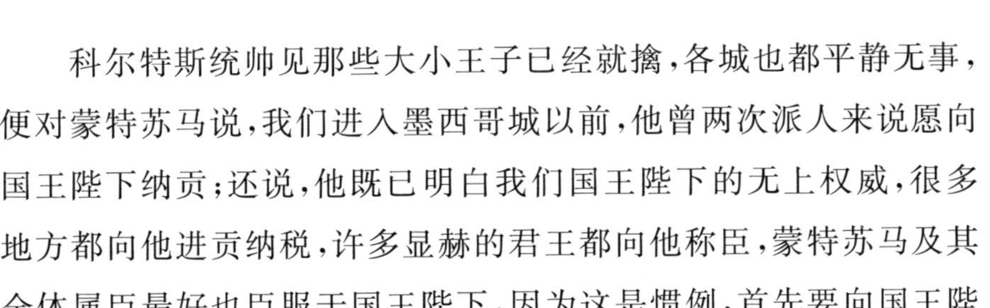

科尔特斯统帅见那些大小王子已经就擒，各城也都平静无事，便对蒙特苏马说，我们进入墨西哥城以前，他曾两次派人来说愿向国王陛下纳贡；还说，他既已明白我们国王陛下的无上权威，很多地方都向他进贡纳税，许多显赫的君王都向他称臣，蒙特苏马及其全体属臣最好也臣服于国王陛下，因为这是惯例，首先要向国王陛下称臣，然后再进贡纳税。

蒙特苏马答道，他需召集属臣谈这件事。十天之内当地所有的酋长均已召集到一起，然而那个身为蒙特苏马至亲的酋长没有来（前面已说过，都说他是个十分勇敢的酋长）。这个酋长有点儿莽撞，当时正在叫作图拉的他的村落里，据说，蒙特苏马之后的墨西哥王国，便应由他继位。蒙特苏马召唤他，他派人说不想来，也不纳贡，因为他从自己那些村落得到的收益，连自己都养不活。蒙特苏马听了这种答复大为生气，立刻派几个统领去抓他；他是个有势力的首领，又有许多亲戚，听到风声后便躲到自己那些村子去，派去的人无法逮到他。

蒙特苏马在科尔特斯和我们不在场（侍童奥尔特吉利亚除外）的情况下，同从全境召集来的全体酋长商讨之后，对他们谈了一次话。据说，蒙特苏马要他们仔细思量许多年前便确凿知道的事情，不但他们的祖先告诉过他们，他们的记事书上也有这样的记载，那就是从日出处来的人们一定会统治这片土地，到那时墨西哥人的统治及其王国一定要告终。他说神明告诉他的那些人便是我们；祭司们问过维奇洛沃斯神，求神给予指示，还为此祭了神，可是神却不愿像往常那样回答他们。维奇洛沃斯神只让他们明白，他以前对他们说过多次的事，现在已见分晓，叫他们不要再问。他就这样晓谕他们，要他们臣服于卡斯蒂利亚国王——这些神使说他们便是那位国王的臣子。

蒙特苏马还说："现在还看不出什么来，以后我们可以看看我们的神明是否有更好的回答；等有了结果再说。现在我命令并请求你们大家，都心甘情愿向那个国王称臣，向他进贡纳税，略表效忠的意思，我立刻告诉你们应如何做。眼下马林切一直拿此事缠我，你们谁也不要拒绝了。自从十八年前我当上你们的首领，你们对我忠诚如一，而我使你们富裕起来，使你们扩大了疆土，给了你们权力和财产。如果现在我们的神明允许我被囚禁在这里，那是出于我多次对你们说的那个原因：是伟大的维奇洛沃斯神命令我这样做的。”

酋长们听了这番话，全都泪流满面、长吁短叹，答应照他的吩咐办，蒙特苏马比他们更是悲痛得多。然后，他派一个首领来说，第二天他们要向西班牙国王陛下表示归顺，向他称臣。

后来，蒙特苏马当着科尔特斯、我们各位指挥官、许多兵士及科尔特斯的秘书佩德罗·埃尔南德斯的面，再次对他的酋长们谈这件事，他们便十分伤心地归顺了西班牙国王陛下，蒙特苏马忍不住流下眼泪。我们都很喜欢蒙特苏马，又因他是好心肠的人，所以见他伤心落泪，我们的眼睛也都润湿了，有个兵士哭得同他一样伤心。

# 第九十四章

## 科尔特斯力图了解金矿及帕努科至塔巴斯科沿岸可供船舶停靠的港口情况

科尔特斯及其他指挥官在同蒙特苏马闲谈时，谈到许多事情，其间科尔特斯问蒙特苏马，金矿都在什么地方，在什么河上，人们给他运来的金砂如何开采，因为他要派我们两名会采矿的兵士去看着金矿。

蒙特苏马说，金矿共有三处，大多数黄金是从南海岸[①]的萨卡图拉地区运来的，到那里需走十一二天；他说人们用一种小木盆淘洗泥土，淘洗后金砂便留在盆内。目前他们是从另一个叫图斯特佩克的地区运来金子，该地区在北海岸[②]，距我们登陆处不远，他们是从两条河上采金的。他说，离该省不远处还有几处很好的金矿，不过都不在他的属地内，那是奇南特卡人和萨波特卡人的地盘，他们不服他管，如科尔特斯想派手下兵士去，他可以派首领跟他们同去。

科尔特斯为此向他致谢，立刻派一个名叫贡萨洛·德·翁布里亚的司舵，带领两名当过矿工的兵士到萨卡图拉去，给他们四十天的限期来回。他又派一位名叫皮萨罗的指挥官前去北海岸察看金矿；这位皮萨罗是个二十五岁的青年，科尔特斯把他当亲戚看待。当时秘鲁还没人知晓，皮萨罗[③]这个姓氏在这片土地上也没人提及。他带领四名兵士出发，也得到四十天的限期来回。

察看金矿的两拨人动身之后，蒙特苏马送给我们统帅一块龙舌兰纤维织的布，其上极真实地标绘出北海岸由帕努科至塔巴斯科大约一百四十西班牙里地带的全部河流与港湾。蒙特苏马送的这块布上标绘的所有大小港湾，我们早已知道，我们同格里哈尔瓦一起来时就发现了，仅瓜萨夸尔科河是例外，他们说这条河水深流

① 指太平洋沿岸。

② 指墨西哥湾沿岸。

③ 皮萨罗(Francisco Pizarro，约1475—1541)，西班牙殖民者。1509年起在美洲从事掠夺和探险。1531年率领征服者南征，不久侵入今厄瓜多尔、秘鲁境内，掠夺黄金，杀戮当地居民。这个皮萨罗与本文中的青年皮萨罗无关。——译者

急，科尔特斯决定派人去看个究竟，并深测一下港湾及其入口的水深。

我们一位名叫迭戈·德·奥尔达斯的指挥官，对统帅说他愿去看看那条河，看看该处土地与居民的情况，还要几个印第安首领同他一起前往。科尔特斯准许他去。蒙特苏马告诉奥尔达斯，瓜萨夸尔科河一带的人不归他管辖，他们十分强悍，他让问问我们的神怎样说，如得到回答，便可前去；如去了遇到什么事，不能责怪他。他还说，奥尔达斯到达那里之前，可能碰到驻防于边界的他的武士，如有必要，可带他们同往。科尔特斯与迭戈·德·奥尔达斯谢过蒙特苏马，奥尔达斯随即带领两名兵士同蒙特苏马派给他的几个首领一起出发了。

# 第九十五章

## 科尔特斯派去察看金矿、探测瓜萨夸尔科河和港湾水深的指挥官们先后归来

最先返回墨西哥城向科尔特斯报告情况的，是贡萨洛·德·翁布里亚及其同伴，他们带回约值三百比索的金砂，是由一个叫做萨卡图拉的村落的印第安人当着他们的面采来的。据翁布里亚说，该地区的酋长们带领许多印第安人到河里去，用一种小木盆淘洗泥土，淘出沙金。翁布里亚说，如果他们都是很在行的矿工，而且都像圣多明各岛和古巴岛上那样淘金，一定会淘出许多沙金。

他们还带来两个该地区派来的首领，二人随带一件黄金做的饰物，价值约为两百比索，用以表示对西班牙国王陛下的效忠。科尔特斯因确知那里有大金矿而兴高采烈，把这些金子看得同三万比索一样值钱，对两个带来礼物的首领极为客气，吩咐赏给他们几串卡斯蒂利亚的绿珠项链，还对他们说了许多中听的话，他们随即兴头十足地回去了。

前去察看瓜萨夸尔科河的迭戈·德·奥尔达斯说，他经过若干很大的村落（他列举了这些村落的名字），所到之处无不对他表示敬意；他说，他在离瓜萨夸尔科河不远处的路上，碰上驻防边界的蒙特苏马的武士；他说，那一地区人人咒骂这些武士，因这些武士不但抢他们的东西，还抢他们的妇女，向他们索取其他贡品。

奥尔达斯和他带去的墨西哥首领，申斥了管那些武士的蒙特苏马的统领，警告他们如再抢夺，他便禀报蒙特苏马王，蒙特苏马王必定派人来惩罚他们；克查尔波波卡及其一伙因抢劫了我们朋友的村落，便曾受到惩罚。他们听了这些话都害怕了。

奥尔达斯只带一名墨西哥首领继续朝瓜萨夸尔科前进。瓜萨夸尔科的酋长名叫托切尔，知道他去，便派几个首领去迎接，对他极表殷勤，因为我们跟随胡安·德·格里哈尔瓦前来探险时，那里的人都听说过我们的情况。

瓜萨夸尔科的酋长们明白了奥尔达斯要办的事，立刻派给他许多条大独木船，托切尔酋长及其他许多首领同他一起探测河口水深，发现不算最深处，河口深达三西班牙㖊以上，进河口不远可航行大船，更往上游则更深，在一个居住着印第安人的村落旁，可停靠大货船。

奥尔达斯测完水深，同酋长们一起到村子去，他们送与他若干黄金饰物和一个极有姿色的印第安女子，表示愿效忠西班牙国王陛下，向他抱怨蒙特苏马，抱怨蒙特苏马派来驻防的武士。奥尔达斯感谢他们的礼遇，便送给他们一些卡斯蒂利亚的项链。然后他回到墨西哥城，受到科尔特斯和我们大家的热烈欢迎。他说，那里土地肥沃，适于开辟为牧场和农庄，港口靠近古巴岛、圣多明各岛和牙买加岛，但是离墨西哥城很远，而且有大片大片的沼泽。

我现在来说说皮萨罗指挥官。皮萨罗同他的同伴到图斯特佩克去寻找黄金和金矿之后，只带一名兵士回来向科尔特斯报告情况，还带来采自金矿的价值一千多比索的金砂。他们说，在图斯特佩克和马利纳尔特佩克以及邻近的其他村落，他们带领许多当地人到河边去淘金，现在带回的这些金砂有三分之一取自该地，他们还到更高的山地去，到叫作奇南特卡的另一个村落去，当他们到达该村时，出来许多手持各式武器（比我们的长矛更大的矛枪、弓、箭和小盾）的印第安人，他们说不许任何一个墨西哥人进入他们的疆土，若是不听，便把他杀死，至于神使们，他们十分欢迎；他们就这样进去了，墨西哥人则留下来，没有往前走。

奇南特卡人的酋长明白了他的来意，便集合很多人到河边去淘金，他们带回的其余的金砂便是采自该地。那些矿工说，因为那里是河流的源头，所以可以长期开采。

皮萨罗指挥官也带回两个该地的酋长，他们来向西班牙国王陛下表示臣服，向我们表示友好，他们还带来一件金子做的礼物。这两个酋长异口同声说了墨西哥人许多坏话，因为墨西哥人在那一带大肆抢掠，使得那里的人对他们深恶痛绝。

科尔特斯亲切迎接皮萨罗和他带回的两个酋长，收下他们送的礼物，但因事隔多年，我已记不得那件礼物价值多少了。他说了一些动听的话，表示要帮助他们，要同奇南特卡人交朋友，然后让他们回去。为使他们一路上不至于受墨西哥人骚扰，他命两个墨西哥首领护送他们回去，一直送他们到安全地点。于是，他们高兴地走了。

科尔特斯问及皮萨罗带走的其余兵士，皮萨罗说，因为他觉得那里土地肥沃，矿藏丰富，村落又都很平静，所以他命令他们办一个种植花生和玉米的大庄园，让他们饲养当地的许多禽鸟，还要办一些种棉花的农场，再从那里出发去考察所有的河流，看看都有什么矿物。科尔特斯当下虽然没说什么，但是他的亲戚违背他命令的做法，他是不高兴的；我们后来得知他狠狠责备皮萨罗，对他说养禽鸟和种花生都是瞎胡闹。他又另派一名兵士去传皮萨罗留下的那些人，带去让他们立即返回的命令。

# 第九十六章

## 科尔特斯让蒙特苏马王命令他属地上所有的酋长向西班牙国王陛下纳贡

因为迭戈·德·奥尔达斯及其余的兵士带回黄金样品，并说整个疆土都很富庶，科尔特斯便听从奥尔达斯及其他官兵的建议，决定向蒙特苏马提出要求，让他属地上所有的酋长和村落向西班牙国王陛下纳贡，他自己作为伟大的君王，也应献出他的财宝。蒙特苏马答道，他一定派人前去各村落要金子，不过许多村落并没有金子，只有他们祖先留下的一点儿不值钱的饰物。他立刻派几个首领前往有金矿的地方，命他们让每个村落交出成色高的金锭，数量、大小和粗细都要同往常向他纳贡时一样，他让他们带去两锭金子做样品；从其他地方只弄来一些不很值钱的小饰物。

他还派人到他那个近亲管辖的村落去，尽管那个酋长不愿服从他；使者们带回的答复是，那个酋长说他不想交纳金子，也不服从蒙特苏马，还说他也是墨西哥王，王位可以归向他索取贡品的蒙特苏马，也可以归他。

蒙特苏马听了这番话大为震怒，立刻派几个得力可靠的统领，带上他的信物去擒拿这个酋长。此人来到蒙特苏马面前，说话极为放肆，而且毫无惧色，显得十分勇敢；也有人说他疯了，因为他十分暴躁。科尔特斯获悉了全部情况，便派人要求蒙特苏马将这个酋长交给他，他愿意把他看管起来，因为他听说蒙特苏马已下令要处死此人。这个酋长被带到科尔特斯面前，科尔特斯和颜悦色地同他说话，劝他不要像疯子那样反对自己的君王，说自己要释放他。可是，蒙特苏马一得知此事，便说不要放他，要用大链子把他拴起来，就像对待我前面提及的几个王子那样。



约过二十天，蒙特苏马派去收取金子的首领都回来了。他们一回来，蒙特苏马便把科尔特斯和各位指挥官以及我们这些他认识的看守他的兵士找去，郑重其事地说了如下一些话：“马林切大人、各位指挥官大人和兵士们，我要告诉你们，我感激并尊敬你们伟大的国王，不仅因为他是个很伟大的君王，还因为他从如此遥远的地方派人来与我结识；我心里想，照我们祖先对我们说的，以及我们的神明在给我们的答复中启示我们的，他准是理应统治我们的那个人。请收下这些收取来的金子吧；因为太仓促，没带更多的金子来。我准备好献给国王陛下的，是从家父处得来的全部财宝，这些都已在你们手里——也就是在你们的住处。我知道你们来这里后不久，打开过那个房间，察看了一切，然后又照原样封上。你们把这些财宝送去给国王陛下时，请在你们的信函中禀明：‘此财宝系忠实臣仆蒙特苏马敬献与陛下。’我还要交你们几颗珍贵的宝石，请以我的名义送去给他——只有你们伟大的国王才配得上这些宝石；这是一种绿宝石，每颗值两包金子。我还要送他三个吹弹筒，筒上的宝石镶得很精致，他见了定会喜欢。我有的东西虽然不多（因为其他金银珠宝，都已陆陆续续给了你们），我也愿意送给他。”科尔特斯和我们大家听了蒙特苏马说的这番话，都为他不寻常的善良和慷慨而大吃一惊，都恭恭敬敬脱下盔甲的软帽，对他说了感谢的话。科尔特斯情深意切地答应他，我们一定以他这位君王的名义写信，将他送给我们金子的隆情厚意禀告国王陛下。

我们又彬彬有礼地谈了别的事之后，蒙特苏马当即派管家把封存在那个房间里的金银财宝悉数交出。为了查点这些财宝，为了拆除附带的装饰并从镶嵌处把金银宝贝取下，我们花费了三天时间；蒙特苏马的金银匠还从一个叫作埃斯卡普萨尔科的村落前来起下并拆开这些金银宝贝。

我看这些东西着实不少，拆下的金子堆作三大堆，分量很重，约值六十万比索，不包括银子和其他许多财宝，金块、金箔和金砂也都不计在内。

印第安银匠开始熔化这些东西，铸成一个个大金锭，每锭足有三指宽。熔金铸锭事毕，他们又送来蒙特苏马应允要送的一份礼物，那么多金子和珍贵宝石，令人赞叹不已。绿宝石中有几颗极为贵重，酋长们认为值很多金子。三个吹弹筒上镶嵌着宝石和珍珠，还有羽毛图画、螺钿小鸟和其他鸟儿的图画，全都很值钱。此外还有各种羽毛及其他许多珍贵物品，因东西实在太多，举不胜举，我只得打住。现在我来谈谈给金锭打印记的事，给所有金锭打印记的铁印，是科尔特斯和国王的官员根据我们大家的意见，并以国王陛下的名义下令铸造的，我们决定在国王陛下下达其他命令之前就照此办理。这种铁印像里亚尔①上的王家徽记，大小与值四里亚尔的托斯通银币②相同。贵重的饰物上没打铁印，我们都认为不能把这些东西毁坏。

所有的金锭、银锭和未加拆毁的饰物都称了重量，可是我们没有砝码，也没有秤；科尔特斯和国王陛下派来的财政官员认为，最好用铁铸造一些砝码，重量分别为一阿罗瓦③、半阿罗瓦、两磅、一磅、半磅、四盎司④等几种。这些砝码都不十分准确，每次称量误差可达半盎司。



称完重量，国王陛下派来的官员说，金锭、金砂、金箔和金饰这些金子的价值在六十万比索以上，未估价的银子和其他许多金饰都没有计算在内。有的兵士说财物不止这些；当时只要取出归国

① 旧时西班牙的一种银币，约合四分之一比塞塔。——译者

② 墨西哥的一种银币。——译者

③ 西班牙重量单位，约合 11.502 公斤。——译者

④ 重量单位，常衡为 28.3496 克。——译者

王的五分之一,便可给我们官兵每人分一份,再给留在比利亚里卡港的人每人留一份,但是科尔特斯看来不想尽快分,而要等到有更多金子,有标准砝码,并算出能分得多少之后再说。我们多数官兵都说要马上分,因为我们看出蒙特苏马的财宝拆出来堆作几堆时,金子要多得多,现在少了三分之一,被科尔特斯、一部分指挥官及那个施恩会修士拿走或藏匿起来,而且还在减少。费了许多唇舌,才把余下的称了重量,发现不包括金饰和金块在内,其价值在六十万比索左右,这些财宝第二大就该分了。我要说一说如何分,科尔特斯统帅和其余几位得了最大的一份。

# 第九十七章

## 蒙特苏马王交来的和从各村落收取的金子扫数分光

先取出归国王的五分之一之后,科尔特斯立刻说也应给他同国王陛下一样多的五分之一,因我们在沙丘地带推举他为统帅兼大执法官时答应过他。说完此事他立即又说,他在古巴岛上曾花钱装备船队,这笔钱应从这一堆财宝上出。此外,我们撞沉的几条船,都是迭戈·贝拉斯克斯出的钱,也应从同一堆财宝中分出一份,此事大家都同意了。还需分一份给前去卡斯蒂利亚的代表们。另外,需分一份给留在比利亚里卡的七十个居民,并补偿他们那匹被杀死的马,还要赔偿胡安·塞德尼奥的马匹,因为他的母马给特拉斯卡拉人一刀砍死了。施恩会修士、胡安·迪亚斯教士、指挥官们和带马来的人们，都得双份，火枪手和弩弓手也依了他们的例，还有其他种种花招；这样一分，剩下就很有限了。

因为所剩无几，许多兵士不屑于领取，于是全归了科尔特斯。当时，我们当兵的除了沉默毫无办法，因为要求处事公正是徒劳的。也有一些兵士拿了他们值一百比索的份子，还要求分到更多东西。科尔特斯为了安抚他们，用赠送办法暗暗分别给了他们一些，又用好言好语相劝，他们也就忍了下来。这头按下不表，我来说说留给比利亚里卡那些人的金子，科尔特斯命人带往特拉斯卡拉，存放在那里，因份子分配不均，众人吵得不可开交；此事到后头该说时我再细说。

当时，我们许多指挥官命蒙特苏马的银匠为他们打制很大的金链，科尔特斯也命他们打制很多首饰和成套餐具。我们兵士有些人囊中饱满，打了印记和没打印记的金锭与各种金饰，都公开拿出使用；他们还滥赌，纸牌是佩德罗·巴伦西亚诺用鼓皮做的，做工精湛，绘制精美，与西班牙的出品完全一样。我们当时的情况便是如此。



科尔特斯听到众多兵士对分金不均和金子被盗不满，便决定用甜言蜜语对全体兵士谈一次话。他说，他得到的一切都可以给我们大家，他并不想要五分之一，只是想要统帅应得的一份，谁需要什么他一定给，又说我们所得的金子实在微不足道。我们应看到那里有那么多大城，还有含量丰富的金矿，大家都能成为这些地方的主人，也都会兴旺发达，发财致富。他还天花乱坠地说了一通，说得十分巧妙。此外，他暗暗拿金饰给某些兵士，又给另一些兵士许多许诺。他还吩咐把蒙特苏马的管家送来的食物,分给全体兵士和他自己。

# 第九十八章

## 蒙特苏马王告诉科尔特斯,要给他一个女儿,让他娶为妻室

我前面说过多次,科尔特斯和我们大家总是想方设法让蒙特苏马愉快,伺候他,同他闲聊。一日,蒙特苏马对科尔特斯说:“马林切,您看我多爱您,我要把我最漂亮的一个女儿给您,让您娶她,使她成为您的合法妻子。”科尔特斯向蒙特苏马脱帽致谢,说这是对他的莫大恩典,不过他已结婚,有了妻室,而我们只能有一个妻子;还说,他一定让伟大君王的女儿得到应有的名分,但首先希望她像其他女酋长、酋长女儿那样成为基督徒。

蒙特苏马对此表示同意。他总是表示自己的善意,但是他始终不停止他们的杀人祭。科尔特斯只是回避,毫无作为,后来他与指挥官们商量,在这种情况下应如何举措,因为他不敢阻拦,免得引起全城及维奇洛沃斯神庙中祭司们的骚乱。

官兵们提出的计策是,装出要去捣毁维奇洛沃斯神像的样子,如看到印第安人起而保卫或发生骚乱,便要求蒙特苏马准许在大神庙的一个地方设圣坛,放置耶稣受难像和圣母像。

此事一经商定,科尔特斯便随带七个官兵前往软禁蒙特苏马

的王宫，对他说："蒙特苏马王，我一再劝您不要再用活人祭祀那些诳骗你们的神明，您就是不肯。现在我要告诉您，我的全体伙伴和同我一起来的这几位指挥官，都请求您准许他们把神像从神庙内拆走，放上圣母玛利亚的圣像和一个十字架。您现在即使不准，他们也要去拆，我可不愿意他们把祭司给杀了。"

蒙特苏马听了这番话，又见那几个指挥官脸色有点儿不对，便说："咳，马林切，您怎么忍心毁掉我们这整座城啊！因为我们的神明一定很生我们的气，我不知道他们是否还要让你们活不成。我恳求您先忍一忍，我要派人去请来全体祭司，看他们怎么说。"

科尔特斯听了蒙特苏马说的话，打手势表示要同蒙特苏马密谈，不让他随身带去的指挥官在场，便吩咐他们离开，让他独自留下。他们一走出大厅，他便对蒙特苏马说，为了不引起骚乱，也为了不至于因为要拆毁神像而冒犯祭司们，他一定设法劝我们的指挥官不要去拆除神像，而在神庙的一个厅堂内设置安放圣母像和十字架的圣坛；过些日子，他们便会看出圣母像和十字架对他们的灵魂何等好、何等有益，而且会保佑他们身体健康、五谷丰登、兴旺发达。

蒙特苏马连声叹气，满面愁容，说此事需与祭司们商议。费了许多唇舌，我们终于设置了与他们可憎的神像隔开的圣坛，还安放了圣母像和十字架；我们都十分虔诚地感谢天主，施恩会修士唱起弥撒，胡安·迪亚斯教士和我们许多兵士都参加了这场弥撒。我们统帅命一名老兵在那里守卫，还要求蒙特苏马下令给祭司们，叫他们除了打扫、焚香、日夜点蜡烛、用树枝装饰、摆鲜花之外，不去碰圣母像和十字架。

# 第九十九章
## 蒙特苏马王劝科尔特斯离开墨西哥城，因全体酋长和祭司要起来攻打我们，直至把我们杀死

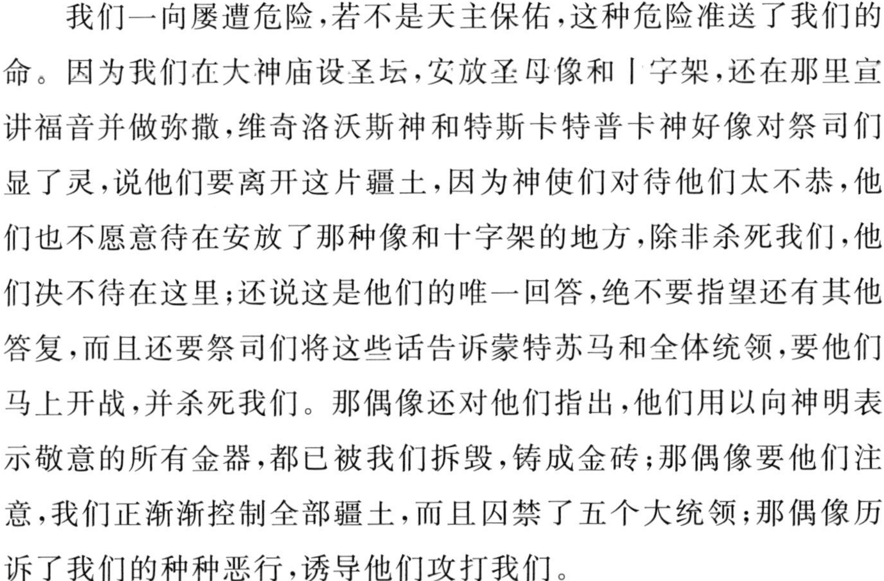

我们一向屡遭危险，若不是天主保佑，这种危险准送了我们的命。因为我们在大神庙设圣坛，安放圣母像和十字架，还在那里宣讲福音并做弥撒，维奇洛沃斯神和特斯卡特普卡神好像对祭司们显了灵，说他们要离开这片疆土，因为神使们对待他们太不恭，他们也不愿意待在安放了那种像和十字架的地方，除非杀死我们，他们决不待在这里；还说这是他们的唯一回答，绝不要指望还有其他答复，而且还要祭司们将这些话告诉蒙特苏马和全体统领，要他们马上开战，并杀死我们。那偶像还对他们指出，他们用以向神明表示敬意的所有金器，都已被我们拆毁，铸成金砖；那偶像要他们注意，我们正渐渐控制全部疆土，而且囚禁了五个大统领；那偶像历诉了我们的种种恶行，诱导他们攻打我们。

蒙特苏马为了让科尔特斯及我们大家知道此事，派人传唤科尔特斯，说有十分重要的事要告诉他。侍童奥尔特吉利亚跑来，说蒙特苏马又不安又悲伤，说前一天夜里和当天的一段时间里，许多祭司和显要的统领同他一起密谈，他们说什么他听不懂。

科尔特斯一听这消息，连忙带了看守指挥官克里斯托瓦尔·

德·奥利德、另外四个指挥官、堂娜玛里娜和赫罗尼莫·德·阿吉拉尔，到蒙特苏马居住的宫里去。他们对蒙特苏马恭恭敬敬行过礼，蒙特苏马说："唉，马林切大人和各位指挥官大人！我们的神明给我们的祭司、给我和我的全体统领的答复和命令，太叫我难过了！他们的答复和命令是要我们攻打你们，杀死你们，还要把你们从海上赶走。我考虑了这件事，觉得在他们动武以前你们需马上离开这座城，一个也不要留下。马林切大人，无论如何你必须照我说的办，因为这样对你们有利。不然他们定会杀死你们，要当心，这对你们可是性命攸关的事。"

科尔特斯和我们的指挥官们听到如此意外、如此肯定的事，都很难过，甚而感到心中不安，这很自然，因为我们的性命陷于莫大的危险中。科尔特斯对蒙特苏马说，他感谢蒙特苏马的预先通知，但是现在有两件事使他为难：一是无船可乘，因为载我们前来的船他都下令撞沉了；二是蒙特苏马必须同我们一起走，以使我们的伟大国王能见到他。他求蒙特苏马给他恩典，在沙丘上的三条船造好前，设法劝阻那些祭司与统领，因为这是对他们最有利的做法。他说，他们只要一开战，全都会被打死。科尔特斯还说，为了让蒙特苏马看到他的话并非推托，请他命他的木匠同我们的两名兵士（他们是出色的造船匠师），到沙丘附近去伐木。

蒙特苏马因听科尔特斯说要带他去见我们的国王，较以前更为愁眉不展了，他说他一定派木匠，而且马上就派，说不必再商量，要立即动手；他同时派人去嘱咐那些祭司与统领，不要在城内引起骚乱；还要命人举行祭祀，以消除维奇洛沃斯神的怒气，但不是用活人祭。这番十分紧张的交谈之后，科尔特斯同指挥官们告辞了

蒙特苏马；我们大家都惴惴不安地等待着开战的时刻。

科尔特斯立刻命人召来造船木匠马丁·洛佩斯，还召来安德烈斯·努涅斯以及蒙特苏马给他派来的那几个印第安木匠，商量过可造多大的三条船之后，便要他们立即动工并及时造好，因为在比利亚里卡有打铁工具和铁匠，还有索具、填船缝的麻屑、树脂和填缝工。于是他们前去比利亚里卡海岸一带伐木，带上一应工具和模板，匆匆开始建造船只。

造船之事按下不表，再说说我们的情况。在这座大城内我们全都心事重重，生怕他们随时攻打我们，特拉斯卡拉来的我们的印第安仆役和堂娜玛里娜对统帅说的也是这种想法；蒙特苏马的侍童奥尔特吉利亚整天眼泪汪汪；我们大家保持高度警惕，严密看守蒙特苏马。不分昼夜，我们的武器都不离手，就寝时也带着武器（我们睡的不是床，而是禾草和席子，有幔帐的便把幔帐垫在底下）；我们穿着鞋和盔甲睡觉，各种武器准备就绪，马匹整天备好鞍、套着辔头。总之，做好一切准备，全副武装，单等着打仗了。我们夜夜布哨，兵士们个个参加警戒。

有件事儿我需说说，但绝非以此自我吹嘘。因为我已习惯于日夜携带武器，并像我前边说过的那样睡觉，因此到新西班牙被征服后，我仍有和衣而卧、不睡床的习惯，而且觉得比在床垫上睡更香。如今，每次到我的委托监护地去时，我都不带床；偶尔带了，那也不是我的心意，而是我身边那些绅士要带，为了不让人误认为我是因为没有像样的床才不带。不过，我真的仍是和衣而卧。我要说的另一件事是：夜里我只能睡一小会儿，就得起床去看天空和星星，不顾深夜露水，不戴帽子头巾外出散一会儿步，感谢天主，我从未因此得病，因为我已养成这种习惯。

# 第一百章

## 古巴总督迭戈·贝拉斯克斯急忙派船队攻打我们

我们的故事需略加回叙，读者才能明白我即刻要讲的事情。古巴总督迭戈·贝拉斯克斯获悉，我们已派代表携带所得的全数金子，前去觐见国王陛下，却未带任何东西到他那里；他还获悉，布尔戈斯主教堂胡安·罗德里格斯·德·丰塞卡①当时主管西印度院，因国王陛下正在弗兰德，他独断专行，对待我们的代表甚为轻慢。据说，当时主教从卡斯蒂利亚给予迭戈·贝拉斯克斯许多支持，下令迭戈·贝拉斯克斯派人擒拿我们，说他一定予以全力支持。

迭戈·贝拉斯克斯于是建立一支十九条船组成的船队，有兵士一千四百名，携带大约二十门大炮、大量火药、各种石弹，还带了两名炮手、八十匹马、九十名弩弓手和七十名火枪手。迭戈·贝拉斯克斯本人尽管身体肥胖，行动迟缓，仍然跑遍古巴的城镇与村落，为船队筹措补给，动员拥有印第安奴隶的西班牙人和他的亲

① 堂胡安·罗德里格斯·德·丰塞卡(don Juan Rodrígues de Fonseca，1451—1524)，西班牙高级神职人员，是巴达霍斯、科尔多瓦、巴伦西亚和布尔戈斯的主教，也是罗萨那的大主教。他曾被任命为西印度院主席。——译者

友,随同潘菲洛·德·纳瓦埃斯去擒拿科尔特斯及其全体官兵,至少一个也不让我们活命。

船队起航前,当他正积极行动之际,圣多明各的王家检审法院[①]和作为政府代表的修士与圣耶罗米教团的成员风闻了这个消息,决定派该法院的法官卢卡斯·巴斯克斯·德·艾利翁律师,前去拦阻迭戈·贝拉斯克斯的船队起航,否则予以严惩。

这位法官到达古巴后,立即想方设法阻止贝拉斯克斯实现其意图,可是无论是要予以惩罚的威胁还是好言相劝,都未能奏效,因为贝拉斯克斯得到布尔戈斯主教的大力支持,又为动员那些军人来擒拿我们而花了不少钱,所以把对他的一切规劝当作耳边风,而且越发狂妄了。法官明白了这种情况,便同纳瓦埃斯一起前来,以便为科尔特斯和纳瓦埃斯调解劝和。

# 第一百零一章

## 潘菲洛·德·纳瓦埃斯率领整个船队抵达圣胡安德乌卢阿港

潘菲洛·德·纳瓦埃斯率领由十九条船只组成的船队,渡海

① 中世纪末西班牙诸王国中为掌管王国的司法而设立的法院,也是西属美洲殖民地最重要的政府机构之一。在十六世纪,西属美洲各行政区均设有检审法院,这种法院有权听取人们对总督和都督的控诉,并采取措施制止滥用权力现象。新大陆的第一所检审法院是1511年在圣多明各建立的。——译者

而来，在靠近圣马丁山脉的海面上遇到北风，那风正对着海岸吹，夜间他的一条小吨位船只横撞到岸上，淹死了几个人。其余船只均安抵圣胡安德乌卢阿港。

科尔特斯派去寻找金矿的兵士们获悉这只大船队到来的消息，其中三人立即投奔纳瓦埃斯的船队。据说，他们一到船上，来到纳瓦埃斯面前，便举手感谢天主把他们从科尔特斯手中解救出来，使他们离开那座使他们天天受死神威胁的很大的墨西哥城。他们与纳瓦埃斯一同进餐饮酒，因为饮酒过了量，便当着这位将领的面你一言我一语地说道："唔，在这儿有好酒喝，强似在科尔特斯手中受压，他没日没夜压制我们，弄得我们连话都不敢说，只能等着死期临近。"一个名叫塞万提斯的兵士，是个无赖，还凑趣似地说："纳瓦埃斯呀纳瓦埃斯，你真是个好人，你来得真及时！科尔特斯这个背信弃义的家伙搞到七十多万比索的黄金，可兵士们个个对他都有怨气，因为他们该得的金子被他拿走了很多，他给他们的，他们都不想要了。"

那三个无耻、下流的逃兵就这样把一切都告诉了纳瓦埃斯。他们还告诉他，离那里八西班牙里处有个叫做比利亚里卡德拉维拉克鲁斯的城镇，住着西班牙人，贡萨洛·德·桑多瓦尔带领七十名兵士驻守该镇，全是老弱病残，只需派兵攻打，他便会立即投降。他们还对他说了许多其他情况。

蒙特苏马很快得知，载有许多官兵的船队正泊在圣胡安德乌卢阿港，便秘密派出他的首领，让他们给这些官兵送去食物、金子和布匹，还让靠近港口的一些村落为他们供应给养。科尔特斯对此一无所知。纳瓦埃斯派人对蒙特苏马说了许多败坏科尔特斯和我们全体的名声的放肆的坏话，说我们是坏蛋，是没有得到国王陛下准许便擅自从卡斯蒂利亚逃出来的盗匪，说我们的国王陛下得知我们现在此地，干了不少抢掠勾当，还把蒙特苏马囚禁起来；国王陛下为了阻止诸如此类的坏事，敕命纳瓦埃斯率领船队、兵士和马匹前来释放蒙特苏马，擒拿科尔特斯和我们全体坏蛋，或者把我们全部消灭；然后用船把我们送往卡斯蒂利亚，送到后便下令把我们正法；此外还说了许多蠢话。从我们这边逃走的那三个兵士已会说印第安人的话，把这些话翻译给印第安人听的就是他们。纳瓦埃斯还给蒙特苏马送去一些从卡斯蒂利亚带来的物品。

蒙特苏马听到这消息大为高兴，因为他听说纳瓦埃斯有很多船只、马匹、大炮、火枪和弩弓，还有一千三百多名兵士，他认定我们必将被擒。此外，他的几个首领见到我们的三个逃兵和纳瓦埃斯在一起，还听到他们说科尔特斯的许多坏话，所以他更相信纳瓦埃斯派人告诉他的话了。印第安人将整个船队画到布上送去给他看。于是蒙特苏马派人送更多的黄金、布匹给纳瓦埃斯，还下令让该地所有的村落供应他充分的食物。蒙特苏马知道这一情况已有三天之久，科尔特斯尚一无所知。

一日，我们统帅去看望蒙特苏马并同他闲谈，他们彼此行礼问候过后，科尔特斯觉得蒙特苏马十分高兴，气色极好，便问他身体如何。蒙特苏马答道他身体很好。他见科尔特斯一天看他两次，担心科尔特斯知道船队情况，为了不引起怀疑，便抢先对科尔特斯说："马林切大人，刚刚有几个使者报告我，来了十八条船，载着许多人和马匹，停靠在你们登陆的那个港口，他们全画在布上送来了。你今天来看我两次，我以为是要告诉我这个消息，这一来你就不必造船了。可是你没告诉我这件事，一方面我因为你瞒我而生你的气，另一方面我又很高兴，因为你的弟兄们可以带你们回卡斯蒂利亚去，一切就都解决了。”

科尔特斯听到船队的消息，又看了布上的画，十分高兴，便说：“感谢天主，他们来得太巧了。”我们这些兵士乐得不可开交，又是骑马乱跑，又是放炮。科尔特斯却沉思起来，因他十分明白，迭戈·贝拉斯克斯总督派这支船队来，分明是要对付他和我们全体；他是个精明人，便把想到的问题告诉我们全体官兵，还送给我们大量黄金，答应让我们发财致富，争取我们支持他。他不知道新来的船队由谁统率，我们则因听到的消息和他白送的金子而兴高采烈，好像这些金子是从他腰包里掏出来，而不是我们本来应得的那一份似的。

# 第一百零二章

## 潘菲洛·德·纳瓦埃斯派人要求贡萨洛·德·桑多瓦尔立即率部下投降

投奔纳瓦埃斯的那三个下作的兵士，把科尔特斯和我们进入新西班牙后的所作所为，一五一十全告诉了纳瓦埃斯；还告诉他说，贡萨洛·德·桑多瓦尔指挥官就在比利亚里卡德拉维拉克鲁斯镇，距他们所在的地点约八九西班牙里。纳瓦埃斯决定派能说会道的格瓦拉神父、另一个名叫阿马亚的相当重要的人物(是迭戈·贝拉斯克斯的亲戚)、名叫贝尔加拉的公证人和三个我不记得名字的证人到该镇去。这些人被派去通知贡萨洛·德·桑多瓦尔,要他赶快归降纳瓦埃斯,他们自称带有以国主名义下达的一些命令的抄本作凭证。

据说,贡萨洛·德·桑多瓦尔已从印第安人那里得知船队和船上载有许多人的消息,他本是个办事干练的人,始终非常警觉,他的兵士也都严阵以待。他推断这支船队是迭戈·贝拉斯克斯派来的,必定要来占领该镇,为了不受老弱病残兵士掣肘,他立即把他们调往印第安人的村落——帕帕洛特村,他自己和健壮兵丁留下。

桑多瓦尔在森波亚尔的各条路上一直布有严密的岗哨,因为这几条都是前往比利亚里卡镇的必经之路;他动员手下兵士坚守该镇,不管是迭戈·贝拉斯克斯还是别人来,都不投降;全体兵士说,他们一定按他的要求办。他于是下令在一个小山包上立起一个绞架。

他派在各条路上的探子急急前来报告说,六个西班牙人和几个古巴的印第安人已经来到镇子附近。桑多瓦尔等在家中,并不出迎,还下令所有的兵士都不要走出家门,也不要同来人说话。

神父及其一行人没有遇到任何一个可以交谈的西班牙人,所见到的都是修筑要塞的印第安人,这些人听不懂他们的话;他们进镇后便到教堂去祈祷,然后到桑多瓦尔家去,因为他们觉得那是镇内最大的一所房子。

神父对桑多瓦尔说:“您好。”他也回答:“欢迎光临。”然后,神父振振有词地说,古巴总督迭戈·贝拉斯克斯大人为船队支付了大笔钱财,可是科尔特斯及其部下却背叛了总督。他来通知他们,潘菲洛·德·纳瓦埃斯是代表迭戈·贝拉斯克斯的统帅,要他们立即服从他。

桑多瓦尔听到格瓦拉神父说的这番放肆的话,很是恼火,便对神父说:“神父大人,您所讲的关于背叛的话很难听。我们在这儿的全是国王陛下的忠实仆人,可不是迭戈·贝拉斯克斯的仆人,因为您是教士,尽管放肆无礼,我可不想惩罚您。您最好到墨西哥城去,科尔特斯统帅和新西班牙大执法官就在那儿,他会答复你们的。在这儿,您再说也白搭。”于是,神父气呼呼地叫随行的公证人贝尔加拉,把带在身上的命令拿出来,向桑多瓦尔及同他一起的西班牙人宣读。桑多瓦尔告诉公证人什么文件也不用宣读,因为他不知道是否真的命令,或是别的东西。正在你一言我一语地说着,公证人便把身上带的文件拿出来,桑多瓦尔对他说:“听着,贝尔加拉,我跟您说了别在这儿宣读什么文件,要读到墨西哥城读去。我可以肯定地对您说,如果您非读不可,我就要抽您一百鞭子,因为我们可不知道您到底是不是国王陛下的公证人。您把身份证书亮出来,如果带来了就读读您的证书吧。我们也不知道以国王名义下达的命令是原件还是抄件,或者是别的什么东西。”

这神父十分狂妄自大,便说:“跟这伙叛徒有什么好多说的?快拿出命令来读给他们听。”他说这两句话时暴跳如雷。桑多瓦尔一听他说这话,便说他撒谎,是个卑贱的教士;他立刻下令手下兵士把他们抓起来，送往墨西哥城。他的话音刚落，在要塞内干活的印第安人便一拥而上，用网一般的吊床把他们像罪孽深重的鬼魂那样罩住，然后轮换着背他们，走了四天四夜，把他们送到墨西哥城附近。那几个被抓的人见到那么多城镇和大村落，都惊讶不已。一路上有人送食物给他们吃，他们从一个人的背上换到另一个人的背上，直到到达目的地，据说他们还以为自己是中了魔法或是在做梦。

桑多瓦尔一面派人押送他们去墨西哥城，一面匆匆给科尔特斯写了一封信，向他报告谁是船队统帅及发生的一切情况。科尔特斯得知那几个人已被抓来，并已到达墨西哥城附近，立即给其中三个要员送去坐骑；他还下令立即放开他们，写信对他们说，他为贡萨洛·德·桑多瓦尔对他们的冒犯深感抱歉，说他本意是十分尊敬他们的。他们一抵达墨西哥城，他立即出迎，把他们风风光光地接进城里。

神父及其一行人见到墨西哥城如此雄伟壮观，见到我们拥有的黄金财宝，见到湖上的其他许多城池，见到我们全体官兵，而且见到科尔特斯的慷慨，都赞叹不已。他们在城内的两天里，科尔特斯对他们又许愿又奉承，甚至贿以金银珠宝，两天之后，他让他们带上给养再次上路，回去见纳瓦埃斯；他们来时势如凶猛的狮子，回去时却非常驯顺，还表示要为科尔特斯效力。他们返抵森波亚尔向他们的统帅报告情况后，立即劝说纳瓦埃斯的全体官兵倒向我们一边。

# 第一百零三章

## 获悉船队统帅是谁、同船来的是谁及其人数之后，科尔特斯便写信给该统帅及自己的友人

科尔特斯处理一切均极小心谨慎，而且深思熟虑，遇事都要想方设法弄得妥妥帖帖；而且，我以前说过多次，他有许多极好的官兵，不仅骁勇善战，而且常为他出主意。这时，我们一致劝他尽快写信，派印第安人赶在格瓦拉神父到达之前送交纳瓦埃斯，信要写得亲热，答应我们人人为他效力，他的命令我们一定照办，求他切勿在当地引起动乱，也切勿让印第安人看出我们之间的不和。

这是因为科尔特斯的兵力少于纳瓦埃斯带来的人，我们必须取得纳瓦埃斯的好感，再决定下一步举措，所以我们答应为他效力。说这种好话还有深一层的用意，就是我们需在纳瓦埃斯的指挥官中寻找朋友，因为格瓦拉神父和贝尔加拉公证人对科尔特斯说过，纳瓦埃斯并不受手下指挥官爱戴；科尔特斯还给他们送去一些金锭和金链，因为礼物可以软化岩石。

科尔特斯在信中说，他们来到那个港口，他和我们这些他手下的伙伴都非常高兴，既然他们是旧交，他请求纳瓦埃斯不要让被囚的蒙特苏马获得自由，也不要引起墨西哥城的动乱，因为蒙特苏马手中握有很大兵力，那样干会使他和他手下的人遭致毁灭，也会使

我们全体性命难保。

科尔特斯在信中提到这一点，是因为自从他们派人与蒙特苏马通消息之后，蒙特苏马显得十分兴奋，城里也出现不稳的形势。科尔特斯在信中说，他认为而且确信，纳瓦埃斯是个有胆有识的英雄好汉，绝不会在这个关头说出那种话来。他还在信中向纳瓦埃斯表明，他本人及他的财产完全听凭纳瓦埃斯支配。

科尔特斯也写信给安德烈斯·德·杜埃罗秘书和卢卡斯·巴斯克斯·德·艾利翁法官，并随信给他的朋友送去一些金饰。这封信发出后，他又暗暗命人送金链与金锭给法官，还要求我们的施恩会修士到纳瓦埃斯的营地去，另外交给他一些珍贵的金银珠宝，让他送给营中的朋友。

第一封信送到时，纳瓦埃斯把信读给他的指挥官们听，还对这封信和我们嘲弄一番。据说，纳瓦埃斯带来当巡视官的一个名叫萨尔瓦铁拉的指挥官，听到读这封信火冒三丈；他指责纳瓦埃斯，说为什么要读科尔特斯之流叛徒的信件，要他立刻攻打我们，一个也不让我们活命；他发誓要把科尔特斯的两只耳朵烤熟，吃掉一只，他还说了一些不堪入耳的话。于是，纳瓦埃斯既不想给我们写回信，也不把我们放在眼里了。

格瓦拉神父及其一行人恰巧此时到达，他们对纳瓦埃斯说，科尔特斯是个杰出的骑士、国王的忠仆；他们还对他说到墨西哥城的强大以及他们一路上所见到的许多城池，他们认为科尔特斯将为他效力并听他驱遣。他们说最好是彼此和平地、不事声张地达成协议，纳瓦埃斯大人可考虑一下，他想率领他带来的人到新西班牙的哪个地方去，便可以上他愿去的所在，而让科尔特斯待在别的地方，因为有的是地方可去。

据说，纳瓦埃斯听了这番话，对格瓦拉神父及阿马亚大发脾气，从此再也不想见到他们，再也不想听他们说话。可是，纳瓦埃斯手下的人见他们私囊饱满，他们又暗地里对众人说科尔特斯及我们诸多好处，还说他们在我们营地内看见我们拿大量金子赌博，于是纳瓦埃斯手下的许多人都想到我们这边来了。

我们的施恩会修士此时正好带着科尔特斯交他的金锭与密信到达营地，他前去问候纳瓦埃斯，说科尔特斯希望和平与友谊，愿听他驱遣。但是，纳瓦埃斯为人固执，这次又下定了决心，根本不想听修士的话，反而当着他的面说科尔特斯和我们大家全是一伙叛徒，因修士回答说我们与他说的正相反，都是国王的忠仆，他便对修士破口大骂。修士十分机密地把金锭与金链送给科尔特斯嘱咐他分送的人，并把营地内最重要的一些人物给争取过来。

# 第一百零四章

## 潘菲洛·德·纳瓦埃斯统帅与卢卡斯·巴斯克斯·德·艾利翁法官发生争执

卢卡斯·巴斯克斯·德·艾利翁开始支持科尔特斯和我们大家的事业；他看到王家检审法院给他的指令，又看过科尔特斯的信件及随信附来的金锭，如果说他以前就说派船队征讨是极不公正的做法，从此以后他说得更明确更坦率了。他为科尔特斯及所有支持科尔特斯的人说了许多好话，弄得纳瓦埃斯的营地内都听不到其他说法了。

此外，众人看出纳瓦埃斯为人吝啬已极，蒙特苏马送给他们的黄金和布匹，他全部收起，一丁点也不分给手下的官兵，还摆出架子很傲慢地对他的管家说："你得当心，一块布也不能丢，因为所有的东西都有数。"因纳瓦埃斯的吝啬一目了然，又听到科尔特斯及其部下的慷慨大方，整个纳瓦埃斯的营地内人心不稳。

纳瓦埃斯认为此事与法官有关，是他在制造不和，便毫无顾忌地将他、他的仆人及公证人统统捉拿，押上船去，送往卡斯蒂利亚或古巴岛。一位名叫奥夫兰卡的绅士，只因说科尔特斯和我们大家都是国王的忠仆，认为把我们叫作叛徒不对，认为捉拿国王陛下的法官是干了错事，纳瓦埃斯便下令把他囚禁起来。奥夫兰卡是个出身高贵的人，只关了四天便活活气死了。纳瓦埃斯还下令囚禁自己带来的两名兵士，因为他得知他们说了科尔特斯的好话。

却说那位被押送卡斯蒂利亚的法官，在船上对船长、司舵和大副软硬兼施，对他们说船到卡斯蒂利亚后，国王陛下不仅不会赏赐他们，肯定会把他们吊死。他们一听此话，便对法官说只要付给他们工钱，就送他到圣多明各去；就这样，他们改变了纳瓦埃斯指示的航向。他们一到达圣多明各岛，法官便下船，设于该岛的王家检审法院及作为政府代表的圣耶罗米教团修士们，听到并见到法官所受的肆无忌惮的冒犯，认为事态十分严重，愤慨万分，立即向卡斯蒂利亚国王陛下的王家法院打了报告。

一些兵士——法官的亲友——见纳瓦埃斯做出如此放肆而又

愚蠢的事来，担心他也对他们下手——因为他已在监视、敌视他们，便决定从沙丘逃往桑多瓦尔指挥官驻守的镇上去。他们来到镇上，桑多瓦尔对他们极为尊重，他从他们口中得知我说的这些情况，而且得知纳瓦埃斯打算派兵来镇上逮捕他。

# 第一百零五章

## 纳瓦埃斯率领船队全部人马转移到森波亚尔村，以及我们在墨西哥城所作的部署

纳瓦埃斯把圣多明各王家检审法院的法官押送走之后，立刻打算带上全部日用品与军用物资，在当时人口众多的森波亚尔村建立营地。他干的头一件事，便是强行拿走我们动身去特拉斯卡拉前，科尔特斯交给那个胖酋长保管的布匹、衣服和黄金；他还抢走该村的酋长们送给我们的印第安女子，她们都是首领的女儿，十分娇弱，过不了行伍生活，所以我们将她们留在她们父母家里。

胖酋长一再对纳瓦埃斯说，不要把科尔特斯交他代管的任何东西拿走，因科尔特斯若是知道他们拿走东西，必将因此杀死他。他还对纳瓦埃斯本人抱怨他手下的人在村内干的许多劣迹和抢劫行为；还说马林切及其部下在村内时，从没拿过他们什么东西；他要纳瓦埃斯立即将印第安女子、黄金和布匹交还，不然他便派人去报告马林切。他们听了胖酋长这些话都嘲笑他，出言不逊的巡视

官萨尔瓦铁拉对他的朋友们也对纳瓦埃斯说:“你们听听,所有这些酋长怕科尔特斯这小子怕到了什么地步!”

却说科尔特斯立刻同指挥官们和我们大家商量,他知道我们都是他的忠实追随者,经常找我们商量诸如此类的要事。我们大家一致同意,要刻不容缓地去攻打纳瓦埃斯,佩德罗·德·阿尔瓦拉多带领不愿参加此次奔袭的全部兵士,留在墨西哥城看守蒙特苏马。那些我们认为是迭戈·贝拉斯克斯的亲信的可疑人物,也都让他们留下。

在纳瓦埃斯来到之前,科尔特斯早已派人到特拉斯卡拉运来很多玉米,因为当时墨西哥各地缺雨,播种情况不妙,所以我们需要玉米;又因为我们有很多特拉斯卡拉印第安人仆役,也需要玉米。我们把运来的这些玉米、家禽及其他给养都留给佩德罗·德·阿尔瓦拉多,还为他建造了一些路障和防御工事,配备了一定数量的军火——铜炮、所有的弹药、十四支火枪、八张弩弓和五匹马。同他在一起的有八十名兵士。

# 第一百零六章

## 蒙特苏马王问科尔特斯为何要攻打纳瓦埃斯

科尔特斯像往常一样同蒙特苏马闲谈,这时蒙特苏马对他说:“马林切大人,我看见您的全体官兵都很不安,我也看出您现在只是偶尔来看我。奥尔特吉利亚侍童告诉我,你们要去攻打你们那些乘船来的弟兄,你们要留托纳蒂奥在这里保护我。请您务必把这事明白告诉我,我也好帮助你们,我是很乐意这样做的。马林切大人,我不希望您遭到什么不幸,因为同您一起的神使很少,而新来的那些比你们多五倍。他们说,他们像你们一样是基督徒,是你们国王的臣子和仆人,他们有圣像,也立十字架,也做弥撒。他们公开说你们是从你们国王那里逃跑的人,他们是来擒拿并杀死你们的。你们这些事我全不懂,所以你们干什么事可要当心。”

科尔特斯装出开心的样子对蒙特苏马说,自己没来把此事告诉他,是因为太爱他了,不想让他为我们的离去而难过,所以拖着没告诉他,但确信蒙特苏马对自己是怀着善意的。至于纳瓦埃斯说他们和我们都是我们伟大国王的仆人和臣子的话,是真话,我们同样都是基督徒。

至于他说我们是从我们国王陛下那里逃来的,绝不是事实,因为国王陛下确实派我们来看望他,我们告诉他的一切事情都是代表陛下说的。至于纳瓦埃斯说他带来许多兵士、九十匹马和许多枪炮弹药,说我们人少,说他们要来擒拿并杀死我们,我们信赖的耶稣基督和圣母玛利亚必将给我们更大力量,而不会给他们更大力量,因为他们都是坏人,他们来干的也是坏事。

科尔特斯说,我们的国王统治着许多大大小小的国度,这些国度里的人各不相同,有的很勇敢,有的更加勇敢。我们来自卡斯蒂利亚,那地方叫旧卡斯蒂利亚,我们叫卡斯蒂利亚人;在森波亚尔的那个统帅和他带来的人,却是另一个省的人,那个省叫比斯开,他们叫比斯开人，他们说的话和我们不同，就跟欧托米人[①]和墨西哥人那样不同，蒙特苏马必将看到我们如何逮住他们。科尔特斯让蒙特苏马不要为我们的出征担忧，因为我们定能凯旋。

科尔特斯当时要求蒙特苏马，要好生同带领八十名兵士的他的兄弟托纳蒂奥（他们对佩德罗·德·阿尔瓦拉多的称呼）在一起。我们出发后，他可不能让城里发生动乱，也不能允许他的统领和祭司做出不该做的事来，我们回来后，作乱的人可就没命了。科尔特斯还要求他供应所需的全部粮食。

于是科尔特斯两次拥抱蒙特苏马，蒙特苏马也拥抱了科尔特斯。堂娜玛里娜十分精明，说得蒙特苏马为我们出征而难过。这时蒙特苏马表示，科尔特斯提的要求他一概照办，他甚至答应要派五千名武士支援我们。

科尔特斯为此感谢蒙特苏马，不过心中十分明白蒙特苏马决不会派武士来，便对蒙特苏马说，他最需要的首先是天主的帮助，其次是他的伙伴们的帮助。他还要蒙特苏马留心一直用树枝装饰的、日夜燃着蜡烛的圣母像和十字架，可不能允许他们的祭司干出什么事来，要他在这件事上表现出对我们的友情来。

科尔特斯随即对佩德罗·德·阿尔瓦拉多以及同他一起留下的全体兵士说话，让他们好生看守蒙特苏马，不要让蒙特苏马跑了；他要他们服从佩德罗·德·阿尔瓦拉多，答应在天主保佑下一定要使大家都能发财致富。胡安·迪亚斯神父和几个不可靠的人留下同他们在一起。我们互相拥抱之后，没带印第安女子也没带

① 是墨西哥境内的一种土著。——译者

仆人，便匆匆朝乔卢拉方向开拔了。

科尔特斯中途派人前往特拉斯卡拉，请求我们的朋友希科滕加和马塞埃斯卡西，马上给我们派来五千名武士。他们派人来说，如果是为了攻打和他们一样的印第安人，他们就派，派更多武士也行；但是，如果是为了攻打和我们一样的神使，攻打马匹、大炮和弩弓，他们便不想派。尽管如此，他们还是送来了十驮家禽。

科尔特斯还写信给桑多瓦尔，要他尽快带领全部兵士与我们会合，我们要开赴距森波亚尔约十二西班牙里的坦帕尼基塔村与米特兰基塔村[①]去；信中还要他十分当心，不可让他本人和他的任何一名兵士落入纳瓦埃斯手中。

我们就这样整队前进，做好了迎战纳瓦埃斯手下兵士或纳瓦埃斯本人的准备，我们的侦察兵一直在朝前侦察，他们发现了走来的阿隆索·德·玛塔，据说他是公证人，是来宣读文件或国王陛下签署的命令的抄件，同他一起来的四个西班牙人是证人。我们的两名骑兵立刻来报告消息，另外两名侦察兵留下与阿隆索·德·玛塔和四个证人谈话；这时我们加快步伐，兼程赶路。



他们来到我们跟前时，对科尔特斯和我们大家深深一鞠躬。科尔特斯下马问了他们的来意；阿隆索·德·玛塔想传达带来的公文，科尔特斯便问他是否是国王派来的公证人，他说是的。科尔特斯要他立即出示证书，如带有证书，他可以宣读文件，只要是效忠于天主和国王陛下的命令他科尔特斯一定执行；如果没带证书，就不要宣读文件，他还必须亲自看看国王陛下签署的文件原件。

① 这两个村落确指何处，尚未查明。

玛塔不知所措，因为他不是国王陛下派来的公证人，随同他来的几个人也不知道说什么才好。因为我们要在那里休息，科尔特斯吩咐给他们送吃的；科尔特斯告诉他们，我们要到纳瓦埃斯大人营地附近的几个村落去，让纳瓦埃斯派人到那里宣读他的命令。科尔特斯极有耐性，从不说纳瓦埃斯一句坏话；他单独与他们交谈，拉他们的手，送金子给他们。

他们立刻回去见纳瓦埃斯，为科尔特斯和我们大家说了好话。为了炫耀，我们很多兵士把金饰、金链和项链挂在武器上，那几个前来传达文件的人见了，便在森波亚尔把我们说得神乎其神。纳瓦埃斯营地内有许多要人都想同科尔特斯讲和，因为他们见我们全发财了。我们来到潘加内基塔村，第二天，桑多瓦尔指挥官带着大约七十名兵士也到了，他把其余年老有病的兵士留在一个叫做帕帕洛特的村落里，这个村落的印第安人是我们的朋友，他们在那里可以有吃的。同他们一起来的还有从纳瓦埃斯营地逃来的五名兵士——卢卡斯·巴斯克斯·德·艾利翁法官的亲友，他们前来问候科尔特斯，他十分高兴，很好地接待了他们。

桑多瓦尔向科尔特斯讲了怒火冲天的格瓦拉神父、贝尔加拉及其他人之间发生的事，说他下令把他们押送到墨西哥城去。他还说，他曾派两名兵士穿上印第安人的衣服，装作印第安人潜入纳瓦埃斯营地，因他们皮肤黝黑，不像西班牙人，倒像真的印第安人。那时正是李子当令，他们各背一筐李子前去叫卖，当时纳瓦埃斯还在沙丘，尚未迁往森波亚尔村，那两名兵士便到那个粗野的萨尔瓦铁拉居住的茅屋去，他给他们一串黄色念珠当李子钱。

他们卖完李子，萨尔瓦铁拉深信他们是印第安人，便命他们到茅屋近处的河边去，替他的马运草料。他们去运了几背草，他们背草回来时正好是念万福玛利亚祈祷词时刻，便像印第安人那样蹲在茅屋内，一直蹲到天黑；他们睁大眼睛，竖起耳朵，细听一些纳瓦埃斯兵士说的话，这些兵士是来陪伴萨尔瓦铁拉并同他闲聊的。据说，萨尔瓦铁拉对这些兵士说："咱们来得真是时候哇！那个叛徒科尔特斯已然搜刮了价值七十多万比索的黄金，咱们大家准得发财了，因为他手下的官兵也有许多金子。"他们还说了许多别的话。

等天色断黑以后，我们那两名伪装印第安人的兵士悄悄从茅屋出来，到拴马的地方去，碰巧笼头和马鞍都在边上，他们给马套上笼头，备好鞍子，骑上马，策马朝镇子驰去，途中在小河旁发现一匹绑着腿的马，便把这匹马也带了来。



科尔特斯问起那两匹马的情况，桑多瓦尔说他把马留在病残人员安身的帕帕洛特村了，因为这一带地方崎岖难行，山峦高峻，他同他的伙伴不能骑马来；他们为了避免碰到纳瓦埃斯的人，所以挑这样的路走。科尔特斯得知其中一匹是萨尔瓦铁拉的马匹时，乐得心花怒放，说道："这会儿等发现丢了马，他更得暴跳如雷了。"却说天亮后，萨尔瓦铁拉找不到那两个卖李子的印第安人，也找不到他的马和笼头、鞍子，后来据许多纳瓦埃斯的兵士说，他当时乱嚷乱叫，引得他们发笑，因为他立刻明白卖李子的是科尔特斯手下的西班牙人，是他们弄走了他的马。从此以后，他们设了岗哨。

# 第一百零七章
## 施恩会修士赴森波亚尔村

我们大家既已在那个村落会齐，决定派施恩会神父再送一封信给纳瓦埃斯，这一决定当即执行了。施恩会神父一到纳瓦埃斯的营地，立即照科尔特斯的嘱咐行事，争取了纳瓦埃斯的一些骑兵、炮手罗德里戈·马丁和另一名炮手乌萨格雷。修士还把科尔特斯交给他的黄金全数分送出去；他告诉安德烈斯·德·杜埃罗，要他立刻到我们营地来见科尔特斯。此外，修士去拜望了纳瓦埃斯，表示要成为他的忠诚仆人。

我们的修士正在办这些事情时，有人对他产生很大怀疑，便劝纳瓦埃斯立即把他抓起来，纳瓦埃斯也正想这么办。迭戈·贝拉斯克斯的秘书安德烈斯·德·杜埃罗一得知此事，便去对纳瓦埃斯说，他听说纳瓦埃斯想把科尔特斯派来的使者——施恩会修士——抓起来；他要纳瓦埃斯三思，虽然有人怀疑修士正在说科尔特斯的好话，把修士抓起来绝非上策，因为科尔特斯对所有到他那里去的纳瓦埃斯的部下都很恭敬，还赠给他们不少礼物。杜埃罗说，修士来后同他谈过话，他认为修士及科尔特斯营地的其他骑士，都想来迎接纳瓦埃斯，而且希望大家成为好朋友；他请纳瓦埃斯注意，科尔特斯对他派去的使者说话何等恭敬，在提到他时，科尔特斯及其部下总是称他纳瓦埃斯统帅大人;而且,捉拿一个教士怕也不是英雄本色。杜埃罗说了无数诸如此类顺耳的话,让纳瓦埃斯听得心舒气和。然后,安德烈斯·德·杜埃罗便告辞纳瓦埃斯,立刻暗暗将发生的事情告知神父。

纳瓦埃斯派人把修士传来,修士到时他恭敬有加,这个修士绝顶精明,便似笑不笑地要求纳瓦埃斯同他到一边去私下交谈。纳瓦埃斯带修士走到一处院子,修士当即对他说:“我很清楚您想下令把我抓起来。但是,大人,我想告诉阁下,在您的营地里没有比我更好、更忠实的仆人了。科尔特斯手下的许多骑士和指挥官确实希望归属您的麾下,我相信我们全体一定都会来;科尔特斯的部下为了迷惑他,要他写了一封由兵士签名的荒唐的信,让我呈交阁下;在阁下与我面谈之前,我一直不想把这信交出来,为了信中写的话我都想把它扔进河里去。科尔特斯手下的官兵是为了迷惑他才这么干的。”纳瓦埃斯要修士把信交给他;修士说信就放在住所,他去取来,说毕便告辞去取信。

这时,那个粗野的萨尔瓦铁拉来到纳瓦埃斯的住所,修士连忙叫杜埃罗立刻去纳瓦埃斯家,把信呈交他。因为这封信修士一直带在身上,杜埃罗及其他几个对科尔特斯有好感的纳瓦埃斯的指挥官,早已对那封信了解得一清二楚,但是修士希望营地里有更多的人聚在一起听他宣读这封信。

修士带了信来,立即把它呈交纳瓦埃斯,并且说:“阁下不必为这封信吃惊,科尔特斯的举措十分荒唐,但我确信,如果阁下对他慰勉有加,他一定会带领所属立刻归降。”官兵们随即要求纳瓦埃斯宣读这封信。据说,听了这封信之后,纳瓦埃斯与萨尔瓦铁拉怒火大发。别的人都笑了,像是嘲弄这封信似的。

安德烈斯·德·杜埃罗便说："我也不知道怎么会是这样，我真弄不懂；这位教士对我说过，科尔特斯及其部下都要归降阁下，结果却写了这些胡言乱语。"这时，纳瓦埃斯营地的指挥官和总监阿古斯丁·贝穆德斯也来给杜埃罗帮腔道："确实，我也听见这位施恩会修士十分机密地说过，如果我们派可靠的调解人去，科尔特斯本人一定会前来拜望阁下，以便带领所属兵士归降，最好派萨尔瓦铁拉巡视官大人和安德烈斯·德·杜埃罗大人前去他的营地——因为该营地离这里不远，我可以同他们一起去。"他是故意说这话，要看看萨尔瓦铁拉作何回答。纳瓦埃斯便让安德烈斯·德·杜埃罗和萨尔瓦铁拉前去；可是，萨尔瓦铁拉却回答说身体不舒服，也不想去看一名叛徒。修士对他说："巡视官大人，克制为上，因为要擒拿他还需相当时日。"

看来在安德烈斯·德·杜埃罗动身时，纳瓦埃斯十分机密地关照杜埃罗及三个指挥官，要他安排在他们营地与我们营地之间的印第安人田庄和房屋里同科尔特斯会见，要在那里议定让我们随科尔特斯往何处定居并划分地盘，然后就在会见中捉拿科尔特斯；纳瓦埃斯为实现这一行动，已经安排了二十名与他关系密切的兵士。修士很快获悉这一情况，安德烈斯·德·杜埃罗也知道了，他们便一五一十全部通知了科尔特斯。

# 第一百零八章

## 我们营地内的全体兵士都登记造册，还运来两百五十支很长的长矛

话说当初科尔特斯得知纳瓦埃斯率船队前来的消息，便立即将一名到过意大利、娴熟各种武器并尤精于使用长矛的兵士，派往奇南特卡人的居住地去（我们派去寻找金矿的兵士就在离那里不远的地方），奇南特卡人对墨西哥人仇恨极深，不久前刚刚接受了我们的友谊。他们以很长的长矛为武器，这种矛比我们卡斯蒂利亚的矛更长，装有两呎长的燧石和刀片。科尔特斯派人去要求他们立刻运三百支长矛到他所在的地方，要把含铜成色高的刀片卸下，给每支长矛装上两个铁枪头，那名兵士还带去铁枪头的样品。这名兵士一到，他们立即找来长矛并做好枪头，当时那个地区只有四五个村落，房屋不多，收集长矛和做枪头的事，比我们要求的干得还好。

科尔特斯又命我们的一个名叫托维利亚的兵士，去要求他们在降灵节那天派两千名武士到潘加内基塔村（或我们当天所在的地点）来，两千人都需带上长矛。那名兵士去了，酋长答道他们一定带武士来；那名兵士立时带回大约两百名持长矛的印第安人，其余的印第安武士留待我们的另一名兵士带来。

我们那个叫托维利亚的兵士带来了质量极佳的长矛，于是传

来了命令，要我们跟那个兵士操练，他向我们示范如何使长矛，如何用它对付骑兵。我们全体官兵都登记造册，并留了名册的副本；清点结果发现，我们共有两百七十六人，包括鼓手和笛手，不包括修士；我们还有五名骑兵，两门小炮，几名弩弓手和更少的几名火枪手。我们与纳瓦埃斯作战，靠的便是这些长矛，读者很快就将看到，这种武器确是好极了。

# 第一百零九章

## 安德烈斯·德·杜埃罗来到我们营地

我早已提过，我们还在古巴时，科尔特斯同迭戈·贝拉斯克斯的好友安德烈斯·德·杜埃罗（贝拉斯克斯的秘书）及国王派的税务官阿马多尔·德·拉雷斯商妥，让他们在贝拉斯克斯处为科尔特斯谋得船队统帅职务，而科尔特斯将同他们分享归其所有的那份金银财宝。安德烈斯·德·杜埃罗当时见自己的合伙人科尔特斯财多势大，诡称为要调停并为纳瓦埃斯效力，特来见科尔特斯，而其意图显然是要索取合伙应得的一份，因另一个合伙人阿马多尔·德·拉雷斯已经亡故。精明的科尔特斯诡计多端，不但应允给杜埃罗大量财宝，还说要把整支军队交他指挥，使他与自己平起平坐；征服新西班牙之后，科尔特斯还要给他与自己一样多的村落。条件是要拉拢纳瓦埃斯营地的总监阿古斯丁·贝穆德斯，以及这里不提及名字的其他几个业已争取过来的骑士，想方设法把纳瓦埃斯引入歧途，使他无法保全性命和荣誉，使他遭到失败。只要纳瓦埃斯一死或被俘，他的军队便会溃散，他们就可以成为首领，分享新西班牙的黄金和村落。为了把杜埃罗拉得更紧，科尔特斯让他的两名古巴印第安仆役扛回许多黄金。看来杜埃罗答应了他。

科尔特斯还派人送很多金锭和金饰给贝穆德斯、胡安·德·莱昂神父、格瓦拉神父和其他人，并给他们写信，说了许多理由让他们全力支持他。

安德烈斯·德·杜埃罗在我们营地一直逗留到第二天午餐以后，那天恰好是降灵节。他同科尔特斯共进午餐，边吃边十分机密地交谈。午饭后，杜埃罗辞别了我们全体官兵，然后骑马再次走到科尔特斯面前说："我要走了，阁下有什么吩咐？"科尔特斯答道："愿天主与您同在。安德烈斯·德·杜埃罗大人，请务必安排好我们商定的事；如若不然，我实话实说（科尔特斯一般都是这样发誓），我和我的全体伙伴三天内一准来你们营地，如发现有什么事情与我们谈妥的不一样，那我头一枪就要扎到阁下身上。"

杜埃罗笑着说："我是决不会不为阁下效劳的。"他说毕立即起程，据说他到达自己营地后便对纳瓦埃斯说，科尔特斯及其手下的全体官兵都心甘情愿归顺纳瓦埃斯。

杜埃罗的情况按下不表。却说科尔特斯立即命人传来胡安·贝拉斯克斯·德·莱昂指挥官，他既是举足轻重的人物、科尔特斯的好友，又是古巴总督迭戈·贝拉斯克斯的近亲。他来到科尔特斯面前，行礼道："阁下有什么吩咐？"因为科尔特斯有时说话往往语气温和，面带笑容，这次也微笑着对他说："胡安·贝拉斯克斯先生，我请你来是因为安德烈斯·德·杜埃罗告诉过我，纳瓦埃斯说（他的营地里也传遍了这样的传闻），如果阁下到他那里去，我马上就会完蛋并被击败，因为他们相信您一定会同纳瓦埃斯一起干。所以我决定，请您务必答应（如果您真爱我的话），让您立刻骑上您那匹灰色骏马，带上您的黄金和很沉的金链子，还带上我要交您的其他小物件（代我去送给我要您送的人）到纳瓦埃斯那里去；您那条很沉的金链子可以挎在肩上，另一条更沉的可以绕两道缠在身上，去看看纳瓦埃斯要您干什么。等到您要回来时，迭戈·德·奥尔达斯马上就到那里去，他们也希望在他们的营地里见到他，因为他曾是迭戈·贝拉斯克斯的管家。”

胡安·贝拉斯克斯答道他一定执行统帅阁下的命令，又说除了命他转交的物件，他自己的黄金和金链一概不带，因为不论他在何处，不论他有多少黄金、宝石，都永远要为统帅阁下效力。科尔特斯听了便说：“这些话我全信。先生，就因为信任您，才派您去；您要是不按我嘱咐的把金银财宝全带去，那我就不要您去了。”胡安·贝拉斯克斯答道：“我从命就是了。”尽管如此，他仍不愿带走金饰。科尔特斯当即向他密授机宜，他立即动身，随身带走科尔特斯的一个马弁，以便伺候他。



胡安·贝拉斯克斯出发两小时之后，科尔特斯命我们的鼓手卡尼利亚斯击鼓，命我们的笛手贝尼托·德·贝赫尔敲起长鼓，还命指挥官兼总监贡萨洛·德·桑多瓦尔集合全体兵士，我们立即急速向森波亚尔进发。我们在行军路上宰了两头当地的猪，它们的肚脐都长在脊背上，我们很多兵士都说这是打胜仗的征兆。我们在一条小溪附近的陡坡上宿营，我们的侦察兵继续朝前侦察，我们还派人放哨巡逻。

天刚破晓，我们便沿着我们的路线挺进，一直走到中午时分，才在一条河边休息（此处现为比利亚里卡德拉维拉克鲁斯镇所在地），因为那里有几所印第安人的房舍和一片小树林。那地方太阳晒得厉害，我们又都带着武器和长矛，便停下来休息。

# 第一百十章

## 胡安·贝拉斯克斯·德·莱昂抵达纳瓦埃斯营地

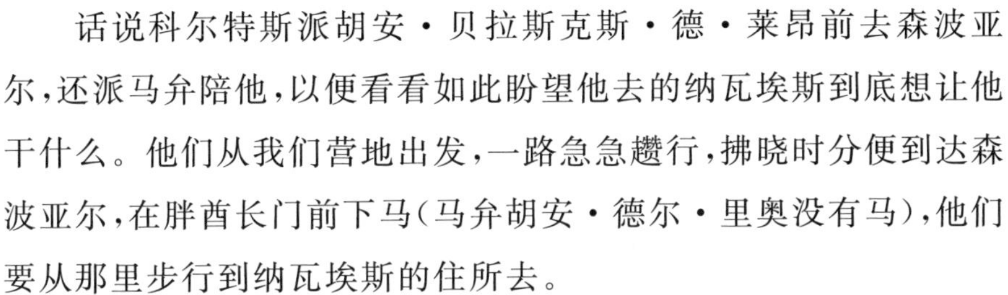

话说科尔特斯派胡安·贝拉斯克斯·德·莱昂前去森波亚尔，还派马弁陪他，以便看看如此盼望他去的纳瓦埃斯到底想让他干什么。他们从我们营地出发，一路急急趱行，拂晓时分便到达森波亚尔，在胖酋长门前下马（马弁胡安·德尔·里奥没有马），他们要从那里步行到纳瓦埃斯的住所去。

印第安人认出胡安·贝拉斯克斯，很高兴见到他，同他攀谈起来；他们还高声告诉住宿在胖酋长家的纳瓦埃斯的兵士，说那人就是马林切的指挥官胡安·贝拉斯克斯·德·莱昂。兵士们听了这话，连忙将胡安·贝拉斯克斯来到的喜讯报告纳瓦埃斯，向他讨赏。纳瓦埃斯忽然得知他来，便在几名兵士跟随下出门迎接，见面时彼此行了大礼。

纳瓦埃斯拥抱了胡安·贝拉斯克斯，命人给胡安·贝拉斯克斯看座，马上有人搬来椅子与椅垫，纳瓦埃斯让胡安·贝拉斯克斯坐在他身旁，问为什么不在他的住处下马。说着便命他的仆人去把马和行囊（如果胡安·贝拉斯克斯带来的话）取来，因为胡安·贝拉斯克斯应该住在他家，那匹马应该放在他的马厩里。胡安·贝拉斯克斯答道，他想立即回去，他来仅是为了问候纳瓦埃斯及其营地内的全体骑士，为了看看他是否能使纳瓦埃斯阁下同科尔特斯讲和。据说，纳瓦埃斯听到他说这种话，当下便怒气冲天，说道："难道能同反对令堂兄迭戈·贝拉斯克斯的叛徒握手言欢吗？"胡安·贝拉斯克斯回答说科尔特斯绝非叛徒，而是国王陛下的忠仆，说科尔特斯派人觐见我们的国王陛下并没有犯背叛罪，他请求纳瓦埃斯当他的面不要再说这种话。

于是，纳瓦埃斯答应胡安·贝拉斯克斯很多好处，让他在这里留下，而且要他劝科尔特斯的部下投降，立刻前来归他麾下，还发誓要让他成为全营地最显赫的指挥官——统帅部的二号人物。胡安·贝拉斯克斯答道，他若背弃科尔特斯，那便是最大的背叛，因他宣过誓，要在战斗中服从科尔特斯；他既然知道科尔特斯在新西班牙干的一切，都是为天主和国王陛下效力，他不能背弃科尔特斯，有如不能背弃我们的国王陛下。他请纳瓦埃斯不要对他重提此事。

当时，纳瓦埃斯营地内最重要的指挥官都来拜望胡安·贝拉斯克斯，彬彬有礼地拥抱他，因为胡安·贝拉斯克斯出身名门，身材匀称，体魄强健，风度翩翩，相貌堂堂，长一脸美髯，一条很粗的金链挎在肩上，金链下端绕前臂两圈，这对于他这么个剽悍的优秀指挥官而言，显然十分得体。当时纳瓦埃斯手下的一些指挥官，大概劝过纳瓦埃斯立即把他拘禁起来，因为他们觉得他为科尔特斯说好话过于放肆。纳瓦埃斯听了劝告，便暗暗命令手下的指挥官和总监去抓他；阿古斯丁·贝穆德斯、安德烈斯·德·杜埃罗、我们的施恩会修士、一位名叫胡安·德·莱昂的教士以及其他一些已归附于科尔特斯的人得知此事，便对纳瓦埃斯说，他下令逮捕胡安·贝拉斯克斯·德·莱昂的主意实在令人惊诧；他们说，就是再有一百个胡安·贝拉斯克斯在帮助科尔特斯，他又能拿他纳瓦埃斯怎么样呢，他们提醒他，科尔特斯对所有去他营地的人都优礼有加，亲自出迎，还送给黄金和金饰，那些人回来时简直像往蜂巢里运东西的蜜蜂。他们说，他最好客客气气再同胡安·贝拉斯克斯谈谈，并邀请他吃饭。

纳瓦埃斯觉得这主意不错，立刻又同胡安·贝拉斯克斯亲切交谈，要他劝说科尔特斯带领我们大家归降，还请他吃饭。胡安·贝拉斯克斯答道，既是如此，他一定尽力而为，不过他认为科尔特斯在这件事上十分执拗，他认为最好还是划分地盘，纳瓦埃斯阁下可以挑选最想得到的那些地方。胡安·贝拉斯克斯说这些话，是为了使纳瓦埃斯缓和下来。

他们正交谈间，那个施恩会修士（他已成了纳瓦埃斯的亲信和顾问）咬着耳朵对纳瓦埃斯说："阁下，下令检阅全体炮兵、骑兵、火枪手、弩弓手和步兵吧，让胡安·贝拉斯克斯·德·莱昂和马弁胡安·德尔·里奥开开眼，让科尔特斯害怕您的权势和兵力，尽管他心里不乐意，也得归顺阁下。"

纳瓦埃斯听从我们这个修士的建议，当着胡安·贝拉斯克斯·德·莱昂、胡安·德尔·里奥和那个修士的面，举行检阅。检阅完毕，胡安·贝拉斯克斯对他说："您带来的兵力真不小，天主准会使它更加壮大。"纳瓦埃斯便说："您在这里都看见了，如果我想打科尔特斯，我早就可以擒住他和所有追随他的人。"胡安·贝拉斯克斯答道："阁下尽可以这样想，可我们知道该如何自卫。"他们的交谈就此中断。

次日，胡安·贝拉斯克斯应邀赴宴，同纳瓦埃斯及古巴总督迭戈·贝拉斯克斯的侄子（也是纳瓦埃斯手下的指挥官）一起就餐。进餐时谈到科尔特斯不归顺纳瓦埃斯，说到送给他的信和命令，迭戈·贝拉斯克斯的侄子（他与他叔父同名，也叫迭戈·贝拉斯克斯）越说越放肆，竟说科尔特斯和我们这些追随他的人都是叛徒，因为我们不归顺纳瓦埃斯。

胡安·贝拉斯克斯听见这些话，便从座位上站起来，彬彬有礼地说："纳瓦埃斯统帅大人，我请求过您不要让人对科尔特斯和任何追随他的人说这种话，因为这样糟蹋我们这些忠心耿耿为国王陛下效力的人，完全是恶语中伤。"

迭戈·贝拉斯克斯反驳说，这些话没有说错，既然胡安·贝拉斯克斯袒护一个叛徒，想必同那伙叛徒是一路货色，而不是一个好贝拉斯克斯。胡安·贝拉斯克斯伸手按剑说迭戈·贝拉斯克斯一派胡言，说自己是个比迭戈·贝拉斯克斯好得多的骑士，是个好贝拉斯克斯，比迭戈·贝拉斯克斯及其叔父强上十倍；还说如果纳瓦埃斯统帅大人允许，他一定让迭戈·贝拉斯克斯了解这一点。

在场的许多指挥官有的是纳瓦埃斯的人，有的是科尔特斯的朋友，都来为他们劝解，因为胡安·贝拉斯克斯真要拔剑相向了；他们劝纳瓦埃斯立即命令胡安·贝拉斯克斯、那个修士及胡安·

德尔·里奥离开他们的营地，因为留下这些人毫无好处。他们立即命令这些人快走，而这几个人早就巴不得快些回我们营地，立刻便动身了。

据说，胡安·贝拉斯克斯骑上他那匹骏马，身穿一向穿着的锁子甲，头戴盔帽，挎着很粗的金链，前去向纳瓦埃斯辞行。与他发生口角的那个小迭戈·贝拉斯克斯也在那里，胡安·贝拉斯克斯对纳瓦埃斯说："阁下有何吩咐要我带回我们营地？"纳瓦埃斯气呼呼地要他快走，说他还不如不来。小迭戈·贝拉斯克斯也对他说了威胁和侮辱的话。他伸手捋着胡子答道："为了这些话，我倒要看看，再过几天你的勇气是不是像你的口气一样大。"

他们就这样分手了。他策马朝我们营地疾驰而来，因为刚刚有人通知他，纳瓦埃斯想擒拿他们，派出许多骑兵来追赶。他们在维拉克鲁斯附近的河边遇上我们，当他们走到我们面前时，我们大家何等欢欣愉快！科尔特斯对胡安·贝拉斯克斯和我们的修士何等亲热，何等礼貌周到！他这样做不无道理，因为他们对他非常忠实。



于是，胡安·贝拉斯克斯把他们同纳瓦埃斯发生的事情，以及将金链、金锭和金饰暗中赠送科尔特斯吩咐送的那些人的情况，一五一十细说一番。接下来我们的修士说起他如何取信于纳瓦埃斯的事，他生性快活，极善于表演，他说他为了嘲弄纳瓦埃斯，诱使他举行了检阅，把他的炮兵调来，还十分诡诈地把信函交给他。接下来修士说到同萨尔瓦铁拉之间发生的事，说萨尔瓦铁拉扬言，抓到科尔特斯和我们大家时定要狠狠惩罚我们，说萨尔瓦铁拉还在他面前埋怨偷了他和另一个指挥官的马匹的那两个兵士。

我们大家都听得十分开心，简直像参加婚礼和欢庆活动似的，尽管我们都知道明天即将去作战，在战斗中不胜即死，因为我们只有二百六十名战士，而纳瓦埃斯的人比我们多五倍。

然后我们朝森波亚尔进发，在距森波亚尔约一西班牙里处的一条小河（当时河上有座桥）旁宿营，这地方现在有一个放牛的牧场。

# 第一百十一章

## 我们的使者离开纳瓦埃斯营地后那里所采取的措施

胡安·贝拉斯克斯、修士及胡安·德尔·里奥走后，纳瓦埃斯的指挥官们对他说，科尔特斯大概在他们营地里送了许多金饰，拉拢一些人支持自己，他最好要提高警惕，让全体兵士准备好武器和马匹。此外，胖酋长因为自己听任纳瓦埃斯取走布匹、黄金和印第安女子，惧怕科尔特斯报复，所以他一直在刺探我们在何处宿营，从哪条路过来，因为纳瓦埃斯强迫他这样干。

他一得知我们已逼近森波亚尔，便对纳瓦埃斯说："你们干些什么哟，实在太大意了！你们以为马林切和他带来的那些神使也像你们一样吗？我对你们说吧，你们再不留神他可就来了，把你们全都杀死。"尽管他们嘲笑了胖酋长说的这番话，倒是提高了警惕；他们干的头一桩事，就是宣告要对我们进行毫不留情的战斗，缴获的战利品可归自己。这件事我们是从一个名叫加列吉略的兵士口中得知的,他是从纳瓦埃斯营地逃出来的,也可能是安德烈斯·德·杜埃罗派来的,他把宣告战斗及其他需要知道的事都禀告了科尔特斯。

却说纳瓦埃斯当即下令他的炮兵、骑兵、火枪手和弩弓手,全部开拔到离森波亚尔约四分之一西班牙里处的野地里等候我们,要将我们统统杀死或俘虏,一个也不让逃脱。恰巧当日大雨如注,纳瓦埃斯手下的官兵在雨中等我们等得不耐烦,他们不习惯淋雨和吃苦,又没有把我们放在眼里;纳瓦埃斯的指挥官们建议他让他们回住所去,说像这样在雨地里等那么三五个人(他们就是这样说我们的),简直是笑话。他们劝他把拥有十八门大炮的炮兵,部署在他的住所前边,派四十名骑兵守在我们前往森波亚尔必经的道路上;要他在我们必经的河流渡口布置探子;并要准备几个好骑手和快腿步兵传达命令,派二十名骑兵在纳瓦埃斯营房的院子里彻夜巡逻。

他们向纳瓦埃斯提的这个建议,是要他回自己的住所去;他的指挥官们还对他说:“大人,就因为那个胖印第安人说科尔特斯敢派三五个人到我们营地来,您就把他看得那么了不起啦?阁下可不要以为是真的,他只不过是穷咋呼,装作要进攻的样子,好让阁下与他订一个对他有利的协定。”纳瓦埃斯于是回到自己的营地;回营地后他公开许诺,谁杀了科尔特斯或贡萨洛·德·桑多瓦尔,他便赏与两千比索;然后,他往河边派了探子,规定跟我们交战时在他营地里使用的暗号和口令为:“圣母玛利亚,圣母玛利亚!”

# 第一百十二章
## 我们营地为攻打纳瓦埃斯而取得的一致意见及发布的命令

我们来到离森波亚尔约一西班牙里的小河旁，那里有几块肥美的草地；侦察兵（都是很可靠的人）派出后，我们的统帅科尔特斯骑在马上派人召集我们全体官兵，见我们到齐后便要求我们安静。接着，他开始一篇长篇演说，讲得十分精彩动人，许下无数诺言（比我记下的更为动听），他让我们回顾离开古巴岛迄今经历过的一切事件。说毕这些话，科尔特斯便夸奖起我们这些人以及我们在历次战斗中出的力；他说我们那时是为保全性命而战，而现在要尽全力为保全性命与荣誉而战，因为他们要来捉拿我们，把我们赶出我们的家园，掠夺我们的财产；此外，我们不知道纳瓦埃斯是否真的带来了我们国王陛下的敕令，或者仅仅得到我们的对头布尔戈斯主教的支持。万一我们落入纳瓦埃斯之手（天主不会允许这种情况发生），我们为天主和国王陛下所出的一切力气，都要被说成是干坏事，他们必定要控告我们，说我们杀戮抢掠，毁坏了这片土地。其实他们才是掠夺者、破坏者和违背我们国王陛下旨意的人，但他们会说他们是为国王陛下效力。他说他讲的一切我们都有目共睹，我们既然是杰出的骑士，就须挺身捍卫国王陛下和我们自己的荣誉，捍卫我们的家园和财产。他说他离开墨西哥城就为了这个

目的，说他信赖天主和我们，把一切希望寄托在天主和我们身上。他要我们想想是不是这么回事。

于是，我们异口同声答道，靠天主保佑，我们一定会取胜或为此捐躯；我们还要他留神可不要倒戈，因为他若干出丑事，我们便乱剑戳死他，他见我们意志坚定，十分高兴，说他来时便有这种信心。然后，他又许下无数诺言，答应我们人人都会成为广有钱财的富翁。

说毕这些，他又要求我们安静；说在战斗中为了要顺利战胜对手，不仅要勇敢，更要谨慎和机智。他说他知道我们勇猛过人，为了赢得荣誉，个个都愿意冲在前面，但是我们必须编成队伍进行战斗。为了首先攻歼他们拥有十八门大炮的炮兵（这十八门炮都部署在纳瓦埃斯的营房前），他下令由他的一个亲戚，即那个名叫皮萨罗的年轻人担任指挥官，交给他六十名年轻的兵士，其中也点了我的名字。

他命令我们，攻歼炮兵之后要全部奔赴纳瓦埃斯住所，那住所就在一座高高的神庙上；他指派贡萨洛·德·桑多瓦尔为指挥官，率领另外六十名兵士去捉拿纳瓦埃斯。因为桑多瓦尔是总监，科尔特斯给了他如下手令："着贡萨洛·德·桑多瓦尔——国王陛下任命之新西班牙总监——捉拿潘菲洛·德·纳瓦埃斯正身，该犯若敢违抗，格杀勿论，以申为天主及国王陛下效力之忱；该犯干下许多违反天主及国王陛下旨意之事，肆意拘押法官，罪行累累。此令。

埃尔南多·科尔特斯（签名）　　秘书佩德罗·埃尔南德斯（签名）　　于本营地。"

命令下达后，科尔特斯许诺，捉住纳瓦埃斯的第一个兵士将获赏金三千比索，第二个将获两千比索，第三个将获一千比索；他还说，他许诺的赏金只是小费，大笔钱财眼看就要到我们手里了。随后，他派胡安·贝拉斯克斯·德·莱昂去捉拿那个跟他吵过架的小迭戈·贝拉斯克斯，也交给他六十名兵士；他还派迭戈·德·奥尔达斯去捉拿萨尔瓦铁拉，也交给他六十名兵士；科尔特斯本人只留二十名兵士应付紧急情况，以便赶赴最急需的地方，他想到要去的地方便是捉拿纳瓦埃斯和萨尔瓦铁拉的地方。

科尔特斯把手令副本发给各位指挥官后说："我很清楚，纳瓦埃斯的人马总数比我们多四倍以上；但他们不惯征战，而且大部分与指挥官不和，还有许多人有病，加上我们出其不意发动进攻，我想天主是要让我们取胜的，他们的抵抗不可能坚持多久，因为能使他们得到财产的是我们，而不是纳瓦埃斯。所以，先生们，除了靠天主保佑，我们大家的生命和荣誉就靠你们强壮有力的臂膀去捍卫了，我对你们别无要求，也无须提醒你们什么，只想说一句，这次战斗关系到我们一辈子的荣耀和声名；我们宁可做一条好汉而死，也不要屈辱地活着。"这时天下起雨来，且暮色降临，他没有再说下去。然后，他秘密地告诉我们，战斗中使用的口令定为："圣灵，圣灵！"一切布置就绪，因为我是桑多瓦尔指挥官的忠实朋友和仆人，当夜他要求我，攻歼炮兵之后如果我还活着，要我跟他在一起，始终不离开他，我答应了；各位往后可以看到，我确是这样做了。

话说到了晚上，我们花一部分时间做准备，并考虑即将发生的事之后便休息了，因为我们已没有任何东西可做晚餐。不久，我们的侦察兵出发，探子和哨兵亦已布置好。我与另一名兵士被派去放哨，没过多久，一名侦察兵来问我是否听到动静，我答没有。随后一名班里的兵士来说，从纳瓦埃斯营地来的加列吉略不见了，说他是纳瓦埃斯派来的探子，于是科尔特斯命令我们立刻向森波亚尔进发；我们听见我们的笛鼓齐鸣，指挥官们集合起各自的兵士，我们便出发了。有人找到加列吉略，他盖着毯子睡得正香，因为下雨，这可怜家伙不习惯雨水和寒冷，便钻到毯子里睡了。

我们偃旗息鼓，一路急行军，我们的侦察兵搜索着这一带地面；我们走到纳瓦埃斯派有探子的那条河边，他们十分大意，我们得以捉住一个探子，另一个一边逃往纳瓦埃斯营地，一边大声叫道："快拿武器，快拿武器，科尔特斯来咯！"

我记得，过河时因为下雨，河水略深，石头也有点儿滑，带的长矛和武器给我们添了不少麻烦。见那个探子逃去报信，我们也一步不停，就在那家伙边跑边喊"快拿武器，快拿武器"和纳瓦埃斯召集指挥官之际，我们已手持长矛把他们的大炮团团围住，因为我们来得快，他们的炮手只来得及发了四炮，炮弹从空中飞过，其中一颗打死了我们三个伙伴。

这时我们的指挥官都已来到，用笛和鼓发出冲锋号令，因遇到纳瓦埃斯的许多骑兵，他们厮杀一阵，不一会儿便被打翻了六七骑。我们这些夺下大炮的人都不敢离开，因为纳瓦埃斯从他的住所向我们射了许多箭，开了许多枪，伤了我们七人。这时，桑多瓦尔指挥官冲过来，很快登上神庙台阶，尽管纳瓦埃斯死命抵抗，对他射箭、开枪、用矛乱刺，他同他带领的兵士还是冲了上去。

我们见没遇到抵抗就夺下大炮，便将大炮交与我们的炮手，我们许多人和皮萨罗指挥官一起去支援桑多瓦尔，他正被纳瓦埃斯的人打得退下两级台阶，我们一到，他又攻了上去。我们用很长的长矛战斗了好长时间，这时我们意外听见纳瓦埃斯说道："圣母玛利亚保佑我吧，他们杀死我了，还扎瞎了我一只眼睛！"

一听见这声音，我们立刻喊道："胜利咯，凭圣灵的名字我们胜利咯，纳瓦埃斯完蛋啦！胜利咯，凭科尔特斯我们胜利咯，纳瓦埃斯完蛋啦！"尽管如此，我们却无法攻入他们坚守的神庙里去，直到后来那个身材魁伟的造船能手马丁·洛佩斯，把巍峨的神庙的草屋顶放火点着，纳瓦埃斯手下那帮人才乱纷纷逃下台阶去。

于是，我们擒获纳瓦埃斯；第一个捉住他的是优秀兵士佩罗·桑切斯·法尔范，我把纳瓦埃斯交与桑多瓦尔以及同他在一起的几位指挥官，我们还不断地高呼："国王万岁，国王万岁！国王的代表科尔特斯万岁！胜利咯，胜利咯，纳瓦埃斯完蛋啦！"

科尔特斯及其他指挥官仍在分别同纳瓦埃斯的指挥官战斗，他们都在神庙的最高处，尽管我们的炮手向他们开炮，我们对他们叫喊纳瓦埃斯已经完蛋，他们还是没有投降；科尔特斯机敏过人，立即下令向纳瓦埃斯的全体部众喊话，要他们尽快站到国王陛下及国王的代表科尔特斯的旗下来，否则一律处死。

尽管如此，小迭戈·贝拉斯克斯和萨尔瓦铁拉及其所率部众仍不投降，因为他们都在神庙的最高处，没有人能够打上去；直到后来，贡萨洛·德·桑多瓦尔率领我们这些由他指挥的半数兵士，在炮弹和喊话的配合下才攻了上去，俘获萨尔瓦铁拉及其部众，也俘获了小迭戈·贝拉斯克斯。桑多瓦尔又带领我们这些捉拿了纳瓦埃斯的兵士，把他押送到更安全的所在。

萨尔瓦铁拉、小迭戈·贝拉斯克斯及其他要员被科尔特斯、胡安·贝拉斯克斯和奥尔达斯擒获之后，科尔特斯在我们几位指挥官陪同下来到拘禁纳瓦埃斯的地方，但没有人认出他来。因天气酷热，他背着武器来来去去地鼓动兵士，下令喊话，弄得身上汗水淋漓，疲乏不堪，喘得上气不接下气，跟桑多瓦尔说话连说两遍都没说清："纳瓦埃斯怎么样啦？纳瓦埃斯怎么样啦?"桑多瓦尔说："他在这里，就在这里，看守十分严密。"科尔特斯仍然喘着粗气说："亲爱的桑多瓦尔，你得当心，我还要去干别的事，你和你的伙伴们千万不要离开他，别让他逃走，对那些同他一起被俘的指挥官也要当心，得把他们统统看起来。"说毕他就走了，下令再向全体纳瓦埃斯部众喊话，命他们立刻站到国王陛下和国王的代表埃尔南多·科尔特斯——他的统帅和大法官——的旗下来，任何人不许携带武器，应全部交给我们的总监，否则一律处死。

这一切均发生在夜里，天未破晓，雨时下时停，后来月亮出来了，而我们到达时这里却是漆黑一片，还下着雨，那黑暗倒也助了一臂之力。因为天黑，许多萤火虫闪闪发光，纳瓦埃斯手下的人都以为是火枪上药线的火花。



纳瓦埃斯伤势很重，又打瞎一只眼，要求桑多瓦尔准许，让他船队带来的那个叫做胡安医师的外科医生为他治眼睛，并为其他受伤的指挥官治伤，这个要求获准了。他正在受治疗时，科尔特斯为了不让他认出，暗暗到近旁看他。有人附耳告诉纳瓦埃斯，说科尔特斯在那里，他一听这话便说道："科尔特斯统帅大人，你打败了我，又俘虏了我本人，你得了大胜利。"科尔特斯答道，他十分感谢保佑他取胜的天主，感谢他那些骁勇的骑士和伙伴为他出力，不过擒获并击溃纳瓦埃斯，只不过是他在新西班牙干过的最微不足道的事情之一；他还问纳瓦埃斯，胆大包天地拘押，一位国王陛下的法官，他是否认为合适。

说毕这些话，科尔特斯没再说什么就走了，走时吩咐桑多瓦尔好生看紧纳瓦埃斯，不要离开而把他交别人看守。我们给纳瓦埃斯戴上两副脚镣，把他押往一处营房，还派了看守他的兵士。桑多瓦尔指派我为看守的兵士之一，还暗暗吩咐我，不要让任何一个纳瓦埃斯手下的人与纳瓦埃斯说话，等到天亮，科尔特斯就会把他关到更稳妥的地方去。因纳瓦埃斯曾派四十名骑兵到通往他们营地的必经路上等我们，我们知道他们尚在野外徘徊，担心他们会来进攻，以便救出被我们擒获的几名指挥官和纳瓦埃斯本人，于是我们做了充分准备。科尔特斯决定派人去要求他们到营地来，许给他们种种好处；他把我们的总领克里斯托瓦尔·德·奥利德和迭戈·德·奥尔达斯派去，以便说服他们。

他们骑的是从纳瓦埃斯的人那里缴获的马匹，因我们的马匹没有牵来，全拴在森波亚尔附近一处小树林内，我们仅带来长矛、剑、圆盾和匕首。他们带一名纳瓦埃斯的兵士往野外走，由他给指点那些骑兵的行踪；他们找到了那些骑兵，费了不少唇舌，代表科尔特斯给他们许多许诺，终于把他们争取过来。

其中一些骑兵对科尔特斯颇有好感，他们到达我们营地之前天色已经放明。科尔特斯或我们任何一个人都没有发话给纳瓦埃斯带来的铜鼓手们，他们竟敲起铜鼓，还鸣笛击鼓，喊道："万岁！以少胜多战胜了纳瓦埃斯及其兵士的罗马人的精粹万岁！"纳瓦埃斯带来的一个名叫吉德拉的黑人，是个爱逗乐的人，他大声说道："瞧呀，罗马人也没建立过这么了不起的业绩。"尽管我们叫他们安静，不要敲铜鼓，他们不肯，科尔特斯只得下令拘禁名叫塔皮亚的铜鼓手，因为他快疯了。

这时克里斯托瓦尔·德·奥利德和迭戈·德·奥尔达斯来了，带来那些骑兵，其中有安德烈斯·德·杜埃罗、阿古斯丁·贝穆德斯及我们统帅的许多朋友。他们一到，便向科尔特斯行吻手礼，这时科尔特斯坐在一把扶手椅上，身穿橘黄色长袍，武器藏在袍内，我们陪侍在他左右。他与他们寒暄及拥抱时风度潇洒，他与他们说话更是彬彬有礼；此时此际他满面春风，那也是理所当然，因为他看到自己成了如此有权有势的大人物。行过吻手礼后，他们各自返回住所。

至于那个凶悍的萨尔瓦铁拉，他手下的兵士说，他们有生以来从没见过如此不值钱、如此贪生怕死的人。据说，他一听见敲起冲锋鼓声，一听见我们喊："胜利咯，胜利咯，纳瓦埃斯完蛋啦！"立刻说自己胃疼得厉害，什么都干不了了。胡安·贝拉斯克斯·德·莱昂则擒住了小迭戈·贝拉斯克斯（胡安·贝拉斯克斯同纳瓦埃斯一起吃饭时，跟他吵过架），把他带往自己的住处，让人替他治伤并好生看待。



# 第一百十三章

## 科尔特斯派弗朗西斯科·德·卢戈指挥官前往港口，并委任海军司令

潘菲洛·德·纳瓦埃斯战败，他本人及其指挥官被擒，其余部

众也都被缴械之后，科尔特斯命弗朗西斯科·德·卢戈指挥官前往港口，纳瓦埃斯的拥有十八条船的船队就停泊在那里。他还命令各条船的司舵和大副都到森波亚尔来，要他们拆除船上的帆、舵和罗盘，以免有人前往古巴向迭戈·贝拉斯克斯报信，如若他们不服从，便拘禁他们。弗朗西斯科·德·卢戈带两名兵士去当他的助手，他们本都是水手。

那些大副和司舵立即前来，向科尔特斯统帅致吻手礼，科尔特斯要他们立誓决不违背他的指挥，一切听命于他；科尔特斯随即委任佩德罗·卡瓦列罗为船队队长和指挥官，他原是纳瓦埃斯船队中一条船的大副，科尔特斯对他极为信任，据说最先送给他许多金锭。

然后，胡安·贝拉斯克斯·德·莱昂被派去征服并开拓帕努科地区，科尔特斯为此拨给他一百二十名兵士。一百名是原纳瓦埃斯的兵士，二十名我们的兵士安插其中，因为我们的兵士作战经验更丰富；他还带去两条船，以便从帕努科河出发去探察更远的海岸。科尔特斯派迭戈·德·奥尔达斯也率领一百二十名兵士去开拓瓜萨夸尔科地区，跟拨给胡安·贝拉斯克斯·德·莱昂的一样，一百名是原纳瓦埃斯的兵士，二十名是我们的兵士。奥尔达斯也带去两条船，以便从瓜萨夸尔科河开往牙买加岛，运回从卡斯蒂利亚来的马匹、牛犊、猪、绵羊、鸡和山羊，来当地繁殖，因为瓜萨夸尔科地区很适合养殖这一类牲口和家禽。

为了让那几个指挥官同他们的兵士带上他们的全部武器走，科尔特斯下令将武器发给他们，还下令把被俘的纳瓦埃斯的指挥官全部释放，仅纳瓦埃斯及自称胃疼的萨尔瓦铁拉除外。为了将武器全部发给这些释放的指挥官，科尔特斯下令我们的兵士，把收缴他们的马匹、剑及其他物品立即退还，因我们不愿退还，发生了一些令人气恼的争论；我们这些兵士说，那些东西分明已归我们所有，我们不愿意交出，他们当初在纳瓦埃斯的营地里公开宣布，打仗时缴获的战利品归己，他们就是抱着这个目的来擒拿我们，来抢我们的财物的，而且，尽管我们是国王陛下的忠仆，他们却把我们叫作叛徒，所以我们不愿意退还东西。科尔特斯仍然坚持要我们退还那些东西，他是统帅，我们必须执行他的命令。我把一匹备了鞍和缰的本已藏起来的马、两柄剑、三把匕首、一个盾交还他们，我们的许多兵士也都交出马匹和武器。

却说纳瓦埃斯和他带来的一个黑人，这黑人浑身是痘疮，对新西班牙来说这真是不祥之物，他的病在当地到处传染，造成大量死亡，据印第安人说，他们从来没有生过这种病，因为不懂这种病就一再用水洗，因而引起大量死亡。所以说，如果纳瓦埃斯的命运不济，那更倒霉的却是那么多死去的非基督徒。



命运的车轮迅速倒转，跟在好运和欢乐后边的是悲伤。这时传来墨西哥城发生动乱的消息，据说佩德罗·德·阿尔瓦拉多被围困在堡垒和住所里，堡垒有两处被放火焚烧，他手下的兵士已被杀死七人，还有许多人受伤，他派人来请求火速救援。这消息是两个特拉斯卡拉人送来的，但没有任何信件；不久，佩德罗·德·阿尔瓦拉多又派几个特拉斯卡拉人送来一封信，信中说了同样的消息。当我们听到这个糟糕透顶的消息时，天主知道我们是何等沮丧，我们日夜兼程向墨西哥城进发；纳瓦埃斯和萨尔瓦铁拉则关押在比利亚里卡。

我们即将起程之际来了四个重要首领，蒙特苏马派他们来向科尔特斯指控佩德罗·德·阿尔瓦拉多。他们泪流满面地哭着说，佩德罗·德·阿尔瓦拉多带领科尔特斯留给他的全体兵士，从他们的住处出来，无缘无故袭击了他们的首领和酋长，他们得到阿尔瓦拉多的允许，正在向维奇洛沃斯神和特斯卡特普卡神跳舞行礼，他却把他们许多人打死打伤，他们为了自卫，杀死了他六个兵士；他们如此这般说了佩德罗·德·阿尔瓦拉多许多不是。

科尔特斯生硬地回答使者们说，他就去墨西哥城，使一切恢复正常；他们把这个回答带给蒙特苏马，据说，他对这个回答很不满意，大为生气。科尔特斯立刻发一封信给阿尔瓦拉多，信中要他留神不可让蒙特苏马逃走，我们正在急速前往，还告诉他我们已战胜纳瓦埃斯，此事蒙特苏马已经知晓。